Michel Vovelle

La Révolution française

1789-1799

Nouvelle présentation

ARMAND COLIN

Collection Cursus, série « Histoire »

ISBN : 2-200-26540-3

Armand Colin – 21, rue du Montparnasse – 75006 Paris

SOMMAIRE GÉNÉRAL

LES UTILITAIRES

Introduction

La Révolution française représente un moment fondateur essentiel, non seulement de notre histoire nationale, mais de celle de l'humanité. Les contemporains en ont eu le sentiment, qui ont forgé d'entrée le concept d'Ancien Régime pour exprimer la césure irréversible entre un avant sans retour et un après. Est-ce partager l'illusion d'une époque que de voir dans cette décennie celle où s'opère l'entrée dans la modernité, la coupure où, suivant un codage propre à la France, s'inscrit la transition de l'histoire moderne à l'histoire contemporaine, qui est encore celle d'aujourd'hui ?

L'histoire de la Révolution tient son statut particulier de ce qu'elle est récit d'un événement : affirmation du temps court, d'une subversion totale en moins de dix ans de tout un édifice politique, institutionnel et social de longue durée. Qui dit événement ne dit point pour cela histoire événementielle, au sens où l'ont entendu les fondateurs de notre historiographie moderne, vision étroite d'une histoire politique sans perspectives, voire anecdotique. Mais cela suppose de ne point oublier, comme le rappelait Georges Lefebvre, que l'histoire demeure un récit, celui de l'enchaînement des faits, avec ce qu'il peut avoir d'aléatoire, lié à la personnalité des hommes et à la « force des choses ». Aussi, ouvririons-nous ce parcours d'initiation en évoquant de façon volontairement brève, après le dossier des causes, la respiration globale de cette décennie, avec ses points d'inflexion et ses repères essentiels : c'est là plus qu'une concession à une histoire traditionnelle, le seul moyen de comprendre la montée progressive et les dépassements successifs de la monarchie constitutionnelle à l'expérience de la démocratie jacobine, puis aux compromis du retour à l'ordre bourgeois après Thermidor.

Mais l'importance de la rupture révolutionnaire tient au travail en profondeur qui s'est opéré en si peu de temps. Dans un monde qui invente, à chaud, la politique au sens moderne du terme, sont proclamées des valeurs nouvelles, posées les bases de l'État libéral, dont le modèle allait servir de référence non seulement dans la continuité de l'histoire française jusqu'à nos jours, mais dans le monde entier. On prétend aujourd'hui redécouvrir l'histoire politique de la Révolution française — comme si elle avait jamais été oubliée. Sans entrer dans un vain débat, acceptons de donner au politique, à travers l'analyse des structures du nouvel État, l'importance qui lui revient, à l'échelle de la France comme du monde.

Mais il ne convient pas d'oublier pour cela ce qui forme la trame de la vie des hommes, ce qui fait naître les révolutions : dans ses causes lointaines ou immédiates, comme dans les affrontements qui en forment la trame, la Révolution française reste une immense subversion sociale, la mise à bas d'un édifice pluriséculaire et l'affirmation de nouveaux rapports de classe. Contestée aujourd'hui par certains, l'histoire sociale de la Révolution, telle qu'elle a frayé ses voies et affermi ses hypothèses de Jaurès à Mathiez, à Georges Lefebvre et à leurs successeurs, offre l'un des fils directeurs les plus sûrs pour comprendre ce qui a mis alors les hommes en mouvement.

Nos perspectives se sont élargies : de nouveaux territoires se sont ouverts, avec l'emphase mise dans les dernières décennies sur l'histoire des mentalités comme sur l'histoire culturelle, en un mot les manières d'être, de sentir, de penser. La Révolution française offre en ce domaine un cadre d'étude privilégié : partagée, suivant l'expression de G. Lefebvre, entre les deux pulsions contradictoires de « la peur et de l'espérance », elle confronte à la volonté collective de faire naître un homme nouveau, « régénéré ». Mais peut-on changer les hommes en dix ans ? Dans ses succès comme dans ses échecs, l'expérience révolutionnaire de 1789 reste l'une des plus fascinantes à suivre, ne serait-ce que parce qu'elle est seule, à ce jour, à avoir réussi à œuvrer dans la durée, nous livrant tout un système de valeurs et une brassée de rêves — que l'on peut appeler anticipations — sur lesquels nous vivons toujours.

Chapitre 1

La décennie révolutionnaire

SOMMAIRE

1. L'Ancien Régime et la Révolution

La notion d'Ancien Régime naît avec la Révolution, qui s'est voulue rupture avec un passé révolu. Mais qu'est-ce donc que l'Ancien Régime, à la fois dans la pensée des contemporains de l'événement et dans les traits constitutifs qu'y discernent les historiens actuels ? En assumant tout ce que cette simplification peut avoir de réducteur, sur un thème où l'accord est loin d'être unanime, on peut l'évoquer autour de trois thèmes : « féodalité », comme on a dit alors, ou « féodalisme » qui renvoie à un codage d'inspiration marxiste pour caractériser le mode de production, « société d'ordres », qui définit une structure globale et « absolutisme », qui caractérise un système politique et un mode de gouvernement. Sans nous laisser prendre au piège des mots, voici trois références qui peuvent nous guider pour comprendre ce que l'on a voulu mettre à bas.

▲ *La Révolution a eu l'ambition de détruire la « féodalité » :* les historiens d'aujourd'hui ont rejeté ou, du moins, corrigé ce terme, mieux adapté sans doute au système social médiéval. Mais les juristes révolutionnaires avaient une idée précise en tête : dans les structures qu'ils ont contestées, il est aisé de reconnaître les traits caractéristiques du mode de production « féodal » ou du féodalisme, au sens où on l'entend aujourd'hui. La France de 1789 est une illustration de ce système : avec toutefois un certain nombre de caractères spécifiques, dont l'importance se retrouvera dans le déroulement de la Révolution française.

Parler de féodalisme, c'est évoquer d'abord le système économique traditionnel d'un monde dominé par l'économie rurale. La population des campagnes constituait 85 % de l'ensemble français en 1789 et la conjoncture économique restait sous la dépendance oppressive du rythme des disettes et des crises de subsistances. Les accidents économiques, dans ce système, sont en effet des crises de sous-production agricole : l'industrie n'a qu'une importance secondaire, en regard de ces facteurs essentiels, et malgré la régression continue au XVIIIe siècle des grandes famines des siècles précédents. Le traditionalisme parfois, l'arriération des techniques rurales, en comparaison de l'Angleterre, renforcent l'image d'une campagne sur bien des points « immobile ». La paysannerie tout entière subissait encore, quoique à des degrés divers, le système « seigneurial ». L'aristocratie nobiliaire, prise en groupe, détenait une part importante du territoire, près de 30 % peut-être, tandis que le clergé, autre ordre privilégié, possédait sans doute 6 à 10 % pour sa part : au total, plus du tiers du sol français était aux mains des privilégiés. Surtout, et c'est là sans doute la survivance la plus marquée, la terre était grevée du poids des prélèvements féodal et seigneurial qui rappelaient la propriété « éminente » du seigneur sur les parcelles que détenaient pour leur part les paysans : ces charges étaient variées et complexes, constituant ce que les juristes nommaient dans leur jargon « le complexum feudale ». Cette nébuleuse de droits incluait des rentes en argent (le cens) et, beaucoup plus lourdement ressenti, le « champart », un pourcentage donné de la récolte. Il existait quantité d'autres taxes, parfois exigibles annuellement et parfois occasionnellement, tantôt en argent et tantôt en nature : on parlait ainsi, des « lods et ventes » (droits de mutation sur la propriété), de l'« hommage », des « aveux » et des « banalités » (ces dernières charges s'exprimant en monopoles seigneuriaux sur les moulins, les fours ou les pressoirs). Enfin, le seigneur gardait encore un droit de justice sur les paysans de ses terres — de plus en plus souvent remis en cause, il est vrai, par le recours à la justice royale. Puis, certaines provinces du royaume dans le Centre ou dans l'Est connaissaient encore la survivance d'une servitude personnelle, pesant sur les « mainmortables » dont la liberté personnelle (mariage, héritage) était limitée.

En présentant ce survol, nécessairement trop simple, on ne saurait manquer, toutefois, de mettre en valeur ce qui fait l'originalité de la France dans le contexte général de l'Europe à la fin du XVIIIe siècle. Il est classique d'opposer alors le système agraire français au système anglais, où l'éradication poussée des vestiges du féodalisme a conduit à une agriculture de type déjà capitaliste. Inversement, on peut confronter ce qui se passe en France avec les modèles proposés par l'Europe centrale et orientale, où l'aristocratie, propriétaire de la majeure partie du sol s'appuie, de plus en plus au XVIIIe siècle, sur les corvées de serfs attachés à la terre. La version française du féodalisme, à mi-chemin des deux systèmes, est peut-être vécue comme d'autant plus insupportable qu'elle est moribonde, au stade ultime du déclin. La paysannerie française, propriétaire de 40 % du terroir national, diversifiée, se trouvera en position de mener sa révolution, suivant une stratégie propre qui ne se confond qu'en partie avec celle de la bourgeoisie, face à une noblesse moins omnipotente socialement et économiquement qu'en Europe orientale. Inversement, si l'on compare la société française aux sociétés plus modernes, dont l'Angleterre fournit le modèle, on comprend l'importance de l'enjeu des luttes révolutionnaires.

▲ *Un courant de l'historiographie française a avancé l'idée qu'on ne saurait appliquer à la France de l'âge classique une analyse de type moderne, en y distinguant des classes sociales : pour ces historiens, la société française d'alors est bien plutôt une « société d'ordres ».* Par là, on ne songe pas seulement à la division officielle tripartite qui oppose noblesse, clergé et tiers état, mais plus encore aux normes d'organisation d'un monde hiérarchisé sur une structure pyramidale. Il est facile pour donner de la société française une évocation symbolique d'évoquer la procession des représentants des trois ordres à la cérémonie d'ouverture des États généraux, en mai 1789 : d'abord le clergé, en tant que premier ordre privilégié, mais lui-même fusion hétérogène d'un haut clergé aristocratique et d'un bas clergé roturier, puis la noblesse, et enfin le tiers état, modestement vêtu de son uniforme noir. Cette hiérarchie n'est pas une simple illusion ; les « privilégiés » ont un statut particulier. Le clergé et la noblesse bénéficient de privilèges fiscaux, qui les mettent largement à l'abri de l'impôt royal. Mais il est aussi des privilèges honorifiques ou dans l'accès aux places : ainsi par exemple l'exclusion renforcée du tiers état des grades d'officiers militaires à la fin de l'Ancien Régime. On parle de « cascade de mépris » des privilégiés aux roturiers ; et l'on n'est pas en peine de trouver des illustrations concrètes pour expliquer le terme de « refoulé social » qui a pu être appliqué au bourgeois français de la fin de l'Ancien Régime. Cette hiérarchie psychosociale des « honneurs » est d'autant plus montée en épingle qu'elle s'inscrit en porte-à-faux par rapport aux réalités et que derrière les fictions d'une société d'ordres, la réalité des conflits de classes se profile.

▲ *Après le féodalisme et la structure d'ordres de la société, l'absolutisme est la troisième composante de cet équilibre menacé de l'Ancien Régime.* Sans doute n'y a-t-il pas identité pure et simple entre absolutisme et société d'ordres, puisque les privilégiés préluderont à la Révolution véritable par une contestation violente contre l'absolutisme royal. Mais la garantie d'un ordre social qui assure leur prééminence se concentre bien dans l'image du roi tout-puissant, loi vivante pour ses sujets. À l'âge classique le royaume de France s'est affirmé, avec l'Espagne, comme l'exemple le plus achevé d'un système étatique où le roi « en ses conseils » dispose d'une autorité sans contrepoids véritable. En 1789, Louis XVI assume en France cette charge depuis 1774 : personnalité médiocre pour un rôle de cette ampleur. Depuis Louis XIV, la monarchie a imposé les agents de sa centralisation, les intendants « de police, justice et finances », que l'on a dit être « le roi présent dans sa province » au sein des généralités qu'ils administrent. En même temps, la monarchie a poursuivi avec des fortunes diverses la domestication des « corps intermédiaires », comme les appelait Montesquieu : et le meilleur exemple en est sa politique à l'égard des Parlements, ces cours qui représentaient les plus hautes instances de la justice royale, à Paris et en province. Au cœur de ce système politique de l'Ancien Régime, se retrouve la monarchie de droit divin : le roi, lors de son couronnement est oint de l'huile de la sainte ampoule, c'est un roi thaumaturge qui touche les malades souffrant des « écrouelles » (abcès froids). Figure du père, personnage sacré, le roi demeure le symbole vivant d'un système dans lequel le catholicisme est une religion de l'État et qui commence à peine à s'infléchir dans les dernières années de l'Ancien Régime (1787) par la promulgation de l'édit de Tolérance accordé aux protestants.

2. La crise de l'Ancien Régime : causes profondes et causes immédiates

▲ *En 1789, ce vieux monde est en crise :* les causes en sont multiples, mais d'évidence, le système tout entier manifeste des défaillances criantes. Les plus universellement dénoncées — étaient-elles les plus « mortelles » ? — sont celles qui touchent l'inachèvement du cadre étatique.

C'est sur ce point qu'on a mis surtout l'accent à l'époque, mais aussi dans les développements classiques de l'historiographie moderne. On y a décrit le chaos des divisions territoriales superposées, différentes dans les domaines administratif, judiciaire, fiscal ou religieux : les anciennes provinces réduites à être le cadre des gouvernements militaires ne coïncidaient pas avec les généralités où opéraient les intendants, pas plus qu'il n'y avait d'unité entre les bailliages de la France septentrionale et les sénéchaussées du Sud, circonscriptions à la fois administratives et judiciaires. La France comme bien d'autres monarchies absolues, mais dans des proportions exceptionnelles en cette fin du XVIIIe, souffrait de la faiblesse et de l'incohérence du système de l'impôt royal. La charge en était différente suivant les groupes sociaux — privilégiés ou non —, comme elle différait selon les lieux et les régions — du Nord au Sud, de la ville (souvent « abonnée ») à la campagne. La taille pesait surtout sur les paysans, la capitation sur l'ensemble des roturiers, impôts directs qu'alourdissaient le poids des taxes ou impôts indirects, les aides ou l'impopulaire gabelle sur le sel. Cet héritage n'est pas, on s'en doute, chose nouvelle, mais en cette fin de siècle, l'opinion publique en prend une conscience plus avertie, comme d'un poids intolérable. Pourquoi cette sensibilisation ? On a pu écrire (F. Furet) qu'au tournant des années 1770, la « volonté réformatrice de la monarchie se tarit », incontestable vérité : les derniers ministres réformateurs de Louis XV ont échoué, Louis XVI s'est séparé de Turgot, en qui s'incarnait cette volonté de progrès. Reste à savoir pourquoi il n'y a pas eu de despotisme éclairé à la française ; ce qui renvoie de la crise des institutions à une crise de société.

▲ *La crise sociale de la fin de l'Ancien Régime est une contestation fondamentale de l'ordre établi :* à ce titre, elle est diffuse, à tous niveaux. Mais on la découvre à l'évidence en certains domaines ; ainsi en ce qui concerne le déclin de l'aristocratie nobiliaire : un déclin absolu ou relatif, selon le point de vue où l'on se place. En termes absolus, il semble bien qu'une partie de la noblesse vive au-dessus de ses moyens et s'endette. Le constat vaut aussi bien pour la haute noblesse parasite de la cour de Versailles, dépendante des faveurs royales, que pour une partie de la moyenne noblesse provinciale, parfois ancienne mais déchue. Sans doute peut-on objecter l'existence d'une noblesse dynamique qui investit dans les branches les plus ouvertes de la production, mines et forges, comme elle a des parts dans l'armement maritime ou s'intéresse, à Paris, à la spéculation foncière. Sur ce point, qui remet en cause l'idée reçue d'une noblesse parasitaire face à une bourgeoisie productive, les historiens américains ont les premiers attiré l'attention. De même y a-t-il une noblesse rentière férue d'agronomie, élément de cette « classe propriétaire » dont parlent les physiocrates. Celle-ci a profité, au fil du siècle, de la montée de la rente foncière, surtout après 1750 : mais cette richesse rentière est en déclin relatif par rapport à l'explosion du profit bourgeois.

Ce déclin collectif ressenti peut provoquer des réactions différentes suivant les cas : dans la caste nobiliaire même se découvrent des exemples de rejet de la solidarité de caste, chez les déclassés, dont Mirabeau ou… le marquis de Sade donnent l'image. Mais si leur témoignage individuel reste isolé, l'attitude collective du groupe s'exprime plutôt, à l'inverse, dans ce qu'on appelle la réaction nobiliaire ou aristocratique. Les seigneurs font revivre de vieux droits et souvent s'attaquent avec succès aux terrains collectifs ou aux droits de la communauté rurale. Cette réaction seigneuriale sur le terrain va de pair avec la « réaction nobiliaire » qui triomphe alors. C'en est fini du temps — sous Louis XIV encore — où la monarchie absolutiste avait tiré de la « vile bourgeoisie », selon le mot de Saint-Simon, les agents supérieurs de son pouvoir. Le monopole aristocratique sur l'appareil gouvernemental d'État ne connaît pratiquement plus de brèche, Necker, banquier et roturier, n'étant que l'exception qui confirme la règle. Aux divers degrés de la hiérarchie, les corps ou « compagnies » qui détiennent des parcelles du pouvoir — cours de justice, chapitres cathédraux… — défendent, voire consolident notablement leurs privilèges. Sanctionnant cette évolution, la monarchie dans les dernières décennies de l'Ancien Régime a fermé l'accès au grade d'officier militaire (dans l'Armée comme dans la Marine) aux roturiers sortis du rang. Les généalogistes de la cour (Cherin) détiennent un pouvoir plus que symbolique. On doit à la vérité de reconnaître que ce concept de réaction seigneuriale et de réaction nobiliaire, longtemps admis sans discussion, est aujourd'hui objet de débats : les seigneurs, objecte-t-on, n'avaient pas attendu cette fin de siècle pour défendre leurs droits et la réaction nobiliaire dans l'appareil d'État vise plus encore les anoblis que les roturiers : conflit interne entre ancienne et nouvelle noblesse. Mais il semble bien difficile de nier totalement la réalité du phénomène.

Provoquant l'hostilité des paysans, comme des bourgeois, la réaction seigneuriale et la réaction nobiliaire ont fortement contribué à la montée du climat prérévolutionnaire : par l'appui qu'elle leur donnait, la monarchie s'en est trouvée compromise. En apparent paradoxe, c'est alors aussi que la crise du vieux monde s'exprime en termes de tensions entre la monarchie absolue et la noblesse. On a parlé de « révolution aristocratique » ou de « révolution nobiliaire » pour qualifier la période qui court de 1787 à 1789 et que d'autres ont nommé « Prérévolution ». En 1787, un ministre libéral, au moins en apparence, Calonne, convoque une Assemblée des notables, pour tenter de résoudre la crise financière, mais se heurte à l'intransigeance de ces privilégiés : on y attaque l'absolutisme en la personne du moins des ministres et Calonne, menacé, se retire. Son successeur Loménie de Brienne tente une négociation directe avec les hautes cours de justice — les Parlements — qui, suivant leur tradition, présentent leurs « remontrances » et rencontrent un courant équivoque de soutien populaire, lorsqu'ils proposent la convocation des États généraux du royaume pour la première fois depuis 1614. Derrière cette façade de libéralisme, ce sont en fait leurs privilèges de classe que défendent aristocrates et Parlements, en refusant tout compromis apte à sauver le système monarchique.

▲ *On ne saurait toutefois décrire la crise finale de l'Ancien Régime uniquement en termes de contradictions internes :* une attaque a été menée de l'extérieur, à partir de ce tiers état où cohabitent la bourgeoisie et les groupes populaires. Une conjonction elle-même ambiguë qui conduit à poser la question classique : la Révolution française, révolution de la misère ou révolution de la prospérité ? Voilà bien un débat académique, dira-t-on, où Michelet et Jaurès se répondent, à travers le temps : mais c'est plus qu'un exercice de style. Michelet « misérabiliste » n'a pas tort de rappeler la situation précaire d'une grande partie des paysans (« Voyez-le, couché sur son fumier, pauvre Job ! »). Les travailleurs de terre (journaliers, « manouvriers » ou « brassiers » comme on les dénomme), mais aussi les métayers, petits exploitants à part de fruits, constituent alors la masse de ce que l'on a appelé la paysannerie « consommatrice » — celle qui ne produit pas assez pour subvenir à ses besoins. Pour ces paysans, le XVIIIe siècle économique ne mérite pas l'épithète de « glorieux » qu'on lui accole souvent : la montée séculaire des prix agricoles, avantageuse aux gros fermiers qui vendent leur surplus, pèse au contraire lourdement sur eux. N'ont-ils rien retiré du mouvement du siècle ? E. Labrousse, dans une formule ramassée, a écrit qu'ils y avaient « au moins gagné la vie ». Il est vrai, pour s'en tenir au plan démographique, que durant le XVIIIe siècle, surtout dans sa seconde moitié, les grandes crises liées à la disette, associées à la cherté des grains, régressent et disparaissent : mais ce nouvel équilibre demeure précaire et dans cette

▲ Ce qui produit la forme des gouvernements

Dans un texte posthume, Barnave, l'un des acteurs majeurs de la Révolution commençante, a évoqué en termes très modernes les causes profondes de la mutation nécessaire.

« La volonté de l'homme ne fait pas les lois : elle ne peut rien ou presque rien sur la forme des gouvernements. C'est la nature des choses — la période sociale où le peuple est arrivé, la terre qu'il habite, ses richesses, ses besoins, ses habitudes, ses mœurs, — qui distribue le pouvoir ; elle le donne, suivant les temps et les lieux, à un, à plusieurs, à tous, et le leur partage en diverses proportions. Ceux qui sont en possession du pouvoir par la nature des choses, font les lois pour l'exercer et pour le fixer dans leurs mains ; ainsi les empires s'organisent et se constituent. Peu à peu, les progrès de l'état social créent de nouvelles sources de puissance, altèrent les anciennes et changent la proportion des forces. Les anciennes lois ne peuvent alors subsister longtemps ; comme il existe par le fait des autorités nouvelles, il faut qu'il s'établisse de nouvelles lois pour les faire agir et les réduire en système. Ainsi les gouvernements changent de forme quelquefois par une progression douce et insensible, et quelquefois par de violentes commotions. »

(*Source :* Antoine BARNAVE, *Introduction à la Révolution française*, texte établi par F. RUDE, Paris, Armand Colin, 1960, chap. II.)

économie d'ancien style, la misère populaire demeure une réalité indiscutable. Toutefois, il serait artificiel de réduire la participation populaire à la Révolution, sous ses formes urbaines ou rurales, à une flambée de rébellion primitive : elle va se trouver associée à une revendication bourgeoise qui s'inscrit, sans discussion possible, dans la continuité d'une prospérité séculaire. La montée des prix, et par voie de conséquence de la rente et du profit, a débuté dans les années 1730, et se prolongera jusqu'en 1817 en un mouvement de longue durée : non sans accidents, en termes de crises économiques, ou plus durablement sous la forme de cette régression intercyclique qui s'inscrit entre 1770 et le début de la Révolution. Mais, en vue cavalière, la prospérité du siècle n'est pas discutable. La population française augmente, surtout dans la seconde moitié du siècle et passe de 20 à 28 millions d'habitants.

▲ *Dans l'historiographie française, on a vu traditionnellement dans la bourgeoisie la classe bénéficiaire par excellence de cette ascension séculaire.* Ce schéma explicatif a été contesté, dans les écoles anglo-saxonnes et en France également, au nom de l'argument que la bourgeoisie, dans son acception actuelle, n'existe pas en 1789. Tel débat impose de définir plus précisément un groupe qu'il serait illusoire d'attendre monolithique ou triomphant. Dans la France de 1789, la population urbaine ne concentre que 15 % à peu près du total. Les bourgeoisies tirent encore une partie souvent importante de leurs revenus de la rente foncière, autant que du profit. Les « bourgeois » tentent d'accéder à la respectabilité en achetant des terres et des biens-fonds ou mieux encore des titres d'officiers royaux qui confèrent à leurs possesseurs une noblesse transmissible à leurs descendants. Une fraction d'ailleurs de cette bourgeoisie, la seule qui dans les textes se pare du titre de « bourgeois », vit uniquement du produit de ses rentes ou comme on dit alors « noblement », se mimétisant à son niveau sur le mode de vie oisif des privilégiés. Reste que la majorité de la bourgeoisie au sens large est engagée dans des activités productrices : on doit sans doute contester l'appellation de bourgeois à la foule des petits producteurs indépendants — commerçants ou artisans —, groupés ou non, suivant les lieux, dans leurs corporations et qui forment du tiers à la moitié des populations urbaines. Mais la véritable bourgeoisie au sens moderne du terme se rencontre chez les entrepreneurs, marchands et négociants, dont un grand nombre sont établis dans les ports — Nantes, La Rochelle, Bordeaux ou Marseille —, tirant du grand commerce lointain une richesse souvent considérable. Enfin, se découvrent des banquiers et financiers actifs dans certaines places (Lyon), mais concentrés essentiellement à Paris. La bourgeoisie proprement industrielle des entrepreneurs et fabricants existe, mais son rôle reste encore secondaire dans un monde où les techniques de production modernes (mines, industries extractives ou métallurgiques) en sont à leurs premiers pas (concurrencés sur ce terrain, on l'a vu, par certains nobles) et où le textile reste la branche industrielle la plus importante. Ce siècle est celui du capitalisme commercial dont les « maîtres marchands » de la laine et du coton ou de la soie (Lyon, Nîmes) donnent l'exemple, concentrant la production disséminée de « maîtres fabricants », urbains ou ruraux qui travaillent dans leur dépendance.

La bourgeoisie inclut également un monde de procureurs, d'avocats, de notaires, de médecins : en un mot de membres des professions libérales dont le rôle se révélera essentiel sous la Révolution. Leur position n'est pas sans ambiguïté : par fonction, on s'attendrait à y voir les défenseurs d'un système établi qui les fait vivre, mais ils affirment leur indépendance idéologique, au sein du tiers état. C'est en effet dans la maturité des idées-forces qui la mobilisent que la bourgeoisie donne la meilleure démonstration de sa réalité, comme de son aptitude à incarner le progrès, aux yeux des groupes sociaux qui mèneront avec elle tout ou partie du combat révolutionnaire. Artisans et détaillants, leurs compagnons aussi qui cohabitent avec eux dans leurs ateliers, ont certes leurs buts de lutte propres ; ils ne sont pas imperméables aux idées nouvelles et leur attitude ne saurait se réduire à une vision passéiste. *A fortiori* serait-il prématuré d'attendre du salariat urbain une conscience de classe autonome.

Peut-on parler d'une idéologie bourgeoise pour qualifier l'ensemble des aspirations qui s'inspirent du courant des Lumières pour réclamer un changement profond ? Le terme est passé de mode et sans doute à bon droit. On a préféré se référer à la culture d'une « élite » où se rencontrent, en un consensus apparent, toute une noblesse libérale et la partie éclairée de la bourgeoisie dans

La crise de l'économie française à la fin de l'Ancien Régime

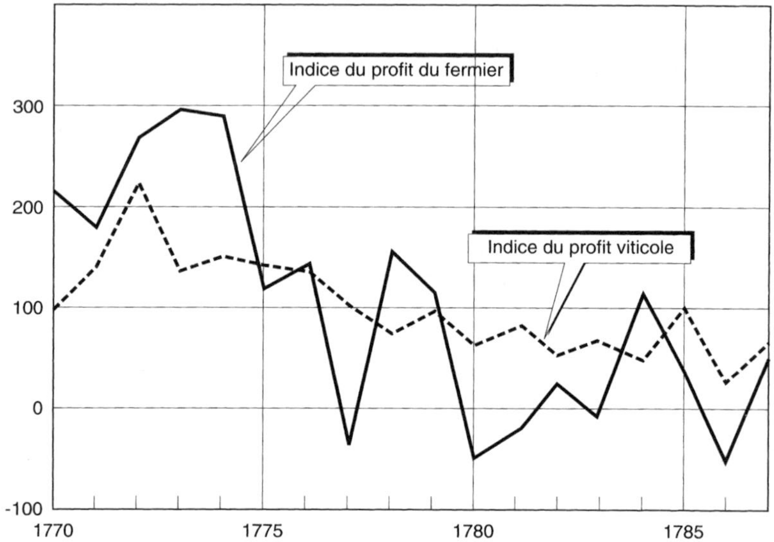

Deux indices de la prospérité agricole : le profit du fermier et le profit viticole

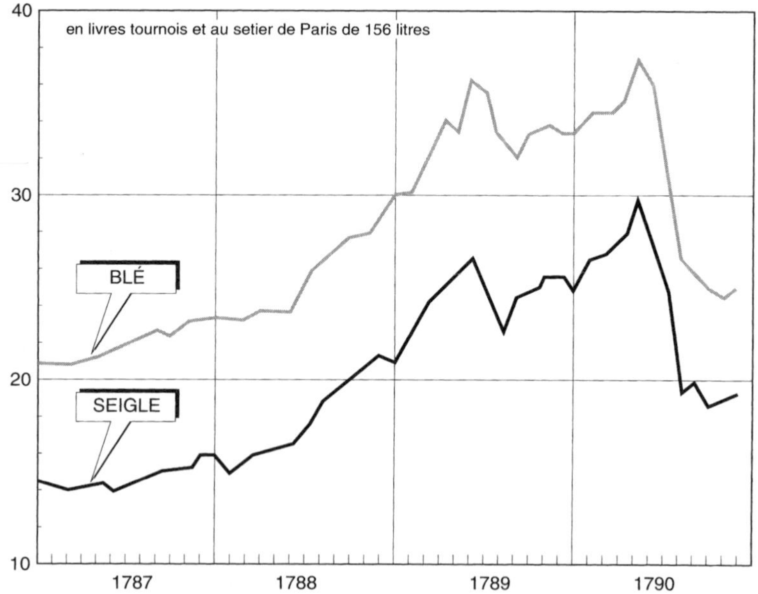

La crise de subsistance : prix mensuel du blé et du seigle de 1787 à 1790

(Source : Michel VOVELLE, *La Chute de la monarchie,* Paris, éd. du Seuil, 1971, p. 102, d'après Ernest LABROUSSE : *"La crise de l'économie française...",* op cit.)

la perspective d'une voie réformiste. Notion ambiguë, qui masque des clivages profonds tels qu'ils se feront jour à l'épreuve de la Révolution. Reste que la philosophie des Lumières a été répandue et comme monnayée en formules simples. Une littérature, des structures de sociabilité (les loges maçonniques en particulier) en assurent la diffusion. Les idées-forces des Lumières, ciselées en formules simples — liberté, égalité, gouvernement représentatif — vont trouver dans le contexte de la crise de 1789 une occasion exceptionnelle de s'imposer. C'est par référence, en effet, à cet arrière-plan des causes profondes de la Révolution, que les causes immédiates s'inscrivent plus lisiblement. (Voir encadré, p. 12.)

▲ *Au premier rang des causes immédiates, une crise économique a catalysé, surtout dans les classes populaires, les formes du mécontentement.* Les premiers signes de malaise apparaissent dans les années 1780 dans les campagnes françaises : une stagnation des prix du grain et une sérieuse crise de surproduction viticole, puis, simultanément (1786), un traité de commerce franco-anglais a mis en difficulté l'industrie textile du royaume. Dans ce contexte morose, une récolte désastreuse, en 1788, remplace les prix stagnants des années précédentes par une brutale flambée : si les taux ne doublent pas, une montée de 150 pour 100 est commune (voir encadré, p. 14). Les villes s'agitent : en avril 1789, les ouvriers du faubourg Saint-Antoine se soulèvent, mettant à sac la manufacture d'un riche fabricant de papier peint, Réveillon, et dans plus d'une province des troubles éclatent. Les conflits sociaux, liés à la vie chère, donnent une ampleur nouvelle au malaise politique, qui jusqu'alors s'était polarisé sur le problème du déficit. Ce déficit est aussi vieux que la monarchie ; mais c'est alors seulement qu'il prend les dimensions d'un révélateur privilégié de la crise institutionnelle : sans doute s'est-il accru, surtout depuis les années de la guerre d'Indépendance américaine, dans des proportions qui excluent désormais toute solution de facilité. Puis, la personnalité du monarque pèse lourdement au niveau des causes immédiates, aux origines du conflit. Régnant depuis 1774, bonhomme, mais peu doué sans doute, Louis XVI n'est pas à coup sûr l'homme de la situation, et la personnalité de la reine Marie-Antoinette, par qui s'exerce l'influence du dangereux groupe de pression de l'aristocratie de cour n'arrange pas les choses. Mais il est évident que dans une situation où tant de facteurs essentiels sont en jeu, la personnalité d'un seul — fût-il roi — ne pouvait guère changer le cours des choses. Deux ministres, on l'a vu, Calonne et Loménie de Brienne ont tenté sans succès d'imposer leurs projets de réformes fiscales aux privilégiés qui formaient l'Assemblée des notables, comme aux Parlements. Mais le refus de ces instances, conduisant à la « révolte nobiliaire », eut pour ses auteurs des conséquences imprévues : en Bretagne ou en Dauphiné, la réclamation de la tenue d'États généraux a pris une coloration proprement révolutionnaire. À Rennes on s'est battu à force ouverte entre nobles et jeunesse bourgeoise ; à Grenoble une journée populaire, la journée des Tuiles, a été suivie de la réunion de Vizille où les représentants des trois ordres, à l'initiative d'avocats comme Mounier ou Barnave, en ont appelé à une réforme profonde, allant bien au-delà des limites de la province.

3. Les trois révolutions de 1789

▲ *Une révolution, trois révolutions ?* On a pu parler de trois, à l'été 1789 : une révolution institutionnelle ou parlementaire au sommet, une révolution urbaine ou municipale et une révolution paysanne. Sous son aspect pédagogique, au moins, telle présentation peut se révéler utile.

Les États généraux s'étaient ouverts solennellement le 5 mai 1789 ; moins de trois mois plus tard, le 9 juillet, ils se proclamaient Assemblée nationale constituante et la victoire du peuple parisien du 14 juillet assurait le succès du mouvement : ces trois mois décisifs ont vu mûrir jusqu'à leurs ultimes conséquences les éléments d'une situation explosive. La campagne électorale avait, pour la première fois, véritablement donné au peuple français le droit à la parole. Il en avait usé dans ses assemblées, et les milliers de cahiers de doléances qui ont été rédigés demeurent pour nous, des plus naïfs aux plus élaborés, un impressionnant témoignage collectif des espoirs de changement. Dans sa forme désuète, le cérémonial d'ouverture des États généraux semblait peu apte à répondre à ces espoirs : mais d'entrée, sur le problème du vote « par tête » ou « par ordre », le Tiers État, qui avait précédemment obtenu le doublement de ses effectifs, affirmait sa volonté de montrer aux privilégiés la place qu'il entendait tenir. Le 20 juin 1789, au cours du célèbre serment du Jeu de Paume, les députés du Tiers firent la promesse solennelle de « ne jamais se séparer [...] jusqu'à ce que la Constitution fût établie ». La séance royale du 23 juin, tentative du pouvoir de reprendre la situation en main, confirme la détermination du Tiers qui répond par la bouche d'un de ses leaders (Bailly) que « la nation assemblée ne saurait recevoir d'ordres ». S'étant intitulés Assemblée nationale et ayant amené — bon gré, mal gré — les ordres privilégiés à siéger avec eux, les députés du Tiers éprouvent néanmoins la précarité de leur situation, lorsque se dessine la contre-offensive royale : concentration de troupes à Paris, renvoi du ministre Necker le 11 juillet. Mais le relais est alors pris par la population parisienne, qui se dote d'une organisation révolutionnaire.

Utilisant le cadre des assemblées électorales aux États généraux, la bourgeoisie parisienne, depuis le début de juin, a posé les bases d'un nouveau pouvoir et le peuple de la capitale a commencé à s'insurger, brûlant le 12 juillet les barrières de l'octroi. La montée des troubles, au lendemain du renvoi de Necker, conduit à la journée décisive du 14 juillet : le peuple s'empare de la Bastille, forteresse et prison royale, qui lui résistait (voir encadré ci-contre). La portée de cet épisode va bien au-delà d'un événement ponctuel. C'est le symbole de l'arbitraire royal et, d'une certaine façon, de l'Ancien Régime qui s'écroule. La Révolution populaire parisienne suit son chemin, en juillet, avec la mise à mort de l'intendant de la généralité de Paris, Bertier de Sauvigny, et surtout au début

Récit d'un des « vainqueurs » de la Bastille

« … D'abord, on s'est présenté par la rue Saint-Antoine pour entrer dans cette forteresse, où nul homme n'a pénétré sans la volonté de l'affreux despotisme ; c'est là que le monstre faisait encore sa résidence. Le traître gouverneur a fait déployer l'étendard de la paix. Alors on s'est avancé avec confiance : un détachement de Gardes-Françoises, et peut être cinq à six cents bourgeois armés, se sont introduits dans les cours de la Bastille ; mais quantité de personnes ayant dépassé le premier pont-levis, dès lors il s'est haussé : une décharge d'artillerie a renversé plusieurs Gardes-Françoises et quelques soldats ; le canon a tiré sur la ville, le peuple a pris l'épouvante ; quantité d'individus ont été tués ou blessés ; mais on s'est rallié, on s'est mis à l'abri du feu ; on a couru chercher du canon ; ceux des Invalides venoient d'être enlevés : les districts sont avertis d'envoyer promptement du secours ; des armes qui arrivoient des Invalides, on armoit les citoyens ; ceux du faubourg Saint-Antoine sont accourus en foule ; […]

« Mais revenons à la Bastille : l'on étoit en face du second pont-levis ; il s'agissoit de pénétrer dans la forteresse : la première cour n'est pas dans son enceinte. L'action devenoit continuellement plus vive ; les citoyens s'étoient aguerris au feu ; on montoit de toutes parts sur les toits, dans les chambres, et, dès qu'un [des] Invalide[s] paroissoit entre les créneaux sur la tour, il étoit ajusté par cent fusiliers, qui l'abattoient à l'instant, tandis que le feu du canon, les boulets précipités, perçoient le deuxième pont-levis, et brisoient les chaînes ; en vain le canon des tours faisoit fracas, on étoit abrité, la fureur étoit au comble, ou plutôt on bravoit la mort et le danger ; des femmes, à l'envi, nous secondoient de tout leur pouvoir ; des enfants même, après les décharges du fort ; couroient et s'élançoient çà et là pour ramasser les balles et la mitraille ; furtifs et pleins de joie, ils revenoient s'abriter et les présenter à nos soldats qui, dans les airs, les renvoyoient porter la mort aux lâches assiégés. […]

« Les sieurs Élie, Hullin et Maillard, sautent sur le pont, et demandent intrépidement que la dernière porte s'ouvre ; l'ennemi obéit : on veut entrer ; les assiégés se défendent : on égorge tout ce qui s'oppose au passage ; tout canonnier qui s'avance mord la poussière ; on se précipite bouillant de carnage ; on fonce, on gagne l'escalier, on saisit les prisonniers, on pénètre par-tout : les uns s'emparent des postes : les autres volent sur les tours ; ils arborent le drapeau sacré de la patrie, aux applaudissements et aux transports d'un peuple immense. […] »

(*Source :* Cité par J. GODECHOT, *La Prise de la Bastille*, 14 juillet 1789, Paris, Gallimard, 1965.)

d'octobre (les 5 et 6), où en réponse à de nouvelles menaces de réaction, les Parisiennes, suivies de la garde nationale, marchent sur Versailles pour en ramener la famille royale : « le boulanger, la boulangère et le petit mitron ». Un programme où s'associent revendication politique (contrôler la personne du roi) et revendication économique. On peut juger, à partir de cette suite d'événements, du lien qui unit la révolution parlementaire, au sommet, telle qu'elle s'affirme à l'Assemblée nationale et la révolution populaire de la rue. Certes, la bourgeoisie est plus que réservée à l'égard de la violence populaire, et des formes brutales de lutte pour le pain quotidien. Mais, entre ces deux révolutions, il y a plus qu'une coïncidence fortuite : c'est grâce à l'intervention populaire que la révolution parlementaire a pu matérialiser ses succès et grâce au 14 juillet que le roi, dès le 16, a dû céder en rappelant Necker et en acceptant le 17 de porter la cocarde tricolore, symbole des temps nouveaux. De même, les journées d'octobre ont-elles donné un coup d'arrêt à la réaction projetée.

▲ *À ce stade, la pression populaire n'est plus exclusivement parisienne*, il s'en faut. À l'exemple de Paris, nombre de villes ont réalisé leur révolution municipale, parfois pacifique quand les autorités en place ont cédé la place sans façon, parfois à force ouverte, comme à Bordeaux, Strasbourg ou Marseille — pour ne citer que quelques noms parmi bien d'autres. Ce que l'on appelle la révolution paysanne n'est pas une retombée des révolutions urbaines : elle a, d'évidence, son rythme propre, et ses buts de guerre spécifiques. Après les premiers soulèvements du printemps 1789, les révoltes agraires se sont étendues dans plusieurs régions (dans le Nord, en Hainaut, dans l'Ouest, le bocage normand, comme dans l'Est, Haute-Alsace et Franche-Comté, puis Mâconnais) : poussée antinobiliaire, où souvent les châteaux flambent, violente et parfois durement réprimée. Dans ce contexte de révoltes localisées, la seconde quinzaine de juillet voit s'inscrire un mouvement à la fois proche et différent : la Grande Peur, qui va intéresser plus de la moitié de l'espace français.

▲ *Cette panique collective* peut se lire comme l'écho déformé, répercuté par les campagnes, des révolutions urbaines. Le thème en est à la fois simple et divers ; les villageois ont couru aux armes à l'annonce de dangers imaginaires : Piémontais dans les Alpes, Anglais sur la côte, « brigands » partout. Propagée par contact, cette crainte est bientôt dissipée, mais gagne en quelques jours les confins du royaume. Elle a réveillé la révolte agraire et s'est prolongée dans le pillage des châteaux et la destruction par le feu des titres du prélèvement seigneurial. À ce titre, la Grande Peur est bien plus qu'un mouvement, comme le dit Michelet, « sorti du fond des âges » : elle exprime la mobilisation des masses paysannes et symbolise leur entrée officielle dans la Révolution. Non que la bourgeoisie révolutionnaire se soit montrée compréhensive, de prime abord, à cette intrusion non souhaitée. Quand, le 3 août 1789, l'Assemblée nationale est saisie de la question, plus d'un député du Tiers État (ainsi l'économiste Dupont de Nemours) penche pour un vigoureux retour à l'ordre. C'est de la lucidité de quelques nobles « libéraux » (Noailles, d'Aiguillon...) que viendra l'initiative qui conduit à la célèbre nuit du 4 août, durant laquelle les privilégiés font le sacrifice de leur statut et qui voit la destruction de l'Ancien Régime dans la société et les institutions.

On a pu présenter la période qui s'écoule de la fin de 1789 aux premiers mois de 1791, comme une chance historique, mais manquée pour la mise en place pacifique des éléments d'un compromis, où les élites, anciennes et nouvelles se seraient entendues pour poser les bases de la société française moderne. Cette image est-elle plus qu'une illusion rétrospective ? On doit bien reconnaître que les conquêtes les plus importantes, celles qui ont profondément remis en cause l'ordre social, sont le fruit de la pression révolutionnaire collective : ainsi pour la destruction de la féodalité en août 1789. Et la mise en place du nouveau système politique, loin de se faire sur la base d'un compromis amiable, révèle des tensions de plus en plus vives. Sans doute, l'espace d'une année, en 1790, l'amélioration de la situation économique a-t-elle pu contribuer à relâcher la pression des masses populaires ; mais ce que l'on a appelé « l'année heureuse » n'est guère plus qu'une parenthèse. C'est du moins dans ce créneau que la bourgeoisie révolutionnaire a pu tenter de jeter les bases essentielles du nouveau régime.

4. La révolution constituante

▲ *La destruction de l'ancien régime social* fut, en théorie du moins, vivement menée lors de la nuit du 4 août. La dénonciation de la féodalité par quelques nobles clairvoyants et réalistes conduit à une motion générale qui tend à détruire l'ensemble des charges féodales et des privilèges. L'épisode présente un aspect d'entraînement collectif, dans une émulation généreuse sans doute, nobles et ecclésiastiques faisant abandon de leurs privilèges (voir encadré ci-dessous). Cependant, on s'est repris assez vite : le décret final déclare que l'Assemblée nationale « abolit le système féodal en son entier », mais introduit des distinctions soigneuses entre droits personnels, détruits sans appel, et « droits réels » pesant sur la terre, déclarés simplement rachetables. En dépit de cette restriction, la nuit du 4 août posait bien les bases d'un nouveau droit civil bourgeois, fondé sur l'égalité et la liberté d'entreprendre. La suppression des titres et privilèges nobiliaires qui s'ensuivit, celle des Parlements et corps privilégiés s'inscrivait dans le droit fil de ces mesures. Sur cette table rase, il fallait reconstruire : de la fin de 1789 à 1791, l'Assemblée nationale constituante a préparé la nouvelle Constitution destinée à régir la France. Dès le 26 août 1789, elle préluda par une déclaration solennelle des Droits de l'homme et du citoyen, qui proclamait les valeurs nouvelles de liberté, d'égalité et de sûreté comme de propriété.

La nuit du 4 août

Une intervention célèbre, rapportée par des Mémoires du temps :

« ... le sieur Le Guen de Kerangal, propriétaire-cultivateur et député de Bretagne, monta en habit de paysan à la tribune, et lut, avec peine, un long discours composé pour la circonstance.
« Vous eussiez prévenu, messieurs, l'incendie des châteaux, si vous eussiez été plus prompts à déclarer que les armes terribles qu'ils contenaient, et qui tourmentaient le peuple depuis des siècles, allaient être anéanties par le rachat forcé que vous en ▶

avez ordonné. Le peuple impatient d'obtenir justice, et las de l'oppression, s'empresse à détruire ces titres, monuments de la barbarie de nos pères ! Soyons justes, messieurs, qu'on nous apporte ces titres, outrageant non seulement la pudeur, mais l'humanité même ! Ces titres qui humilient l'espèce humaine, en exigeant que des hommes soient attelés à des charrettes comme les animaux du labourage ! Qu'on nous apporte ces titres qui obligent les hommes à passer la nuit à battre les étangs, pour empêcher les grenouilles de troubler le repos de leurs seigneurs voluptueux ! Qui de nous ne ferait pas un bûcher expiatoire de ces infâmes parchemins, et ne porterait pas le flambeau pour en faire un sacrifice sur l'autel du bien public ? Vous ne ramènerez, messieurs, le calme dans la France agitée, que quand vous aurez promis au peuple que vous allez convertir en argent, rachetables à volonté, les droits féodaux quelconques ; et que les lois que vous allez promulguer anéantiront jusqu'aux moindres traces de ce régime oppresseur… »

(*Source* : Marquis DE FERRIÈRES, *Mémoires*, éd. Berville et Barrière, t. I, 1822, p. 182-187.)

C'est que l'élaboration de la nouvelle Constitution ne se fait pas dans la sérénité. Durant cette période, un nouveau style de vie politique a pris naissance dans le feu de l'action. Une classe politique se structure, divisée en tendances, sinon en partis : les aristocrates à droite, les monarchiens au centre, à gauche les patriotes. Des leaders et des porte-parole s'imposent : Cazalès ou l'abbé Maury chez les aristocrates, Mounier ou Malouet au centre. Les patriotes se partagent alors entre Mirabeau, orateur éloquent, homme d'État équivoque, très vite vendu en secret à la cour, et La Fayette qui rêve d'être le Washington français. À l'extrême gauche, pourrait-on dire, s'impose alors ce qu'on appelle le « triumvirat » : Duport, Lameth et surtout Barnave, analyste clairvoyant mais bientôt effrayé par la marche des choses. Puis, isolés pour l'instant, des leaders de demain, Robespierre et l'abbé Grégoire, annoncent un idéal démocratique encore loin d'être reçu.

▲ *La discussion de la future Constitution* a occupé une bonne part des sessions de l'Assemblée, un certain nombre de questions cruciales ont cristallisé les oppositions : ainsi le problème du droit de paix et de guerre (à l'initiative du roi ou de l'Assemblée ?) ou celui du droit de veto qui laissait à la royauté la possibilité de bloquer une loi votée par l'Assemblée, fût-ce pendant une législature (veto suspensif). Mais avant même l'achèvement de l'acte constitutionnel, les besoins du moment ont conduit l'Assemblée constituante à s'engager dans des expériences nouvelles, sur des chantiers imprévus. Ainsi la crise financière, héritée de la monarchie d'Ancien Régime, non résolue, a conduit à l'expérience monétaire des assignats, papier-monnaie gagé sur la vente de la propriété ecclésiastique nationalisée au profit de la nation. Par voie de conséquence, l'Assemblée dut doter le clergé d'un nouveau statut, en rétribuant ses membres comme fonctionnaires publics : c'est la « Constitution civile du clergé », votée en juillet 1790, dont les retombées furent immenses. Prise dès la fin de 1789 (2 novembre), la décision de mettre les biens du clergé à disposition du pays, pour révolutionnaire qu'elle fût, ne s'inscrivait pas en contradiction avec une certaine tradition gallicane. Mais l'aventure des assignats, à partir du printemps 1790, très vite établis dans le rôle d'une monnaie-papier, devait peser lourdement sur la suite : leur rapide dépréciation et l'inflation qui en est résultée allaient être des éléments essentiels de la crise socio-économique révolutionnaire. D'autre part, la vente des biens du clergé, devenus biens nationaux, s'inscrit également comme lourde de conséquences. L'opération, dénoncée par les contre-révolutionnaires, ne fut pas boudée du public : dès 1790 et surtout 1791, les ventes étaient avancées, attachant indissolublement à la cause de la Révolution le groupe des acheteurs de biens nationaux.

Cette consolidation du camp de la Révolution n'est pas sans contrepartie : la vente des biens nationaux, mais plus encore la Constitution civile du clergé ont opéré un schisme profond dans toute la nation. Votée en juillet 1790, la Constitution civile faisait des curés et des évêques des fonctionnaires publics élus dans le cadre des nouvelles circonscriptions administratives. Elle leur imposait aussi un serment de fidélité à la Constitution du royaume. La condamnation du système, en avril 1791, par le pape Pie VI provoque un schisme qui va opposer les prêtres et le clergé constitutionnel (qui a prêté serment) d'une part et ceux que l'on appelle les réfractaires de l'autre. Entre les uns et les autres, une fracture se dessine, irrémédiable. Seuls 7 des 130 évêques ont prêté serment, alors que le corps des curés se partageait à peu près par moitié, inégalement cependant suivant les régions, comme on le verra par la suite, dessinant pour longtemps les zones de fidélité ou de tiédeur religieuse et, pour le temps présent, la carte du schisme constitutionnel, comme des troubles qui l'ont suivi.

Est-il légitime, avant de suivre cette escalade révolutionnaire, de faire une pause dans cette histoire et de considérer qu'une stabilisation était alors possible sur la base des résultats acquis ? Les contemporains l'ont cru et c'est pourquoi ils ont attribué tant d'importance aux fêtes de la Fédération, célébrées à l'envi en juillet 1790, et réitérées, avec moins de conviction, les années suivantes. L'idée est née en province, dans le Sud-Est d'abord, puis dans nombre de villes. Initialement réticente, l'Assemblée décida de la reprendre à son compte en faisant célébrer par les Parisiens la commémoration de la prise de la Bastille le 14 juillet 1790, sur l'esplanade du Champ-de-Mars. La cérémonie fut grandiose, illustrant l'unanimité rêvée d'un moment et l'idéal d'unité nationale. Semi improvisée, et cependant succès considérable, la fête parisienne demeure la démonstration la plus achevée et spectaculaire de ce que l'on peut appeler l'unanimisme de la révolution bourgeoise.

5. L'escalade révolutionnaire : dérapage ou continuité ?

Un an plus tard, cette fiction n'est plus de mise : le 17 juillet 1791, un grinçant rappel de la fête de la Fédération, le même cadre est le théâtre d'un massacre, la « fusillade du Champ-de-Mars » : des pétitionnaires du Club des cordeliers, demandant la destitution du roi Louis XVI, sont mitraillés par la garde nationale en vertu de la loi martiale, sous la responsabilité du maire Bailly et de son commandant La Fayette. Entre la révolution constituante des élites qu'ils incarnent et le courant de la révolution populaire, un fossé s'est creusé ; il ne fera que s'élargir.

▲ *L'interprétation de ce tournant de la Révolution n'est pas aisée.* Entre 1791 et la chute de la royauté, le 10 août 1792, la marche révolutionnaire a changé de cours : est-ce l'effet d'un dépassement autodynamique et somme toute inévitable ou d'une convergence accidentelle de facteurs ? Certains historiens — F. Furet et D. Richet — ont avancé naguère le thème du dérapage de la Révolution. Pour eux, l'intervention des masses populaires urbaines ou rurales dans le cours d'une Révolution libérale parvenue pour l'essentiel à ses objectifs n'était point dans l'ordre des choses. La crainte exagérée d'une contre-révolution mythique, appuyée sur la théorie du complot aristocratique, aurait réveillé les vieux démons des peurs populaires et provoqué l'emballement du processus révolutionnaire. À l'inverse, les maladresses, voire la duplicité évidente du roi, comme les menées des aristocrates dans le royaume ou hors des frontières ont facilité ce dérapage, et le fragile compromis alors en cours d'expérimentation par les élites, bourgeois et nobles libéraux confondus, en a fait les frais. Même si F. Furet est revenu depuis lors sur ce concept, l'interrogation ne peut être éludée. Elle fait bon marché toutefois de l'importance du danger contre-révolutionnaire, négligeant l'âpreté des fronts de lutte dans l'ensemble du pays.

▲ *La Contre-Révolution en action*, c'est d'abord le groupe des émigrés : le mouvement a commencé à l'automne 1789 par la fuite des courtisans les plus compromis et des princes de sang (le comte d'Artois) ; elle n'était pas numériquement bien considérable encore. Mais la Constitution civile du clergé et l'aggravation des antagonismes en ont grossi les effectifs entre 1790 et 1792 ; l'émigration s'organise, sur les bords du Rhin autour du prince de Condé, à Turin autour du comte d'Artois. Elle commence à tisser tout un réseau de conspirations dans le pays pour provoquer des soulèvements contre-révolutionnaires ou, à Paris, dans le but d'organiser la fuite du roi (conspiration du marquis de Favras). Ces entreprises rencontrent localement un terrain favorable : guère dans l'Ouest initialement, mais plutôt dans le Midi de la France. Ici s'entremêlent conflits et antagonismes sociaux, religieux et politiques enracinés, singulièrement en régions de contacts confessionnels : Nîmes, Montauban, où les protestants ont accueilli avec faveur la Révolution qui a achevé leur émancipation. Dans les montagnes du

Vivarais, au sud-est du Massif central, des rassemblements contre-révolutionnaires armés, les camps de Jalès, se succéderont ainsi de 1790 à 1793. Et les villes du Midi, de Lyon à Marseille, en passant par Arles, sont le terrain de sévères affrontements entre 1791 et 1792, témoignage d'un équilibre très précaire entre Révolution et Contre-Révolution. Cette dernière dispose encore de très solides appuis dans l'appareil d'État et, à côté des activités conspiratrices, il n'est pas malaisé d'identifier une contre-révolution officielle ou au sommet : ainsi à Nancy en août 1790, le commandant militaire, le marquis de Bouillé, réprime sauvagement la révolte des soldats suisses patriotes du régiment de Châteauvieux. Cette tentative de renforcement du pouvoir appuyée sur l'armée dans une visée contre-révolutionnaire est loin d'être isolée.

Dans ce contexte, l'attitude du roi ne manque pas de cohérence. On l'a dite hésitante et maladroite : il est certain que Louis XVI se trouve pris sous le feu croisé des suggestions des donneurs d'avis, Mirabeau, La Fayette, Lameth ou Barnave, sans parler de ses contacts familiaux avec l'étranger ou avec les émigrés, qui restent pour lui essentiels. On sait l'issue de toute une série de tractations poursuivies secrètement : le 20 juin 1791, la famille royale au complet quitte sous un déguisement le palais des Tuileries. Reconnue en route, elle est arrêtée à Varennes et ramenée à Paris : l'annonce de la fuite frappe de stupeur les Parisiens, puis la France entière.

▲ *En contrepoint de cette histoire des résistances et de la Contre-Révolution, s'inscrit celle de la politisation* et de l'engagement croissant des masses urbaines et parfois rurales. Le réveil du malaise économique a sans doute contribué à cette mobilisation : après l'éclaircie de 1790, une récolte incertaine en 1791, aggravée par la spéculation et par l'inflation liée à la chute de la valeur de l'assignat, a ranimé la revendication populaire. Plus profondément encore s'opère, sur le terrain, l'émancipation de fait à l'égard des restes du prélèvement seigneurial, par un refus souvent violent de payer les droits déclarés rachetables en 1789. Puis, entre l'hiver 1791 et l'automne 1792, se succèdent des soulèvements paysans : dans les plaines de grande culture, entre Seine et Loire, des troupes immenses de paysans se transportent d'un marché à l'autre pour fixer un prix maximum — une taxe — du prix du grain et du pain. Ailleurs, dans tout le Sud-Est, des Alpes au Languedoc et à la Provence, ils pillent et incendient les châteaux.

Cela vaut pour les campagnes ; dans les villes et les bourgs, clubs et sociétés populaires se multiplient, couvrant le territoire national d'un réseau parfois très dense. À Paris, le Club des jacobins, s'est taillé, depuis 1789, une place considérable en tant que lieu de rencontre et d'examen où se préparent les grandes décisions de l'Assemblée et par le nombre des sociétés qui lui sont affiliées : il a surmonté victorieusement la crise de Varennes et le trouble qu'elle a provoqué dans l'opinion. Son recrutement demeure encore plus sélectif ou fermé que celui d'autres clubs, tel que le Club des cordeliers, où se font entendre des orateurs populaires comme Danton ou Marat, « l'ami du peuple ». Le foisonnement de la presse, autre nouveauté révolutionnaire, est l'un des éléments de cette politisation accélérée : de l'extrême droite, avec les *Actes des apôtres*, aux organes les plus démocratiques, avec les *Révolutions de France ou de Brabant* de Camille Desmoulins et *L'Ami du Peuple* de Marat en passant par le *Courrier de Provence* de Mirabeau.

Contre-Révolution ou révolution radicalisée s'appuyant sur la politisation populaire, tel est le vrai dilemme qui se pose aux leaders de la révolution bourgeoise à la fin de 1791, alors même que s'achève l'acte constitutionnel qui devait régir le nouveau système. Pour ne point compromettre un équilibre que l'on sent fragile, on a admis la fiction que le roi ne s'était pas enfui de son plein gré, mais avait été enlevé, ce qui a permis de lui rendre ses prérogatives... au grand dam des révolutionnaires avancés, pour qui le principe même de la monarchie commence à être vivement contesté.

Débutant par la Déclaration des droits, se prolongeant en une réorganisation de fond en comble du système politique comme des structures de l'administration, de la justice, des finances, voire de la religion, la Constitution de 1791, sanctionnée par le roi le 13 septembre, beaucoup plus qu'un document de circonstance est l'expression la plus achevée de la révolution bourgeoise constituante, dans son essai de monarchie constitutionnelle.

6. L'Assemblée législative et la chute de la monarchie

C'est sur les bases de ce nouveau système que s'est réunie le 16 décembre 1791 la nouvelle Assemblée dite législative, doublement nouvelle puisque les constituants s'étaient déclarés non rééligibles. Beaucoup s'y présentent avec la ferme intention de clore la Révolution ou, comme le dit Dupont de Nemours, de « briser la machine à insurrections » ; cette tendance constituera le groupe des feuillants, du nom de leur club, né de la scission du Club des jacobins au lendemain de la fusillade du Champ-de-Mars, nombreux à l'Assemblée (263 sur 745), mais divisés entre partisans de La Fayette d'un côté, du triumvirat (Barnave, Duport, Lameth) de l'autre. À l'autre bord, ceux que l'on nomme très vite brissotins et qui deviendront plus tard les girondins : un groupe de dirigeants associe autour de Brissot de brillants éléments (Vergniaud, Guadet, Roland, Condorcet) ; à gauche se détachent quelques démocrates avancés (Carnot, Merlin, Chabot). Pour préciser ces attitudes, il est commode de partir de la formule de Jérôme Pétion, maire de Paris, qui écrit alors : « La bourgeoisie et le peuple réunis ont fait la Révolution. Leur réunion seule peut la conserver. » Mais de quelle union s'agit-il ? Pour certains leaders hors de l'Assemblée, mais influents, Robespierre auprès des jacobins, Marat dans son journal, cette condition de survie est beaucoup plus qu'une alliance de raison. Les brissotins, au contraire, n'y voient qu'une nécessité qui sera de plus en plus impatiemment supportée : entre eux et le mouvement populaire la rencontre est équivoque ; ils se défient de sa turbulence et n'en partagent pas les aspirations sociales et économiques, en partisans qu'ils sont du libéralisme économique.

▲ *L'accélérateur de cette évolution est incontestablement la guerre*, qui va durcir les options politiques, exaspérer les tensions sociales. La montée du péril extérieur ne date pas d'hier : la Constituante, malgré une « déclaration de paix au monde », s'était déjà heurtée à l'hostilité de l'Europe monarchique, inquiète par solidarité dynastique pour une part et surtout par crainte du ferment révolutionnaire. Un temps occupés sur d'autres fronts (le partage de la Pologne) les souverains — roi de Prusse, empereur d'Autriche… — se sont mis d'accord par la déclaration de Pillnitz, en août 1791, pour appeler à une coalition des puissances monarchiques contre le péril révolutionnaire, ce qui restait encore au niveau des intentions.

On peut s'étonner qu'en France l'hypothèse d'un conflit ait été envisagée favorablement par la plupart des tendances politiques — une rencontre équivoque sur des présupposés bien différents. Le roi et ses conseillers dans le milieu de la cour attendaient une victoire aisée des souverains étrangers ; La Fayette, pour sa part, rêvait d'une guerre victorieuse qui le placerait dans un rôle éminent. Jouant la politique du pire, le roi remplace en mars ses ministres feuillants par un ministère jacobin ou brissotin animé par Roland. C'est que les brissotins se trouvent paradoxalement sur les mêmes positions belliqueuses dans l'espoir que la guerre, épreuve de vérité, contraindrait le roi et ses conseillers à se révéler sous leur vrai jour et ferait ainsi mûrir la situation. Seul ou presque à la tribune du Club des jacobins, Robespierre a dénoncé durant l'hiver les dangers d'une guerre qui trouvera la Révolution française non préparée, exaspérera le danger de Contre-Révolution, révélera peut-être un sauveur militaire providentiel… Dans le dramatique dialogue Brissot-Robespierre face aux jacobins, c'est Brissot qui l'emporte. Le 20 avril 1792, la guerre a été déclarée au « roi de Bohême et de Hongrie » : en fait très vite c'est toute une coalition qu'affronte la Révolution, associant la Prusse, l'Empereur, la Russie, les rois de Piémont et d'Espagne. Suivant le pronostic des brissotins, la guerre contraint très vite le roi à jeter le masque et à dévoiler ses batteries : il refuse, en opposant son « veto », de promulguer les décisions d'urgence de l'Assemblée (ainsi celle qui établissait sous Paris un camp de fédérés venus des provinces, comme celles qui visaient les prêtres réfractaires et les émigrés) et il renvoie son ministère brissotin.

Les espoirs du roi et des aristocrates se trouvent bientôt confirmés : les premiers engagements se révèlent désastreux pour les armées françaises, en pleine désorganisation à cause de l'émigration de la moitié de leurs officiers. Aux frontières du Nord, les troupes se débandent, cependant que la tension croît dans le pays. Exploitant leur avantage, les coalisés souhaitent frapper un grand coup par le lancement du célèbre *Manifeste de Brunswick* le 15 juillet 1792, aux termes duquel ils menacent de « livrer Paris à une exécution militaire et à une subversion totale ». La montée des périls provoque une journée révolutionnaire — encore semi improvisée — le 20 juin 1792 : les manifestants envahissent le palais des Tuileries et tentent, en vain, d'intimider le roi qui oppose le courage passif dont il est capable ; c'est un échec, mais qui relance la mobilisation populaire. Dans le pays — ainsi dans le Midi, alors à la pointe de l'engagement révolutionnaire — des adresses se multiplient qui demandent la destitution du roi. L'Assemblée proclame solennellement dès le 11 juillet « la Patrie en danger » et des provinces arrivent les bataillons de fédérés, qui montent sur Paris : parmi eux, les célèbres Marseillais, qui popularisent leur chant de marche, *La Marseillaise.*

En cet été chaud de 1792, s'inscrit sans doute un des tournants majeurs dans la marche de la Révolution. Le front de la bourgeoisie révolutionnaire n'est plus unanime vis-à-vis du mouvement populaire qui se mobilise, en province comme à Paris, dans le cadre des « sections » (assemblées de quartiers), et des clubs, pour devenir la force motrice de l'initiative révolutionnaire. Les brissotins, qui n'avaient prêté qu'une complicité passive à la journée du 20 juin, vont être tentés de passer un compromis avec les tenants de l'ordre monarchique, de crainte d'être débordés. Mais ils ont perdu l'initiative, qui se trouve prise dans la capitale par la Commune insurrectionnelle de Paris, par les sans-culottes sectionnaires en armes, par le Club des cordeliers, avec le soutien d'un certain nombre de leaders : Marat, Danton, Robespierre.

▲ *La journée décisive est celle du 10 août :* l'insurrection préparée voit les sectionnaires parisiens et les « fédérés » arrivés de province marcher à l'assaut des Tuileries abandonnées par la famille royale. À l'issue d'une bataille meurtrière avec les Suisses qui défendent le palais, l'insurrection populaire triomphe. L'Assemblée vote la suspension du roi de ses fonctions, la famille royale sera incarcérée dans la prison du Temple. On décide la convocation d'une Convention nationale élue au suffrage universel pour diriger le pays qui devient le 21 septembre une République et le doter d'une nouvelle Constitution : une nouvelle phase s'ouvre ainsi dans la Révolution. (Voir encadré ci-contre.)

Cette étape s'achève par deux événements spectaculaires : la victoire de Valmy, le 20 septembre 1792, met un coup d'arrêt à l'avance des Prussiens profondément enfoncés en Champagne et, par là même, change le cours d'une campagne jusqu'alors désastreuse. Valmy n'est pas une grande bataille : c'est une canonnade qui s'achève par la retraite de l'armée prussienne. Mais cette rencontre revêt une importance historique essentielle qui n'a pas échappé aux contemporains, tel Goethe, témoin de la scène. Les troupes françaises, encore improvisées, mal entraînées, ont soutenu sans fléchir le contact des troupes prussiennes. C'est là un succès symbolique qui va bien au-delà de ses conséquences matérielles immédiates.

En contrepoint, les massacres de septembre restent au palmarès de la Révolution une de ces pages sombres sur lesquelles on a longtemps jeté un voile. Cette réaction panique s'explique par la double crainte de l'invasion ennemie et du complot de l'intérieur, du « coup de poignard dans le dos », comme on dit. Puis la vacance du pouvoir — le roi en prison, le pouvoir de décision revient à un

La journée du 10 août, relatée par l'ambassadeur de Gênes

« Le vendredi matin on observait un grand nombre de gardes nationaux qui semblaient disposés à défendre le roi. Mais bien au contraire, vers 9 h 45 le peuple mêlé à d'autres détachements de Garde nationale et aux fédérés se préparait à entrer par force dans le palais. Alors toutes les portes furent ouvertes les canonniers tournèrent leurs pièces contre le palais et la Garde nationale qui semblait se tenir là pour en défendre l'accès prit subitement le parti du peuple et de l'autre fraction de la Garde. Tant et si bien que le seul bataillon des volontaires des Filles de St Thomas et le régiment suisse qui comptait environ 1 500 hommes participèrent à la résistance et tirèrent les premiers sur le peuple tuant ainsi environ 200 fédérés marseillais et peut-être autant d'individus du peuple, et de la Garde nationale. Ils succombèrent cependant très vite sous le nombre des assaillants infiniment supérieur, renforcé par une nombreuse artillerie et par toute la Gendarmerie à cheval qui s'était rangée dès le début du côté des assaillants. Les Suisses furent tous massacrés et dépouillés et il apparaît impossible de donner une explication plausible à la barbarie et aux insultes dont furent l'objet leurs cadavres. Quelques-uns de ces Suisses qui s'étaient rendus à la Garde nationale et demandaient grâce furent décapités par la fureur populaire et leurs corps jetés par les fenêtres. Le nombre de morts oscille entre 2 000 et 2 500. Fort heureusement le Roi, la Reine, le Dauphin et toute la famille royale se rendirent vers 8 heures, avant que ne commençât l'assaut, à l'Assemblée nationale et ils y sont restés sains et saufs pendant toute la journée. Mais quelle épouvante et quelle désolation ils ont dû éprouver ! Tous les gens de livrée et attachés au bas service de la Famille royale ont été massacrés. »

(*Sources :* Archives de Gênes, *Correspondance de Spinola*, 22-65,
cité par M. REINHARD, in *La Chute de la royauté*,
Paris, Gallimard, 1969, p. 602-603.)

Conseil exécutif provisoire, dominé par la personnalité de Danton — explique que la fureur populaire se soit déployée sans opposition. Du 2 au 5 septembre, une foule parisienne se porte sur les prisons de la capitale et y massacre quelque 1 500 prisonniers peut-être : aristocrates, ecclésiastiques en grand nombre (plus de 300) et, pêle-mêle, des prisonniers de droit commun. Ce massacre se veut cependant l'expression d'une forme de justice populaire, au moins avec un simulacre de jugement. Sur le contraste de ces deux images se clôt la phase de la révolution des élites et du compromis. Une nouvelle étape commence où la bourgeoisie révolutionnaire devra composer avec les masses populaires.

7. Gironde et Montagne

Rappelons-nous la formule du maire de Paris, Pétion, déclarant en 1792 que le seul moyen d'assurer le succès de la Révolution était l'union « du peuple et de la bourgeoisie ». Significativement, c'est encore Pétion qui déclare au printemps 1792 : « Vos propriétés sont en danger. » Ces attitudes successives d'un homme qui fut un temps indécis entre Gironde et Montagne expriment la cassure de la bourgeoisie française après la chute de la monarchie.

Pour une partie de la classe politique, d'évidence, c'est désormais la subversion sociale qui représente le danger majeur et le retour à l'ordre qui exprime la nécessité du moment. Pour d'autres, au contraire, ce qui l'emporte est bien la défense de la Révolution contre le péril aristocratique — péril intérieur de Contre-Révolution, péril extérieur de la coalition européenne — et cette défense requiert une alliance avec le mouvement populaire, même si cela impose de donner satisfaction, partielle du moins, aux revendications sociales de ces couches et d'adopter une politique bien éloignée du respect des formes constitutionnelles, en recourant à des moyens d'exception.

Entre ces deux attitudes de la classe politique, y a-t-il la différence qui sépare deux groupes de recrutement différent ou simplement le contraste de deux choix politiques qu'expriment les dénominations de girondins — ou brissotins — et montagnards ? Tels historiens d'hier, comme A. Cobban, analysant le recrutement des états-majors des deux partis qui se partagent la Convention, concluaient qu'il n'y avait pas de réelle différence sociologique entre eux et que montagnards et girondins étaient bien issus des mêmes couches. Conclusion bien rapide et qui n'est pas confirmée partout où on peut analyser, au-delà des états-majors, les masses jacobines ou girondines en action (ainsi comme on le verra dans la crise fédéraliste), double recrutement qui est loin d'être identique ou interchangeable. D'ailleurs, la simple géographie électorale reflète les origines différentes des girondins et des montagnards : des grands ports, Nantes, Bordeaux, Marseille, cadre de la prospérité du capitalisme marchand, ont envoyé les leaders de ceux qu'on nomme significativement « girondins » — tels que Vergniaud, Guadet, Gensonné, qui rejoignent Brissot ou Roland. Mais voici d'autres arrivants de la province, Rabaut, ministre réformé de Nîmes, Barbaroux, un Marseillais, ou Isnard, riche parfumeur de Grasse… Au contraire, la Montagne est enracinée dans les citadelles — Paris ou province — du jacobinisme : Robespierre, Danton, Marat et avec eux de nouveaux arrivants comme Couthon ou Saint-Just. Il convient aussi de ne pas oublier que ni la Gironde ni la Montagne ne disposent d'une majorité à l'Assemblée. À l'écart, ou au centre, un groupe important de députés qui sera désigné sous différents vocables, la « Plaine » ou le « Marais », représente une forte masse d'arbitrage, qui penchera successivement vers la Gironde ou la Montagne.

Les attitudes de la classe politique, qu'il serait aussi caricatural d'opposer en les réduisant de façon mécaniste à des clivages sociologiques que de croire interchangeables et purs produits du hasard, se définissent mieux si l'on tient compte d'une troisième force, en dehors des assemblées. C'est celle des masses populaires de la sans-culotterie mûrie lors de la crise de l'été 1792, organisée dans le cadre des assemblées sectionnaires urbaines ou des sociétés populaires.

De ces groupes sont sortis des leaders ou simplement des porte-parole occasionnels, tels que sont les « enragés » de 1792-1793, avec des militants comme Varlet, Leclerc, et surtout Jacques Roux, le prêtre rouge, au contact des besoins et des aspirations des petites gens, dont ils se font l'écho. Après la répression qui fera taire les enragés, un autre groupe se constituera autour de Hébert, de Chaumette et de la Commune de Paris. Les hébertistes ont au moins aspiré à prendre la direction du mouvement sans-culotte et à s'appuyer sur lui. Les études menées aujourd'hui sur la province découvrent de plus en plus que ce type de militants ne fut pas une originalité parisienne. De l'automne 1792, avec sa flambée de troubles agraires, à l'hiver puis au printemps 1793, où Paris connut des émeutes de subsistances et des pillages, non seulement pour les grains mais pour le sucre ou le café, le « petit peuple » fut dans la rue et directement impliqué dans la conduite de la révolution.

▲ *L'affrontement entre la Gironde et la Montagne était inévitable :* il se développa de la fin de 1792 à juin 1793. Ses épisodes essentiels furent le procès de Louis XVI, puis des événements de politique extérieure : une expansion victorieuse suivie de graves revers, enfin au printemps le soulèvement de la Vendée venant ouvrir un nouveau front intérieur.

Prisonnier au Temple, Louis XVI fut jugé par la Convention en décembre 1792. La Gironde penchait vers la clémence ; elle tenta de proposer des solutions aptes à éviter la peine capitale : le bannissement, ou la détention jusqu'à la paix, voire la ratification populaire. Au contraire, les leaders montagnards chacun dans son style, ainsi Marat, Robespierre ou Saint-Just, se rencontraient pour demander la mort au nom du Salut public et des nécessités de la Révolution. Elle fut votée par 387 votes sur 718 députés et Louis XVI exécuté le 21 janvier 1793. En exerçant, comme ils l'ont dit, un « acte de providence nationale » les conventionnels étaient très conscients d'assurer la marche désormais irréversible de la Révolution et l'un d'eux, Cambon, l'exprimait en disant qu'ils avaient « débarqué dans une île nouvelle et brûlé les vaisseaux qui les y avaient portés ».

▲ *La guerre aux frontières* trouve un regain d'intensité dans l'exécution du roi. Les souverains européens occupés sur d'autres fronts (la Pologne) ont, jusqu'en 1793, permis aux armées françaises d'exploiter spectaculairement le succès de Valmy. Victorieuses à Jemmapes, les troupes révolutionnaires ont occupé les Pays-Bas autrichiens et conquis sur le Piémont la Savoie et le comté de Nice qui seront annexés après consultation populaire. De même au Nord, la Rhénanie — de Mayence à Francfort — est passée sous la domination française. C'est par certains aspects la concrétisation du vieux rêve monarchique des frontières naturelles qui se trouve réalisé : mais reformulé en termes tout différents, sous la devise émancipatrice « guerre aux châteaux, paix aux chaumières ». Dans un premier temps la Révolution apporte la liberté, ensuite seulement apparaîtront les aspects négatifs de la conquête, spoliations et pillages. L'exécution de Louis XVI gonfle la coalition de nouveaux partenaires : Espagne, royaume de Naples, princes allemands et surtout Angleterre qui se sent directement menacée par l'annexion de la Belgique. Le vent tourne : les Français accumulent les défaites au printemps 1793 (Neerwinden, siège et capitulation de Mayence) et perdent coup sur coup la Belgique et la Rhénanie.

▲ *L'ouverture d'un front intérieur de guerre civile aggrave la situation :* l'insurrection de la Vendée, dans la France de l'Ouest, éclate au début de mars 1793 et s'étend très vite. De prime abord, c'est un soulèvement des campagnes dont les chefs sont d'origine populaire (Stofflet garde-chasse, Cathelineau contrebandier…), mais progressivement des nobles, sous la pression des paysans, s'engagent dans le mouvement qu'ils encadrent (M. de Charette, d'Elbée…) et les bourgs, puis les villes restés républicains sont submergés par le flot. Ce soulèvement a reçu plus d'une interprétation : l'analyse de ses causes demeure complexe. Le sentiment religieux enraciné de ces contrées, longtemps allégué comme cause essentielle, a certainement joué un rôle aux origines de cette mobilisation pour la cause royale, mais n'explique pas tout. L'hostilité au gouvernement central, dans un pays qui refuse l'impôt et surtout les levées d'hommes (la levée des 300 000 hommes décrétée par la Convention) a peut-être été un facteur plus directement mobilisateur. Surtout, les interprétations nouvelles présentées par les plus récents historiens insistent sur l'enracinement du mouvement dans un contexte socio-économique où le réflexe anti-urbain et antibourgeois, donc antirévolutionnaire, chez les paysans a été assez fort pour l'emporter sur l'hostilité à l'égard de l'Ancien Régime.

Ces revers et ces problèmes remettent en cause l'hégémonie des girondins, groupe dominant au début de la Convention, et maître du gouvernement, avec le ministre Roland (époux de la célèbre Mme Roland, égérie du parti girondin). Pour asseoir leur autorité, les girondins ont tenté, au début, de prendre l'offensive contre les montagnards, en accusant leurs leaders Robespierre, Danton et Marat — d'aspirer à la dictature. C'est un échec et Marat, déféré en jugement, est acquitté triomphalement de ce chef d'accusation.

En dépit des réticences girondines, la pression des dangers qui entourent la République conduit à mettre en place un nouveau système d'institutions : au premier rang un Tribunal criminel extraordinaire à Paris qui deviendra le Tribunal révolutionnaire, puis, dans les villes et dans les bourgs, le réseau des comités de surveillance, attentifs aux suspects et aux activités contre-révolutionnaires. Enfin, en avril 1793, on forma le Comité de salut public, qui fut au début sous l'influence de Danton. Éliminés de la conduite de la Révolution, les girondins ont tenté en vain de contre-attaquer parfois sans prudence : l'un de leurs porte-parole, Isnard, dans un discours célèbre menaça à son tour Paris d'une subversion totale (« on chercherait sur les berges de la Seine si Paris a existé ») si ce centre de l'influx révolutionnaire portait atteinte à la légalité. À cette provocation verbale la Montagne, appuyée sur le mouvement sectionnaire parisien, donna sa réponse après une première manifestation improvisée le 31 mai — un coup pour rien. Le 2 juin 1793, la Convention fut encerclée par les bataillons sectionnaires et sous la menace dut accepter l'arrestation de vingt-neuf députés girondins, les têtes du parti. Victoire politique décisive pour les jacobins et la Montagne. Mais ce triomphe est ambigu : comme le déclare alors le porte-parole du Comité de salut public, Barère, la République est comme une forteresse assiégée. Les Autrichiens ont débordé la frontière du Nord, les Prussiens sont en Rhénanie, Espagnols et Piémontais menacent le Midi de la France. Les Vendéens insurgés se dénomment « armée catholique et royale » et sont difficilement arrêtés aux portes de Nantes.

▲ *Puis la chute des girondins provoque par voie de conséquence une autre guerre civile*, sous forme de révolte des provinces contre Paris : c'est la révolte fédéraliste. Dans le Sud-Est, Lyon s'insurge contre la Convention et devra faire l'objet d'un siège en règle. Dans le Midi, Bordeaux, soutenu par une partie du Sud-Ouest, entre en rébellion et plus encore la Provence, avec Marseille insurgé et Toulon qui sera livré aux Anglais par les contre-révolutionnaires. Dans la France septentrionale, seule la Normandie entre en révolte ouverte et lance contre Paris une petite armée, vite dispersée. Mais c'est de Normandie aussi que part Charlotte Corday qui s'en vient à Paris poignarder Marat, le tribun populaire. Sous la pression conjuguée de ces dangers, la rencontre — peut-on dire l'alliance ? — se renforce entre la bourgeoisie jacobine, celle que représentent les montagnards à la Convention et dont le pouvoir exécutif est le Comité de salut public et les masses populaires de la sans-culotterie. S'agit-il d'une solidarité sans faille ? L'historien Daniel Guérin estimait que les « bras nus », dont les enragés avaient été les porte-parole, puis dont les hébertistes canalisent les énergies, étaient en mesure de déborder le stade d'une révolution démocratique bourgeoise pour réaliser les objectifs propres d'une révolution populaire. Dans cette lecture, l'alliance dont nous parlons apparaît comme une mystification : la force collective des « bras nus » est utilisée par la bourgeoisie robespierriste pour ses fins propres. Les travaux d'Albert Soboul ont insisté depuis lors sur l'hétérogénéité du groupe des sans-culottes, qui ne peut aucunement être considéré comme l'avant-garde d'un prolétariat… encore dans l'enfance. Quelles que soient les contradictions dont elle est porteuse, la sans-culotterie, surtout parisienne, n'en demeure pas moins, jusqu'à la fin de 1793 et même au printemps 1794, au cœur du dynamisme révolutionnaire. Par une pression constante et active, elle impose au gouvernement révolutionnaire la réalisation d'un certain nombre de ses mots d'ordre : sur le plan économique, le contrôle et la taxation des prix avec l'instauration du maximum (en septembre 1793), sur le plan politique la mise à l'ordre du jour de la Terreur, contre les aristocrates et les ennemis de la Révolution, et la loi des Suspects (17 septembre 1793) qui englobe dans la surveillance et la répression toute la nébuleuse de ses ennemis virtuels. Mais la flambée de septembre 1793, au cours de laquelle les sans-culottes imposent leurs mots d'ordre les 4 et 5 à la Convention — dernière, ou presque, manifestation armée de la pression populaire —, fut en même temps leur dernière victoire. C'est durant cette période que la bourgeoisie montagnarde forge et structure, en effet, les rouages du gouvernement révolutionnaire qui s'inscrivent en contrepoint de l'idéal de démocratie directe des sans-culottes.

8. Le gouvernement révolutionnaire

Qu'est-ce donc que le gouvernement révolutionnaire qui régira la République dans cette période cruciale de l'an II, de septembre 1793 à juillet 1794 ? Après la chute de la Gironde, en juin 1793, la Convention avait élaboré et voté à la hâte un texte constitutionnel (la Constitution dite de l'an I), ratifié par le peuple au mois de juillet. Ce texte, qui met en forme l'expression la plus avancée de l'idéal démocratique de la Révolution française, est loin d'être négligeable : mais il ne fut jamais appliqué, puisque la Convention décréta immédiatement « le gouvernement de la France révolutionnaire jusqu'à la paix ». Nécessité assumée d'une parenthèse en fonction des besoins de la lutte révolutionnaire. Le gouvernement révolutionnaire a reçu sa forme achevée du célèbre décret du 14 frimaire an II, celui même qui définit la Révolution comme « la guerre de la liberté contre ses ennemis ».

▲ *La pièce centrale du système est le Comité de salut public*, élu par la Convention et renouvelé par elle mensuellement, mais qui demeura inchangé dans sa composition jusqu'à Thermidor. Ses dirigeants, célèbres déjà ou nouveaux venus, méritent présentation ; Robespierre l'« Incorruptible », Saint-Just, alors âgé de vingt-six ans, Couthon, un juriste, sont les têtes politiques de cette direction collégiale. D'autres sont plus techniciens : Carnot, officier du génie, l'« organisateur de la victoire », Jean Bon Saint-André, chargé de la Marine, Prieur chargé des subsistances. Certains tiennent une place spécifique : Barère, à la fois responsable de la diplomatie et porte-parole du Comité durant la Convention, ou Collot d'Herbois et Billaud-Varenne, qui restent en sympathie et en liaison avec le mouvement populaire. En dépit de tensions qui ne furent graves que dans sa phase ultime, le Comité de salut public a été la pièce maîtresse de la coordination de l'activité révolutionnaire. Cette importance éclipse les autres éléments du gouvernement central : les ministres sont subordonnés à l'initiative du Comité de salut public et même l'autre « grand » comité, le Comité de sûreté générale, s'en tient à la coordination de l'application de la Terreur. (Voir encadré, p. 33.)

Les organes locaux du gouvernement révolutionnaire ont été mis en place successivement : agents nationaux dans les départements, les districts et les municipalités, comités révolutionnaires ou de surveillance dans nombre de localités. Mais entre le Comité et ces instances d'exécution, une place essentielle revient aux représentants en mission, des conventionnels envoyés en province pour une durée déterminée. Ces « proconsuls », comme on l'a dit, n'ont pas été ménagés par l'historiographie classique : on s'est attardé sur les excès, réels, de certains terroristes comme Carrier, qui organise à Nantes la noyade collective des suspects, ou Fouché, dans le centre de la France puis à Lyon. À l'inverse, d'autres ont fait preuve de modération et de sens politique. Tous ont stimulé l'effort révolutionnaire : il reste souvent à apprécier plus sereinement une activité mal jugée. À côté de ces agents individuels, on découvre également l'action localement essentielle des armées révolutionnaires de l'intérieur, agents de la Terreur dans les départements. Issues des rangs de la sans-culotterie, ces formations, que ce soit l'armée révolutionnaire parisienne qui a opéré autour de la capitale et dans la région lyonnaise ou les armées provinciales, ont été vues avec suspicion par le gouvernement révolutionnaire qui en a prononcé la dissolution à l'hiver 1793-1794.

Tels sont les éléments ou les agents de l'influx révolutionnaire. Mais pour quels résultats ? La Terreur, on l'a dit, a été mise à l'ordre du jour : le terme englobe beaucoup plus que la répression politique, s'étendant au domaine économique, définissant l'atmosphère du moment. Sans doute, la répression s'est accrue et le Tribunal révolutionnaire parisien, sous l'impulsion de

Robespierre « dictateur » ?

Le montagnard Levasseur de la Sarthe le juge rétrospectivement :

« A-t-on pu croire, a-t-on cru, en effet, comme on l'a si souvent affirmé que le système de la Terreur ait été l'ouvrage d'un homme ou de quelques hommes ? A-t-on pu croire qu'on en ait calculé à l'avance la nature et les effets ? Je ne saurais le comprendre. Cependant, puisqu'on l'a sinon cru, du moins répété, repoussons cette ignoble et honteuse prévention, et prouvons que l'humanité n'a pas à ce point démérité d'elle-même.

« Robespierre et la Montagne dont on fait le bouc émissaire des excès révolutionnaires ont-ils créé et développé volontairement le régime de la Terreur ? Voilà, il me semble, la question telle qu'elle doit être posée ; les faits vont nous en donner la solution. Et, d'abord, pour tous les excès qui tendaient à la démoralisation, on ne soutiendra plus, sans doute, qu'ils aient été dans le plan de Robespierre, puisqu'il s'y est constamment opposé et que leurs auteurs ont été ses plus cruels ennemis. On trouve dans les papiers rassemblés par Courtois diverses notes de Robespierre qui suffisent pour montrer combien de répugnance les saturnales terroristes inspiraient au célèbre membre du Comité de salut public. Ici, il reproche à Léonard Bourdon d'avoir avili la Convention en introduisant la coutume de parler le chapeau sur la tête, et d'autres formes indécentes. Là, il flétrit de tout son pouvoir les hideuses tentatives de la Commune pour établir l'athéisme public. Partout, il se montre ami de la vertu, de la religion, de la bienséance même. Le culte de la déesse raison le dégoûte encore plus que le fanatisme des prêtres catholiques. Il sent que l'homme ne peut être républicain s'il n'est avant tout moral et religieux. Ces idées sont aussi celles de Saint-Just et de tout ce qui, dans la Montagne, portait une âme honnête, c'est-à-dire de l'immense majorité. »

(*Source :* LEVASSEUR, *Mémoires*, t. II. Extrait cité par L. JACOB, *Robespierre vu par ses contemporains*, Paris, Armand Colin, 1939, p. 155.)

Fouquier-Tinville, verra ses attributions renforcées par la loi de prairial an II (juin 1794) supprimant les garanties de la défense et préludant à ce que l'on a appelé la « Grande Terreur de Messidor ». Après la reine Marie-Antoinette, les têtes de l'aristocratie puis du parti girondin sont tombées au cours de l'année 1794. Le bilan global — 10 000 exécutés par jugement pour toute la France, mais beaucoup plus si l'on inclut les victimes de la répression dans les foyers de guerre civile (128 000 estime-t-on en Vendée) — paraîtra lourd ou modéré suivant les appréciations. Il est surtout très contrasté selon les régions touchées. Dans le domaine économique, le Maximum des prix des denrées a répondu initialement à la demande populaire spontanée ; dès septembre 1793, il fut étendu par la loi du « Maximum général » non seulement à tous les produits, mais aussi aux salaires. Il en résulte toute une série de mesures autoritaires, telles que le cours forcé des assignats et, dans les campagnes, la réquisition des stocks des paysans. Progressivement devenu impopulaire, chez les producteurs comme chez les salariés, le Maximum n'en assura pas moins, pendant toute la période terroriste, l'alimentation correcte des classes populaires urbaines.

Le fruit de cette mobilisation des énergies nationales s'inscrit sans ambiguïté dans le redressement de la situation politique et militaire. Les ennemis de l'intérieur ont été abattus ou contenus : Marseille est repris sur les fédéralistes en septembre 1795, Lyon en octobre, Toulon enfin, où les contre-révolutionnaires avaient appelé les Anglais et les Napolitains, tombe en décembre après un siège qui démontre les qualités militaires du capitaine Bonaparte. Quelques victoires décisives durant l'hiver (Le Mans, Savenay) ont contraint l'insurrection vendéenne à régresser au stade d'une cruelle guérilla prolongée, dans laquelle les colonnes infernales du général Turreau — plus tard désavoué par le gouvernement révolutionnaire — appliquent la politique de la terre brûlée.

▲*Aux frontières, une armée nouvelle prend forme*, celle des « soldats de l'an II », qui associe par la pratique de l'amalgame les vieux soldats de métier et les recrues nouvelles des levées de volontaires. L'enthousiasme révolutionnaire, mais aussi de jeunes généraux utilisant une technique nouvelle de guerre, le choc régulier de masses en ordre profond, valent à ces années des victoires décisives aux Pays-Bas et en Allemagne. L'offensive du printemps 1794 conduit en juin à la victoire de Fleurus, prélude à la conquête de la Belgique.

Fleurus prend place un mois seulement avant la chute de Robespierre et de ses amis. On peut être tenté, comme on l'a souvent fait, d'établir une relation entre les deux événements : la politique terroriste s'effondrant sous le poids des victoires qui la rendent insupportable. Mais cette explication reste partielle : c'est avant Fleurus que Saint-Just avait constaté : « la Révolution est glacée », phrase célèbre qui exprime le divorce ressenti entre le dynamisme des masses populaires et le gouvernement de Salut public. On a vu que les sans-culottes et le mouvement cordelier avaient réussi à imposer une partie de leur programme en septembre 1793 : ce fut leur dernier véritable succès.

Le mouvement de déchristianisation — par où s'exprime dans les mois suivants leur activité révolutionnaire — est certes beaucoup plus qu'un simple dérivatif inventé par les hébertistes, ce qu'on a parfois dit. Il a pris naissance dans le centre de la France et la région parisienne au début de l'hiver, puis s'est diffusé à travers toute la France durant les mois suivants. Ce mouvement semi-spontané a été d'entrée mal vu par les montagnards au pouvoir et désavoué par le gouvernement révolutionnaire : Danton et Robespierre y ont dénoncé une initiative dangereuse, suspecté un machiavélisme contre-révolutionnaire, propre à détacher les masses de la Révolution. On juge plus objectivement avec le recul du temps : ni complot aristocratique, ni expression de la politique jacobine, la déchristianisation n'en exprime pas moins les attitudes d'une avant-garde politisée. La déchristianisation (dont on analysera plus loin les aspects, de la fermeture des églises ou des déprêtrisations aux célébrations du culte de la Raison) a soulevé localement de vives oppositions et n'a fait qu'effleurer nombre de régions. Mais elle a trouvé son terrain d'élection dans certaines catégories sociales urbaines et dans certaines campagnes prédisposées à l'accueillir. Son rejet par le gouvernement révolutionnaire est un élément, parmi d'autres, du désir croissant de contrôler le mouvement populaire. De l'hiver 1793 au printemps 1794, on dénonce la prolifération des sociétés sectionnaires, on licencie les armées révolutionnaires, on remet au pas la Commune de Paris. Toutes ces mesures ne sont pas sans susciter une opposition, qui culmine dans la crise de ventôse an II où les cordeliers tentent à nouveau de mobiliser les sections contre la Convention. Mais la réponse à ce dernier combat en retraite est donnée par le procès de Hébert et des hébertistes, suivi de leur exécution en mai (germinal an II) : il inaugure la lutte entreprise par le gouvernement révolutionnaire contre les « factions » de droite et de gauche. Le mouvement populaire des sans-culottes a été domestiqué ; il n'offre désormais plus de résistance, mais son soutien aux montagnards au pouvoir en est émoussé d'autant. Pour frapper les hébertistes, le groupe robespierriste a trouvé dans la Convention l'appui des indulgents, représentés par Danton comme par le journaliste Camille Desmoulins dans ses articles du *Vieux Cordelier*, mais accueillant aussi des éléments douteux — affairistes et spéculateurs — tel Fabre d'Églantine. En dénonçant la poursuite de la politique terroriste après la chute des hébertistes, les indulgents s'exposaient imprudemment : un nouveau procès les frappait, qui conduisit à l'exécution de Danton et de ses amis quelques semaines plus tard.

L'état-major robespierriste demeure désormais sans opposition ouverte, mais fait l'expérience de la solitude du pouvoir. Robespierre et ses amis tentent de jeter les bases de quelques-unes des réformes sur lesquelles ils souhaitent fonder la République. En avril, les décrets de ventôse représentent la pointe ultime de l'engagement social de la bourgeoisie montagnarde en confisquant les biens et propriétés des suspects, c'est-à-dire pour l'essentiel des familles d'émigrés. Cette expropriation projetée préparait une redistribution aux plus nécessiteux des habitants des campagnes. Mais la mesure assume ses limites : elle n'est en rien « socialiste », comme on a pu le dire, ne remettant pas en cause le droit de propriété. Au reste, faute de temps, les décrets de ventôse ne reçurent pas d'application véritable.

L'autre entreprise, que l'on peut dire symbolique, de ce bref moment d'hégémonie robespierriste, s'exprime dans le rapport sur les fêtes nationales et plus encore dans la proclamation de « l'Être suprême et l'immortalité de l'âme », le 18 floréal an II. Le déisme rousseauiste de montagnards pour qui la société doit reposer sur la vertu et pour qui l'immortalité de l'âme est une exigence morale, entraînant la nécessité d'un Être suprême, s'y inscrit en contrepoint de l'héritage chrétien, rangé au rang des superstitions, comme du culte de la Raison, considéré comme une voie vers l'athéisme. L'expression à la fois majestueuse et éphémère de ce culte se trouve dans la célébration, partout en France, de la fête de l'Être suprême le 20 prairial an II (8 juin 1794).

▲ *On a vu dans la fête parisienne de l'Être suprême l'apothéose de Robespierre*, amère et fragile victoire contestée le jour même de sa célébration par une partie des députés. Contre son groupe, une coalition se forme entre d'anciens indulgents et d'anciens terroristes, parfois compromis par leurs excès en province (tels que Fouché ou Barras et Fréron). Le Comité de salut public perd lui-même son homogénéité et les « gauchistes » — Collot d'Herbois ou Billaud-Varenne — attaquent Saint-Just, Robespierre et Couthon, dont l'isolement s'accroît. La crise éclate en thermidor, après une trop longue éclipse de Robespierre : le réquisitoire anonyme qu'il prononce à la Convention le 8 thermidor contre les « fripons », loin de prévenir l'attaque adverse, la précipite. Le 9 thermidor, dans une séance dramatique Robespierre, Saint-Just, Couthon et leurs amis sont décrétés d'arrestation. Une tentative d'insurrection de la Commune de Paris, restée fidèle, pour les délivrer tourne à l'échec : médiocrement organisée, elle révèle en fait la désaffection du petit peuple parisien. L'hôtel de ville de Paris tombe sans combat aux mains des troupes de la Convention : Robespierre et ses partisans sont exécutés le 10 thermidor an II. C'en est fait de la révolution jacobine.

9. Les thermidoriens

▲ *La coalition qui avait mené à bien le coup de Thermidor était équivoque.* Certains de ses instigateurs — Collot d'Herbois, Billaud-Varenne et Barère — ont pu rêver du retour à une direction plus collégiale, sur une ligne inchangée. Dans le retour de flamme qui suit immédiatement la chute de Robespierre, ils ne furent pas maîtres du jeu. Ces trois membres du Comité de salut public, éloignés du pouvoir, jugés puis déportés, Fouquier-Tinville, symbole de la répression terroriste, lui-même exécuté, comme le représentant Carrier, à l'issue d'un procès qui prit l'allure de symbole : tout cela témoigne d'un tournant décisif dans la conduite de la Révolution. Puis le gouvernement révolutionnaire lui-même est mis en question dans ses structures — les comités sont réorganisés, le Club des jacobins est fermé, le réseau des sociétés populaires démantelé. Les prisons s'ouvrent : la Terreur connaît un coup d'arrêt significatif. Le dynamisme populaire est affaibli, et pourtant les raisons de mobilisation ne manquent pas, en ces ans III et IV qui sont sans doute, après 1789, les plus tragiques pour la survie matérielle des groupes populaires : l'an III dans les interrogatoires des mendiants beaucerons de l'époque restera « le grand hiver » du retour de la famine et du pain cher. Mauvaise récolte, retour à la liberté des prix, inflation de l'assignat qui touche à la phase ultime de sa dégradation y contribuent. Était-ce suffisant pour réveiller le petit peuple ? S'il gardait encore ses armes, les cadres mêmes de son organisation avaient été détruits. Puis, à la Convention, la Montagne, décapitée, désorientée, n'était plus maîtresse du jeu. Dans ce contexte, on comprend l'échec des deux dernières journées révolutionnaires parisiennes le 12 germinal et le 1er prairial an III : les sans-culottes en armes ont envahi la Convention sous le mot d'ordre « du pain et la Constitution de 1793 » qui exprime bien les deux niveaux de leur revendication, économique et politique. C'est un échec : la Convention a tenu bon et les conséquences sont lourdes : à l'Assemblée, le dernier carré des montagnards, ceux que l'on appelait les « crêtois », est éliminé ; leurs leaders (Romme, Soubrany) se donnent la mort. Sur le terrain, on désarme le faubourg Saint-Antoine : c'en est fini du peuple en armes. La réaction politique triomphe à Paris et plus encore en province où les mouvements populaires en écho aux journées parisiennes furent sporadiques (Toulon). C'est la Contre-Révolution qui triomphe souvent et non point la normalisation qu'avaient souhaitée, sans doute, beaucoup de ceux que l'on appelle les thermidoriens, désireux de retrouver le droit chemin d'une révolution bourgeoise.

▲ *À Paris, l'ancien terroriste Fréron, passé à la réaction, est l'idole des bandes de « muscadins »* qui constituent la jeunesse dorée et prennent sur les sans-culottes une revanche insolente. En province, c'est dans le Midi surtout que sévissent les troupes des « Compagnons de Jéhu » dans le Lyonnais, des « Compagnons du soleil » en Provence ; l'affaire est ici sanglante, qui associe massacres collectifs et assassinats individuels de jacobins, d'acquéreurs de biens nationaux et de prêtres constitutionnels. Les nouveaux représentants en mission qu'envoie la Convention s'associent souvent à cette réaction ou, du moins, la couvrent par leur complicité. La Contre-Révolution diffuse débouche localement sur la guerre ouverte : en Vendée, elle se réveille à l'occasion d'un débarquement d'émigrés à Quiberon (été 1795), écrasé par le général Hoche. Cette aventure sans lendemain rappelle le danger royaliste à l'heure où le frère de Louis XVI, prétendant au trône sous le titre de Louis XVIII — le dauphin virtuel, Louis XVII, est mort à la prison du Temple —, affirme ses prétentions dans la déclaration de Vérone. Les débuts de la Convention avaient vu la prééminence des girondins, l'an II celle de la Montagne ; cette période post-thermidorienne voit enfin le triomphe du centre, de ce que l'on appelait la Plaine ou, avec mépris, le Marais : plus que Barras, Tallien ou Fréron, terroristes renégats, les personnages représentatifs du jour sont Boissy d'Anglas, Merlin, Daunou, Chénier et d'autres encore qui pourraient définir leur attitude en l'an II en disant à instar de Sieyès : « J'ai vécu... » Entre la réaction qu'ils tolèrent ou à laquelle ils prêtent la main et l'attachement aux valeurs de la Révolution, ces hommes d'ordre tentent de définir une ligne politique. Ainsi en matière religieuse, les voit-on voter en février 1795 une série de mesures en faveur d'une libéralisation des cultes allant jusqu'à la séparation de l'Église et de l'État : audacieuse anticipation qui n'empêche pas le maintien d'une politique répressive à l'égard des prêtres réfractaires. Sur le front de la politique extérieure, la Convention thermidorienne met à profit les victoires que les armées françaises remportent sur tous les fronts, dans l'élan de celles de l'an II : Jourdan réoccupe la rive gauche du Rhin, Pichegru la Hollande, l'Espagne voit les Français pénétrer sur son territoire national. Une série de traités signés à Bâle et à La Haye, d'avril à juillet 1795, rétablissent la paix avec la Prusse, l'Espagne et la République batave nouvellement née. La France se voit reconnaître par ces belligérants la possession de la Belgique et de la Rhénanie. La coalition se trouve réduite à l'Angleterre et à l'empereur Habsbourg qui refusent cette base de négociations.

Cet annexionnisme encore limité aux frontières naturelles, est l'un des legs de la Convention thermidorienne : mais il ne représente qu'une part d'un héritage politique impressionnant. Cet héritage est au demeurant un peu usurpé, lorsqu'on crédite les thermidoriens de tant de réformes juridiques, administratives ou universitaires, qui ont souvent mûri dans la période montagnarde précédente. D'une certaine façon, la Convention est un tout, mais il est vrai qu'on ne saurait contester aux thermidoriens la paternité de la Constitution de l'an III qui porte leur marque et leur esprit : par ce compromis bourgeois qui répudie le souffle démocratique de la Constitution de 1793, ils ont souhaité mettre un point final à la Révolution.

Les déclarations des inspirateurs du texte constitutionnel sont sur ce point fort claires ; ainsi Boissy d'Anglas écrit : « Un pays gouverné par les propriétaires est dans l'ordre social. » Et le texte constitutionnel s'ouvre significativement sur une « Déclaration des devoirs » qui fait contrepoint à la Déclaration des droits. Le suffrage universel répudié, ce sont 200 000 électeurs censitaires qui désignent le Corps législatif, lui-même articulé en deux assemblées : le Conseil des Cinq-Cents, et le Conseil des Anciens. Le même principe de division des pouvoirs impose la collégialité de l'exécutif, réparti entre cinq « directeurs ». Tout dans cette recherche d'équilibre et de stabilité semble avoir été étudié pour régir ce que Robespierre avait dénommé le règne de la « liberté victorieuse et paisible ». C'est anticiper à coup sûr, dans un monde où la lutte reste ouverte entre la Révolution et ses ennemis. Les thermidoriens l'ont bien senti et ont d'entrée triché avec la légalité qu'ils instituaient en imposant par le décret des « deux tiers » que cette proportion des nouveaux représentants fût prise dans leurs rangs. Mesure inacceptable pour les royalistes, qui pouvaient prétendre, dans ce climat de Contre-Révolution, à une conquête « pacifique » du pouvoir : les meneurs royalistes lancent dans l'insurrection armée les quartiers riches de la capitale le 13 vendémiaire an III. Sous la direction de Barras, la Convention se ressaisit et confie le commandement des troupes au jeune général Napoléon Bonaparte, qui mitraille les insurgés sur les marches de l'église Saint-Roch. La Contre-Révolution parisienne armée a échoué : mais pour la première fois, la Révolution, qui a désarmé les sans-culottes, a dû recourir à la force militaire : nous entrons de plain-pied par cette transition dans le régime du Directoire.

10. Le régime directorial

Le Directoire couvre, d'avril 1795 à octobre 1799, près de la moitié de la durée de la Révolution française et cependant cette époque qui eût pu être celle des consolidations victorieuses n'a, jusqu'à des réévaluations récentes, laissé dans l'histoire qu'un souvenir médiocre, voire franchement mauvais. Temps de facilité et de corruption, mais aussi de misère et de violence, temps d'instabilité surtout, qu'on a classiquement résumé dans l'image des coups d'État — devenus méthode usuelle du gouvernement — comme un vice de forme radical et comme le symbole du système.

▲ *Ce régime n'était-il donc pas viable ?* Il est trop facile de conclure, à la lumière de l'effondrement final. Mais à l'époque même, les contemporains ont senti la fragilité de l'équilibre instauré par la Constitution de l'an III. Dans le souci de balancer les pouvoirs, les conventionnels n'ont prévu aucun recours légal au cas où l'exécutif et les Conseils entreraient en conflit : on en vient à penser le coup d'État comme la conséquence inévitable de cette lacune. Mais cette explication, on le sent, resterait formelle si on ne la replaçait dans le contexte social du rapport de forces d'où surgit le conflit. Que représentent les hommes au pouvoir pour cinq ans ? S'y retrouvent les héritiers des révolutionnaires de 1789 ou 1791, des girondins, des conventionnels du centre ou de la Plaine, représentatifs d'une bourgeoisie révolutionnaire soucieuse avant tout de consolider ses positions en défendant les conquêtes politiques et sociales qui ont assuré son pouvoir. Un tel souci prend un relief assez grinçant, lorsqu'on évoque la personnalité des « profiteurs », dont ce fut l'époque, qui ont à défendre une position ou une fortune : on songe au directeur Barras ou à Tallien, les hommes du jour. Privés de la dimension héroïque de ceux qui les ont précédés, les hommes du Directoire ne sont point des fantoches pour autant ni tous des corrompus, loin s'en faut ; mais ils ont à lutter par d'autres moyens face à la Contre-Révolution agressive, renforcée même par la marche des choses, par la retombée du mouvement populaire et plus encore par l'entrée dans l'antirévolution d'une partie d'un monde paysan qui tend à échapper au contrôle de l'État. Dans ce contexte, la classe politique peut-elle faire autrement que de se tourner vers une autre puissance, consolidée : l'armée ?

Le Directoire, temps d'opulence insolente pour les uns, temps de dureté pour les autres, dans l'image qu'on en garde. L'image classique de la « fête directoriale » symbole d'une époque est plus qu'un cliché. Dans leurs tenues et leurs comportements, muscadins et merveilleuses expriment le défoulement collectif des jeunes ou de moins jeunes au sortir de la Terreur, mais aussi la promotion sociale parfois éphémère des profiteurs du régime, spéculateurs, banquiers, affairistes et enrichis.

Pour la masse de la population, à la ville plus encore qu'à la campagne, il en va tout autrement : c'est sur un tableau de crise que s'ouvre la période. Le poids de la conjoncture économique y est pour quelque chose. Les premières années ont vu l'effondrement définitif du papier-monnaie, l'assignat, auquel on a tenté en vain de substituer les « mandats territoriaux ». On reviendra donc au numéraire, après les temps de l'inflation : mais cette vérité retrouvée révèle une conjoncture maussade, où de bonnes récoltes répétées font stagner les prix agricoles. La crise des finances de l'État traduit non seulement cette conjoncture, mais le refus de payer des contribuables par lequel s'exprime une crise d'autorité. L'une des conséquences en sera le gauchissement accru de l'expansion révolutionnaire. La conquête devient un moyen de renflouer les caisses : les motivations idéologiques en pâtissent, la pression du pouvoir militaire s'en trouve renforcée vis-à-vis d'un pouvoir civil dépendant.

Telles sont les constantes ou les lourdeurs qui régissent l'histoire de ces cinq ans. Sans entrer dans le détail d'un parcours fertile en péripéties, on oppose classiquement le « Premier Directoire », de l'an III au 18 fructidor an V, au « Second Directoire », où la pratique du coup d'État s'installe. Le Premier Directoire symbolise le difficile compromis de l'heure, dans la personnalité même des directeurs : Barras, Carnot, Letourneur, Reubell. La Révellière-Lépeaux, gens de la Plaine ou montagnards repentis : il lui revient de lutter sur deux fronts, contre l'opposition royaliste comme l'opposition jacobine.

▲ *On se tourne en premier contre les démocrates* qui se regroupent dans de nouvelles structures, telles que le Club du Panthéon : les montagnards obstinés, comme Robert Lindet ou les babouvistes qui se retrouvent autour de Gracchus Babeuf, formant le noyau de ce qui va devenir la conspiration des Égaux. Babeuf, ancien feudiste avant la Révolution, hostile à Robespierre par idéal démocratique en l'an II, élabore alors les bases de son projet collectiviste. L'importance historique de sa pensée, la qualité du groupe des révolutionnaires qui se concentre autour de lui — tel Buonarroti, à qui il reviendra de transmettre l'héritage babouviste — expliquent la portée historique de la conjuration des Égaux, en 1796 (voir encadré, p. 41). Dans l'instant, elle témoigne du repli du mouvement révolutionnaire à un stade conspirateur, qui transmettra à tout le premier XIXe siècle l'idée d'une voie insurrectionnelle préparée dans la clandestinité. Mais au-delà des moyens, la nouveauté affleure dans la proclamation d'un idéal collectiviste, affirmé pour la première fois avec netteté. La conspiration des Égaux a échoué : un procès à Vendôme, après sa dénonciation, et la provocation policière qui aboutit à une sanglante répression au camp de Grenelle, décapite le mouvement babouviste et s'achève par la condamnation et la mort de Babeuf et de ses compagnons. Si l'idéal babouviste de subversion sociale radicale s'enfouit au niveau des souvenirs, jusqu'à sa redécouverte grâce au récit de Buonarroti, le courant démocratique survit à travers l'activité des néo-jacobins qui se refèrent à la constitution démocratique de 1793 et à l'idéal de la Révolution de l'an II. Ils trouvent dans les cercles constitutionnels qu'ils implantent à Paris (le Manège), comme en province, un cadre d'expression et de propagande, toléré ou approuvé au gré de la conjoncture politique. Le régime du Directoire était prêt à bien des compromis : le développement du danger de réaction royaliste lui imposera cependant de frapper d'abord à droite.

▲ *La Contre-Révolution s'organise*, se donne des structures ou des paravents : ainsi à Paris le club de Clichy ou l'Institut philanthropique. Son front n'est pas homogène, car les royalistes purs, partisans d'un retour à l'Ancien Régime, coexistent avec des royalistes constitutionnels disposés à accepter dans un cadre monarchique une partie des nouveautés révolutionnaires. Mais, dans ses ambiguïtés mêmes, le mouvement a le vent en poupe parmi les notables, à Paris et plus encore en province : ainsi dans le Midi où il a les coudées franches. Cette réaction est favorisée par la reconstruction religieuse qui s'opère dans le pays, à l'initiative des prêtres réfractaires sortis de la clandestinité ou rentrés en masse d'émigration. Le culte reprend, toléré ou réprimé, organisé en missions clandestines. Contre le dynamisme des réfractaires, l'Église constitutionnelle décimée par la déchristianisation mène, malgré les efforts de Grégoire, un combat inégal.

Le Manifeste des Égaux

Sylvain Maréchal, journaliste ami de Babeuf, a rédigé pour les conjurés le « Manifeste des Égaux... », annonciateur d'une nouvelle Révolution :

« Peuple de France !

« Pendant quinze siècles tu as vécu esclave, et par conséquent malheureux. Depuis six années tu respires à peine, dans l'attente de l'indépendance, du bonheur et de l'égalité.

« L'égalité premier vœu de la nature, premier besoin de l'homme, et principal nœud de toute association légitime ! Peuple de France ! tu n'as pas été plus favorisé que les autres nations qui végètent sur ce globe infortuné ! Toujours et partout la pauvre espèce humaine, livrée à des anthropophages plus ou moins adroits, servit de jouet à toutes les ambitions, de pâture à toutes les tyrannies. Toujours et partout on ▶

berça les hommes de belles paroles ; jamais et nulle part ils n'ont obtenu la chose avec le mot. De temps immémorial on nous répète avec hypocrisie, les hommes sont égaux ; et de temps immémorial la plus avilissante comme la plus monstrueuse inégalité pèse insolemment sur le genre humain. Depuis qu'il y a des sociétés civiles, le plus bel apanage de l'homme est, sans contradiction, reconnu, mais n'a pu encore se réaliser une seule fois ; l'égalité ne fut autre chose qu'une belle et stérile fiction de la loi. Aujourd'hui qu'elle est réclamée d'une voix plus forte, on nous répond : Taisez-vous, misérables ! l'égalité de fait n'est qu'une chimère ; contentez-vous de l'égalité conditionnelle : vous êtes tous égaux devant la loi. Canaille, que te faut-il de plus ? Ce qu'il nous faut de plus ? Législateurs, gouvernants, riches propriétaires, écoutez à votre tour.

« Nous sommes tous égaux, n'est-ce pas ? Ce principe demeure incontesté, parce qu'à moins d'être atteint de folie on ne saurait dire sérieusement qu'il fait nuit quand il fait jour.

« Eh bien ! nous prétendons désormais vivre et mourir égaux comme nous sommes nés ; nous voulons l'égalité réelle ou la mort ; voilà ce qu'il nous faut.

« Et nous l'aurons cette égalité réelle, n'importe à quel prix. Malheur à ceux que nous rencontrons entre elle et nous ! Malheur à qui ferait résistance à un vœu aussi prononcé !

« La Révolution française n'est que l'avant-courrière d'une autre Révolution bien plus grande, bien plus solennelle, et qui sera la dernière... »

(*Source* : cité par J. GODECHOT, *La Pensée révolutionnaire*, Paris, Armand Colin, coll. « U », 1964, p. 271-272.)

Climat d'incertitude succédant au 18 fructidor an V

Un observateur de police rend compte du climat qui règne, à partir du 18 fructidor an V, dans un régime régi par les coups d'État.

« Il règne une vive inquiétude dans le public, occasionnée par la situation actuelle des finances. Les rentiers, surtout ceux d'une créance modique, témoignent une douleur profonde au sujet de la résolution qui les concerne, on entend communément de violents murmures sur la misère publique, et les détracteurs de la journée du 18 fructidor disent que la cause en est due à cet événement. La sensation qu'a produite la résolution relative aux rentiers est sensible, même parmi les particuliers qui ont des intérêts entre eux ; les débiteurs prétendent bien suivre en tout la marche du Gouvernement, et se proposent de ne point avoir égard aux échelles de proportion ni à tous autres arrangements.

« Le nombre des ouvriers sans occupation est augmenté à Paris, et le bruit court qu'il est aussi considérable dans les départements ; la grande détresse où ils vont être réduits au commencement de l'hiver fait craindre des suites fâcheuses. Le génie de la malveillance sème partout les alarmes ; une grande partie du public se livre de nouveau à la crainte ; on y a répandu que le pendant de la journée du 18 fructidor allait avoir lieu incessamment. On cite le 13 vendémiaire ; on dit aussi, et dans les expressions suivantes, tenir pour certain que le Directoire va encore faire une saignée dans les deux Conseils ; les uns craignent, et les autres manifestent le désir de la voir faite plus tôt que plus tard ; ensuite on annonce l'arrivée prochaine de cinquante mille hommes à Paris ; dix mille sont déjà venus, dit-on. Dans les groupes qui se sont formés aux Tuileries, on a dit, en parlant de la Constitution actuelle, qu'elle n'était point populaire et que c'était un gouvernement aristocratique, que si la Constitution remise entre les mains d'hommes qui ne fussent point républicains, qu'elle deviendrait une monarchie comme en 1791 : que toute la différence entre la Constitution de 91 et celle de 95, c'est que l'exécution des lois au lieu d'être confiée à un seul l'était à cinq. On a encore témoigné des craintes que le Gouvernement ne se laisse circonvenir par les amis de Carnot et de Cochon, et l'on remarquait que les royalistes cherchaient à relever la tête et à inspirer des soupçons au Directoire sur les intentions des patriotes auxquels on supposait astucieusement celle de rétablir la Constitution de 93. Craintes sur l'avenir en matière politique, plaintes et même murmures en matière de finances, et des vœux pour la paix, tels étaient hier et sont encore aujourd'hui les caractères de l'esprit public ; le calme extérieur existe cependant sans altération. »

« LIMODIN »

(*Source :* A.N. AF IV 1478, publié par C. BALLOT, *Le Coup d'État du 18 fructidor an V*, Paris, Cornely, 1906, p. 188.)

La force même de cette pression provoque la réaction du pouvoir : les royalistes en l'an V sont devenus majoritaires aux Conseils, et avec le général Pichegru, introduits dans le réseau du complot monarchique, ils commencent à noyauter l'appareil d'État. Les directeurs, face au danger doivent prendre les devants : le coup d'État du 18 fructidor an V annule le résultat des élections qui avaient amené la majorité royaliste ; il inaugure une phase de répression violente. On remet en vigueur les textes contre les émigrés, les royalistes, les prêtres réfractaires. On déporte plus qu'on n'exécute, mais la Guyane devient la « guillotine sèche » de cette flambée terroriste momentanée. Le tournant de fructidor an V a des retombées durables : s'il n'est pas un coup d'arrêt stabilisateur, il inaugure le recours au soldat, puisque Bonaparte, commandant l'armée d'Italie, a délégué son adjoint Augereau à la demande du Directoire. La pratique passe dans les mœurs, dans le cadre d'une politique de bascule qui couvre toute la fin du régime. En l'an VI, une poussée jacobine, ce que l'on a appelé le « Second Directoire » dans les élections aux Conseils, manifeste un regain de vitalité dans le pays, conséquence du coup d'arrêt de fructidor ; mais le Directoire casse les élections et invalide une partie des élus avancés. En l'an VII, les Conseils à leur tour prennent les devants et s'attaquent aux directeurs. La poussée jacobine s'accentue, des directeurs favorables sont substitués aux anciens : Ducos, Gohier, le général Moulin, nouveaux venus, représentants d'un éphémère réveil qui s'exprime également par le retour à une certaine orthodoxie révolutionnaire : tournant trop tardif pour être efficace.

11. La crise du Directoire et l'appel du soldat

Le régime est miné de l'intérieur, par une crise de moyens et d'autorité. On a glosé sur la misère du Directoire, incapable de payer ses fonctionnaires et ses soldats, peu obéi, dans un climat de désagrégation et d'anarchie. Cette image, que le régime suivant entretiendra comme repoussoir commode, n'est que partiellement vraie. Un économiste comme François de Neufchâteau, un temps ministre de l'Intérieur, un financier comme Ramel ont préparé les réformes de structure dont profitera le Consulat : dans le domaine de la culture, les nouvelles institutions — Grandes Écoles et dans les départements Écoles centrales — se mettent en place, parfois de façon précaire. Un cycle de fêtes organisées, des tentatives de religion civique (la théophilanthropie) tentent d'enraciner dans le pays les valeurs républicaines. Quoi qu'on en ait dit, ces fêtes ne sont point partout des célébrations désertées ou dérisoires. Mais toute une partie du pays échappe au contrôle de l'État : le brigandage devient l'un des révélateurs de la crise du régime. Dans les plaines de la France septentrionale les « chauffeurs » rôtissent les pieds des paysans pour leur faire avouer la possession d'un magot, dans le Midi ou dans l'Ouest des brigands royalistes attaquent les diligences. Ces *primitive rebels* expriment sous des formes variées la régression à des formes élémentaires de contestation populaire. À ces éléments de décomposition interne se juxtaposent toutefois, en proportion croissante, le poids de la guerre et des conquêtes extérieures, d'où sortira le césarisme.

▲ *De 1792 à l'an II, la guerre aux frontières avait déjà tenu une place essentielle* dans la conduite de la Révolution, hâtant ou infléchissant sa marche. Voici qu'elle va l'emporter sur les événements intérieurs. Le jeu des événements et l'initiative des individus y sont, à coup sûr, pour quelque chose ; on ne saurait le nier dans une aventure qui se confond en partie avec l'ascension de Bonaparte. Toutefois l'ambition d'un homme n'explique pas tout. La guerre n'est pas un accident, c'est par l'expansion extérieure que le Directoire opère cette fuite en avant qui lui permet en partie de survivre, mais la guerre nourricière pervertit en même temps le régime. L'armée s'émancipe de la subordination de l'an II et, dans les hauts grades, tend à devenir caste militaire, cependant que la troupe se subordonne au général qui la conduit au succès. Gauchissement de l'armée nationale de l'an II, qui la rend apte à toutes manipulations, même si la flamme républicaine y reste vive.

Le Directoire, sur les plans de Carnot, avait projeté en 1796 de s'attaquer à l'Empereur, par la pression conjointe d'une offensive sur Vienne, via l'Allemagne, et d'une campagne de diversion en Italie. L'offensive sur le Rhin échoua. À l'inverse, la campagne au-delà des Alpes prend des proportions inattendues. Bonaparte, commandant de l'armée d'Italie, dans une offensive foudroyante, est vainqueur des Piémontais (Montenotte, Millesimo, Mondovi), puis des Autrichiens, chassés du Milanais, et parachève l'ensemble par une suite de victoires autour de Mantoue (Arcole, Rivoli). Au printemps 1797, l'armée française s'ouvre la route de Vienne, s'emparant au passage de Venise et de ses territoires. De son initiative, le général victorieux signe les préliminaires de Leoben et mène les négociations qui conduisent au traité de Campoformio (17 octobre 1797) : il y affirme à la fois son indépendance vis-à-vis du Directoire et une conception nouvelle de l'expansion révolutionnaire. On multiplie les Républiques-« sœurs » : Cispadane, puis Cisalpine, Ligurienne, mais, en même temps, on livre à l'Autriche Venise et la Vénétie, ce qui peut difficilement se justifier par référence à l'idéal révolutionnaire d'émancipation des peuples ! Les mythes de la guerre révolutionnaire s'effondrent et l'idée des frontières naturelles devient caduque, alors même que d'autres Républiques-sœurs sont installées : République batave, romaine, parthénopéenne et helvétique.

Dans ce plan général, la campagne d'Égypte, au printemps 1798, peut nous paraître une excursion incongrue : le Directoire y a-t-il vu un moyen momentané d'écarter un général aux ambitions inquiétantes ? Bonaparte a-t-il rêvé de poser les jalons de son rêve oriental ? Il s'agit officiellement de s'attaquer à l'Angleterre, en menaçant la route des Indes. Sur les mameluks qui défendent le pays, l'armée française remporte la victoire des Pyramides, qui lui assure la domination du pays ; mais l'amiral anglais Nelson détruit la flotte française en rade d'Aboukir. Bonaparte prisonnier de sa conquête entreprend la campagne de Syrie : le désert, la peste, une résistance imprévue (Saint-Jean-d'Acre) sanctionnent l'échec de l'aventure.

Entre-temps, d'autres urgences sont apparues : l'Angleterre a formé la seconde coalition qui associe l'Autriche, la Russie, Naples et l'Empire ottoman. La guerre reprend très vive en Europe : les Républiques-sœurs s'écroulent et l'Italie est perdue, les Anglais débarquent en Hollande, en Allemagne et en Suisse, les Français plient devant les Austro-Russes, et dans l'été 1799, la République française se trouve à nouveau menacée. Lorsque le général providentiel abandonnant son armée en Égypte regagne la France, cette situation a cependant été redressée par d'autres et singulièrement par les victoires décisives de Zurich (en septembre 1799) que Masséna remporte sur Souvorov.

Ce n'est pas aux frontières, mais à Paris que Bonaparte est accueilli, par certains, comme le sauveur. C'est que le réveil jacobin de l'an VII inquiète la bourgeoisie directoriale, dont le représentant par excellence est Sieyès, devenu directeur à la place de Reubell : on rêve d'une révision de l'acte constitutionnel dans un sens autoritaire, ce qui impose un appui militaire pour la réalisation d'un nouveau coup d'État. Bonaparte, l'homme de la situation, va satisfaire de manière inattendue les espoirs de ses mandants. Le complot a été soigneusement préparé : Gohier et Moulin exceptés, les directeurs sont résignés ou complices, et le Conseil des Cinq-Cents et celui des Anciens ont été transférés à Saint-Cloud sous prétexte de la découverte d'un complot anarchiste. Les appuis ne manquent pas, ainsi dans certains milieux d'affaires parisiens. Le coup d'État, à demi réussi le 18 brumaire, se heurte le lendemain aux résistances des députés des Cinq-Cents. Là où Bonaparte se trouble, la présence d'esprit de son frère Lucien qui préside emporte le succès ; l'intervention des troupes qui dispersent les députés fait le reste. Sur ce coup d'État sans grandeur se clôt l'histoire de la Révolution française. L'aventure napoléonienne commence.

Chapitre 2

L'État révolutionnaire

SOMMAIRE

1. Proclamations et valeurs : les fondements de l'État révolutionnaire

1.1. *La Déclaration des droits de l'homme*

Adoptée par l'Assemblée constituante entre le 20 et le 26 août 1789, la Déclaration des droits de l'homme et du citoyen demeure jusqu'à aujourd'hui la référence majeure pour apprécier et comprendre l'apport de la Révolution française. Michelet y voyait le « credo du nouvel âge ».

Sa portée s'apprécie par référence aux précédents que l'on peut évoquer : la déclaration d'indépendance des États-Unis (1776) et, plus précis, les préambules aux Constitutions de certains États américains évoquaient certes les droits de l'homme, mais dans une approche pragmatique, sans prétendre à l'universalité. Les constituants français qui ont connu ces textes, comme ils pouvaient se référer à la pétition des droits rédigée en 1689 par le Parlement d'Angleterre, n'étaient pas sans exemples et ils avaient lu les textes des grands juristes des Lumières, fondateurs de la théorie du droit naturel. Par la lecture de Locke, Voltaire, Rousseau et des Encyclopédistes, ils s'étaient imprégnés de cette nouvelle philosophie. Aussi l'idée était-elle dans l'air, et une déclaration des droits réclamée dans certains cahiers de doléances.

Le texte des dix-sept articles de la Déclaration des droits de l'homme (voir encadré p. 48) s'ouvre sur un préambule qui frappe par son caractère de solennité et d'universalité, puisque c'est aux hommes de tous temps et de tous pays que s'adresse cette proclamation des « droits naturels, inaliénables et sacrés de l'homme ». Ils peuvent être classés sous deux rubriques : droits de l'homme et droits de la nation. Les uns visent la liberté, l'égalité et la propriété (art. 2, 4, 7, 17) ; les autres touchent la souveraineté nationale, le droit de faire la loi, de voter l'impôt et d'être représentés dans les pouvoirs publics, comme de pouvoir demander des comptes.

La liberté, évoquée dans sept articles, tient une place essentielle, ou plutôt *les* libertés définies comme celles de la personne — garanties contre toute arrestation ou toute peine arbitraire non conforme à la loi —, puis liberté d'opinion — rejet de la censure et des entraves à la libre expression —, liberté religieuse, évoquée toutefois avec quelque retenue. La presse et l'imprimerie sont libres « sauf à répondre de l'abus de cette liberté ».

Au rang de ces droits, l'égalité tient certes sa place (art. premier : « Les hommes naissent [...] libres et égaux en droits »), mais elle est plus modeste, même si l'on précise l'égalité devant l'impôt, mettant fin aux privilèges de la noblesse et du clergé, et l'égale admissibilité aux emplois : la loi est la même pour tous, « soit qu'elle protège, soit qu'elle punisse ».

Pour compléter cette trilogie, ce n'est point la fraternité qui apparaît, mais la propriété définie comme « un droit inviolable et sacré » et la sûreté ou la résistance à l'oppression (corollaire de la liberté).

Les droits de la nation renvoient à deux affirmations essentielles : le principe de la souveraineté nationale, faisant de la loi l'expression de la volonté générale, mais aussi, chez ces juristes nourris de Montesquieu, celui de la séparation des pouvoirs, condition indispensable d'une Constitution.

En dépit de sa prétention à l'universalité, ce texte reste l'expression d'un moment, fruit d'une discussion où s'affrontèrent les têtes pensantes de l'Assemblée — Sieyès, Mirabeau, Mounier, Malouet — en séance comme dans les comités, certains, les futurs « monarchiens », récusant l'opportunité d'une telle déclaration, à laquelle tenaient les patriotes. Parmi ces derniers l'ont emporté ceux pour qui liberté et propriété venaient en premier, et non les projets dans lesquels la revendication d'égalité pouvait entraîner la limitation du droit de propriété. On discuta aussi de l'opportunité d'une invocation à l'Être suprême, finalement retenue, et de la liberté religieuse proclamée de façon enveloppée, malgré l'intervention de Mirabeau. Malgré silences et réticences, la Déclaration des droits de l'homme posait les bases d'une nouvelle vision du monde. Elle eut en France comme à l'étranger un immense retentissement et donna naissance à une dynamique dont les déclarations suivantes portent le témoignage.

1.2. *Les déclarations de 1793 et 1795 (an III)*

On oppose traditionnellement à la Déclaration de 1789 celle qui a été rédigée au début de l'été 1793 en préambule à la nouvelle Constitution qui suit la chute de la monarchie et dont on souligne les « anticipations », comme celle de 1795, qui ouvre la Constitution de l'an III, expression d'un retour à l'ordre, insistant sur les devoirs et mettant en veilleuse une partie des avancées précédentes. Cette opposition est sans doute justifiée, toutefois il y a réelle continuité dans la démarche et dans les principes tels qu'ils ont été posés dès 1789.

Dans le cadre du conflit entre Montagne et Gironde, au printemps 1793, deux conceptions se sont opposées, donnant naissance à des projets fortement pensés (de Condorcet et de Robespierre). Ainsi les girondins supprimaient toute invocation à la divinité, alors que les montagnards tenaient à une référence à l'Être suprême. Le projet montagnard, qui a finalement prévalu, s'inscrit lui-même en retrait par rapport à certaines des propositions de Robespierre dans les discussions préliminaires, souhaitant restreindre le droit de propriété à celui « qu'a chaque individu de jouir et de disposer de la portion des biens qui lui est garantie par la loi ».

Déclaration des droits de l'homme et du citoyen du 26 août 1789

« Les représentants du peuple français, constitués en Assemblée nationale, considérant que l'ignorance, l'oubli ou le mépris des droits de l'homme sont les seules causes des malheurs publics et de la corruption des gouvernements, ont résolu d'exposer, dans une Déclaration solennelle, les droits naturels, inaliénables et sacrés de l'homme, afin que cette Déclaration, constamment présente à tous les membres du corps social, leur rappelle sans cesse leurs droits et leurs devoirs ; afin que les actes du pouvoir législatif et ceux du pouvoir exécutif, pouvant être à chaque instant comparés avec le but de toute institution politique, en soient plus respectés ; afin que les réclamations des citoyens, fondées désormais sur des principes simples et incontestables, tournent toujours au maintien de la Constitution et au bonheur de tous. En conséquence, l'Assemblée nationale reconnaît et déclare, en présence et sous les auspices de l'Être suprême, les droits suivants de l'homme et du citoyen :

Article premier. — Les hommes naissent et demeurent libres et égaux en droits. Les distinctions sociales ne peuvent être fondées que sur l'utilité commune.

2. — Le but de toute association politique est la conservation des droits naturels et imprescriptibles de l'homme. Ces droits sont la liberté, la propriété, la sûreté et la résistance à l'oppression.

3. — Le principe de toute souveraineté réside essentiellement dans la nation. Nul corps, nul individu ne peut exercer d'autorité qui n'en émane expressément.

4. — La liberté consiste à pouvoir faire tout ce qui ne nuit pas à autrui : ainsi l'exercice des droits naturels de chaque homme n'a de bornes que celles qui assurent aux autres membres de la société la jouissance de ces mêmes droits. Ces bornes ne peuvent être déterminées que par la loi.

5. — La loi n'a le droit de défendre que les actions nuisibles à la société. Tout ce qui n'est pas défendu par la loi ne peut être empêché et nul ne peut être contraint à faire ce qu'elle n'ordonne pas.

6. — La loi est l'expression de la volonté générale. Tous les citoyens ont le droit de concourir personnellement ou par leurs représentants à sa formation. Elle doit être la même pour tous, soit qu'elle protège, soit qu'elle punisse. Tous les citoyens étant égaux à ses yeux, sont également admissibles à toutes les dignités, places et emplois publics, selon leur capacité et sans autre distinction que celles de leurs vertus et de leurs talents.

7. — Nul homme ne peut être accusé, arrêté, ni détenu que dans les cas déterminés par la loi, et selon les formes qu'elle a prescrites. Ceux qui sollicitent, expédient, exécutent ou font exécuter des ordres arbitraires doivent être punis ; mais tout citoyen appelé ou saisi en vertu de la loi doit obéir à l'instant, il se rend coupable par la résistance.

8. — La loi ne doit établir que des peines strictement et évidemment nécessaires, et nul ne peut être puni qu'en vertu d'une loi établie et promulguée antérieurement au délit et légalement appliquée.

9. — Tout homme étant présumé innocent jusqu'à ce qu'il ait été déclaré coupable, s'il est jugé indispensable de l'arrêter, toute rigueur qui ne serait pas nécessaire pour s'assurer de sa personne doit être sévèrement réprimée par la loi.

10. — Nul ne doit être inquiété pour ses opinions, même religieuses, pourvu que leur manifestation ne trouble pas l'ordre établi par la loi.

11. — La libre communication des pensées et des opinions est un des droits les plus précieux de l'homme ; tout citoyen peut donc parler, écrire, imprimer librement, sauf à répondre de l'abus de cette liberté dans les cas déterminés par la loi.

12. — La garantie des droits de l'homme et du citoyen nécessite une force publique ; cette force est donc instituée pour l'avantage de tous, et non pour l'utilité particulière de ceux auxquels elle est confiée.

13. — Pour l'entretien de la force publique et pour les dépenses d'administration, une contribution commune est indispensable ; elle doit être également répartie entre tous les citoyens, en raison de leurs facultés.

14. — Tous les citoyens ont le droit de constater, par eux-mêmes ou par leurs représentants, la nécessité de la contribution publique, de la consentir librement, d'en suivre l'emploi et d'en déterminer la quotité, l'assiette, le recouvrement et la durée.

15. — La société a le droit de demander compte à tout agent public de son administration.

16. — Toute société dans laquelle la garantie des droits n'est pas assurée, ni la séparation des pouvoirs déterminée, n'a point de constitution.

17. — La propriété étant un droit inviolable et sacré, nul ne peut en être privé, si ce n'est lorsque la nécessité publique légalement constatée l'exige évidemment, et sous la condition d'une juste et préalable indemnité. »

(*Source* : cité par Christine FAURE, *Les Déclarations des droits de l'homme de 1789*, Paris, Payot, 1988, p. 11-13).

La Déclaration des droits de l'homme et du citoyen du 24 juin 1793

Préambule et quelques articles significatifs

« Le peuple français, convaincu que l'oubli et le mépris des droits naturels de l'homme sont les seules causes des malheurs du monde, a résolu d'exposer dans une déclaration solennelle ces droits sacrés et inaliénables, afin que tous les citoyens, pouvant comparer sans cesse les actes du gouvernement avec le but de toute institution sociale, ne se laissent jamais opprimer, avilir par la tyrannie ; afin que le peuple ait toujours devant les yeux les bases de sa liberté et de son bonheur ; le magistrat la règle de ses devoirs ; le législateur l'objet de sa mission. — En conséquence, il proclame, en présence de l'Être suprême, la déclaration suivante des droits de l'homme et du citoyen.

Article premier. — Le but de la société est le bonheur commun. — Le gouvernement est institué pour garantir à l'homme la jouissance de ses droits naturels et imprescriptibles.

Art. 2. — Ces droits sont l'égalité, la liberté, la sûreté, la propriété.

Art. 3. — Tous les hommes sont égaux par la nature et devant la loi.

Art. 4. — La loi est l'expression libre et solennelle de la volonté générale ; elle est la même pour tous [...].

Art. 21. — Les secours publics sont une dette sacrée. La société doit la subsistance aux citoyens malheureux soit en leur procurant du travail, soit en assurant les moyens d'exister à ceux qui sont hors d'état de travailler. [...]

Art. 33. — La résistance à l'oppression est la conséquence des autres Droits de l'homme.

Art. 34. — Il y a oppression contre le corps social lorsqu'un seul de ses membres est opprimé. Il y a oppression contre chaque membre lorsque le corps social est opprimé.

Art. 35. — Quand le gouvernement viole les droits du peuple, l'insurrection est, pour le peuple et pour chaque portion du peuple, le plus sacré des droits et le plus indispensable des devoirs. [...] »

(*Source* : cité par J. GODECHOT, *La Pensée révolutionnaire*, Paris, Armand Colin, coll. « U », 1964, p. 210-213.)

▲ *Texte de compromis, la déclaration votée le 23 juin 1793* n'en présente pas moins un ton très différent de celle de 1789, affirmant dès le préambule que

« le but de la société est le bonheur commun » et que le gouvernement est institué pour garantir à l'homme la jouissance de ses droits naturels et imprescriptibles (voir encadré p. 50).

On précise notablement les différentes libertés, celle de la personne comme celle du culte, mais désormais l'égalité passe devant la liberté. Toutefois le droit de propriété est réaffirmé dans l'article 16, même si, en reprenant une formule légèrement amendée de 1789, on envisage qu'il puisse y être porté atteinte lorsque la nécessité publique l'exige et sous la condition d'une juste et préalable indemnité. La nouvelle déclaration est cependant révolutionnaire par l'attention qu'elle porte à ce que nous appellerions aujourd'hui les droits sociaux dans le domaine matériel et spirituel : le droit au bonheur commun, à l'instruction, à l'existence et à l'assistance. Une insistance réelle est également mise sur la lutte contre toute forme d'oppression, débouchant sur la proclamation du droit à l'insurrection et en faisant même un devoir : « Art. 35. — Quand le gouvernement viole les droits du peuple, l'insurrection est pour le peuple et pour chaque portion du peuple le plus sacré des droits et le plus indispensable des devoirs. »

On comprend comment cette déclaration préliminaire d'une Constitution qui ne fut jamais appliquée a pu néanmoins, pour les anticipations dont elle était porteuse, répondre aux aspirations des patriotes les plus avancés durant la décennie, puis être revendiquée par la pensée révolutionnaire du XIXe siècle.

▲ *La déclaration de 1795 enregistre le recul, voire la répudiation, d'une partie des principes* des déclarations antérieures. On s'est interrogé sur l'opportunité du texte, et si l'on a repris une partie des proclamations de 1789, on a supprimé l'article « Les hommes naissent et demeurent libres et égaux en droits », considéré comme « dangereux », on a restreint la définition de la liberté au droit de faire ce qui ne nuit pas à autrui et celle de l'égalité à l'abolition des distinctions de naissance. Des « droits sociaux » invoqués en 1793 il ne reste plus rien, et surtout la référence aux droits naturels de l'homme, clef de voûte des deux textes précédents, disparaît. L'emphase est désormais mise sur la conservation de l'ordre ; le droit à l'insurrection disparaît, alors que l'on insiste sur le principe représentatif. Une déclaration des devoirs, envisagée mais écartée dans les précédents textes, prend ici toute son importance, insistant sur le respect des lois et des valeurs telles que la famille comme devoir sacré. En souhaitant « terminer » la Révolution, la déclaration de l'an III livre donc une lecture restrictive et, par certains aspects, mutilée (notamment sur la référence au droit naturel) des proclamations élaborées de 1789 à 1793. Il reste qu'un certain nombre d'acquis apparaissent irréversibles : la liberté (les libertés), et l'égalité, même si l'on mesure les limites de cette dernière.

▲ *En dehors des déclarations, la période révolutionnaire a vu cheminer un certain nombre d'idées-forces* dont certaines sont demeurées au niveau du rêve ou de la proclamation, prenant place au rang des anticipations, tandis que d'autres ont connu un début de réalisation, fût-il éphémère. Il en va ainsi pour la mise en application des principes d'égalité et de liberté tout à la fois dans le cas des Juifs, dont l'émancipation, réclamée avant la Révolution par des porte-parole tels que Grégoire, se fera par étapes entre 1789 et 1791, comme dans le cas des Noirs et des hommes de couleur qui posent le problème de l'esclavage dans les colonies. La question a fait l'objet d'âpres discussions sous la Constituante en 1790 et 1791, opposant les partisans de l'abolition et d'un octroi des droits civiques aux hommes de couleur — Robespierre, Grégoire et les « Amis des Noirs », adeptes d'une émancipation progressive — au lobby des planteurs et armateurs négriers, soutenus par de puissants appuis (Barnave). Ces derniers ont gardé l'avantage en 1791, mais la révolte des esclaves de Saint-Domingue, dont on traitera plus loin, a modifié les conditions du problème et la Convention montagnarde aura le mérite, par le décret du 16 pluviôse an II, de proclamer l'abolition de l'esclavage aux colonies : anticipation qui sera remise en cause dès la période consulaire.

Quand, en l'an IV, Sylvain Maréchal, compagnon de Babeuf, rédige le *Manifeste des Égaux*, il formule la revendication de ceux qui s'estiment trahis dans leur espérance d'une véritable révolution de l'égalité (« Nous prétendons désormais vivre et mourir égaux comme nous sommes nés, nous voulons l'égalité réelle ou la mort, voilà ce qu'il nous faut »), exprimant au niveau de l'utopie l'attente d'une « autre Révolution, bien plus grande, bien plus solennelle et qui sera la dernière », illustrant ainsi la dynamique initiée par le texte fondateur du 26 août 1789.

1.3. *Les valeurs de la Révolution française*

À travers l'enchaînement des déclarations des droits, se révèle, dans son élaboration comme dans ses avancées ou ses reculs, tout un ensemble de valeurs nouvelles qui constituent l'apport spécifique de la période. En se référant à l'ensemble du discours révolutionnaire, et non plus seulement à ses textes fondateurs, on peut énumérer brièvement la liste de ces « notions-concepts ».

▲ *En tout premier, cela va de soi, celui de la Révolution*, qui prend définitivement son sens moderne. Dans l'un comme dans l'autre camp, les hommes de ce temps ont eu le sentiment très vif d'une rupture radicale, d'un point de non-retour, par référence à ce qui devient désormais l'Ancien Régime, celui de la société d'ordres et de l'absolutisme monarchique. « Nous avons abordé à l'île de la liberté et nous avons brûlé les vaisseaux qui nous y ont portés », dira Cambon en 1793. La Révolution, table rase, est-elle point d'aboutissement ou point de départ ? Pour Marat, qui estime que « la liberté naît des feux de la sédition », il convient que la Révolution soit permanente et sans cesse réactivée. D'autres, et somme toute la majorité, ont rêvé dès les premiers jours de « terminer la Révolution », de lui fixer un point à ne pas dépasser : c'est l'attitude de la bourgeoisie constituante, ce sera celle des thermidoriens et des hommes du Directoire. Mais même pour eux, l'idée d'achever la Révolution s'associe au concept de régénération, conçu comme la nécessité de faire naître un homme nouveau par une pédagogie civique.

▲ *Les fondements de ce nouveau monde, non seulement politique, mais social et moral sont ceux du droit naturel*, hérité de la pensée des Lumières. Les droits naturels, tels qu'ils ont été posés, on l'a vu dans les différentes déclarations — liberté, égalité, sûreté et propriété pour les uns, droit à l'existence pour les autres —, ne sont point définis par tous dans les mêmes termes. Au fil de ces années, l'emphase sera mise sur plusieurs lectures successives, faisant apparaître plusieurs conceptions et des contradictions (liberté contre propriété). La Révolution a-t-elle été infidèle à ses proclamations initiales, comme certains le pensent en répudiant en l'an III une partie de son idéal ? Il reste qu'elle n'a jamais renoncé au concept de souveraineté populaire substitué au système monarchique, même si elle en a donné différentes lectures, restreignant sous la Constituante comme sous le Directoire l'exercice de cette souveraineté à une élite censitaire.

Dans tous les cas, il requiert toutefois d'être régulé par la loi. À l'arbitraire on a voulu substituer la Constitution, garantissant l'exercice de la liberté, seul moyen d'éviter le despotisme. Pour les hommes de la Révolution, cette Constitution n'est pas un ensemble de règles sanctionnées par l'usage, comme en Angleterre, ou comme les « lois fondamentales » de l'Ancien Régime. Elle suppose le respect d'un ensemble de règles, telles que la séparation des pouvoirs. Héritée de Montesquieu, cette idée ne se réduit pas au simple équilibre de l'exécutif, du législatif et du judiciaire. Tous ont conscience que le seul véritable pouvoir est celui de faire la loi. Mais pour éviter qu'un même organe ne puisse cumuler la totalité des fonctions, ils apportent différentes solutions. Les constituants, et plus tard les thermidoriens, proches dans leur conception du système anglo-américain de la balance des pouvoirs, veulent éviter la prépondérance du législatif par la mise en place d'un exécutif fort : le roi dans la Constitution de 1791, les directeurs dans le système directorial. Au contraire, le projet constitutionnel de 1793 repose sur la prééminence du législatif, émanation directe de la souveraineté populaire : c'est à cela que se rattache tout le courant démocratique de la Révolution. Dans tous les cas, le principe de la séparation des pouvoirs a pour but de préserver la véritable souveraineté, celle du peuple ou de la nation, fondement d'un État de droit. Cet État de droit suppose un régime représentatif, du fait de l'impossibilité, déjà soulignée par Rousseau, de l'exercice d'une démocratie directe dans une grande nation, ce qui pose le problème de la démocratie, tant à travers celui de la base sur laquelle elle repose, qu'à travers celui de ses conditions d'exercice.

La Révolution crée la citoyenneté en conférant aux Français l'exercice des droits civiques. Elle en a défini les limites — censitaires, dans le cadre de la Constitution de 1791, par la distinction des citoyens actifs et des citoyens passifs, comme on le verra —, elle a étendu à partir de 1792 par l'établissement du suffrage universel, droit étendu à l'ensemble de la population masculine adulte, avant de revenir en l'an III à un nouveau système censitaire. Démocratie directe ou indirecte ? Si le principe du régime représentatif s'impose, ce qui implique le refus du « mandat impératif », elle s'est trouvée partagée au fil de son histoire entre la revendication de démocratie directe, telle qu'on la trouvera en 1793-1794 formulée par les porte-parole du mouvement populaire, et les nécessités liées aux circonstances d'un pouvoir fort et centralisé. Centralisme, dont la forme jacobine est l'expression momentanée en l'an II, et décentralisation, telle qu'elle s'est incarnée en 1793 dans le mouvement fédéraliste, sont une autre expression de ces choix auxquels la période s'est trouvée confrontée. Ainsi partagée, la période révolutionnaire représente-t-elle une expérimentation de la démocratie ? Quel que soit le jugement qu'on porte, elle a représenté l'accès à la politique et aux droits civiques d'une partie importante de la population.

Ce faisant, elle a donné naissance à une conscience collective qui s'exprime par le biais d'un certain nombre d'idées-forces d'avenir. « Unité et indivisibilité » : la devise qui va s'imposer à partir de 1793, sans être démentie par la suite, trouve ses origines dans les premiers temps de la Révolution, exprimée dès 1790 dans le mouvement des fédérations, expression spontanée d'une conscience nationale collective. Elle va s'incarner dans plusieurs concepts forgés au fil des ans : République, nation, patrie.

▲ *La République*, proclamée, mais discrètement, le 21 septembre 1792, n'était pas initialement au cœur du projet révolutionnaire. En 1789, si elle renvoyait à quelques images positives — les États-Unis, la Suisse (un mythe autant qu'une réalité) —, elle évoquait aussi bien Venise ou les Provinces-Unies, oligarchies d'ancienne tradition, même si le rêve des Républiques antiques faisait partie de la culture humaniste des hommes de ce temps. On ne doit donc pas s'étonner que l'idée républicaine chemine lentement jusqu'en 1792 chez des porte-parole aussi avancés que Marat ou Robespierre, même si elle est déjà présente chez Condorcet. Son émergence au rang des références essentielles de la Révolution française n'est-elle donc liée qu'au poids des circonstances, l'échec par la faute même du souverain d'une voie réformiste de monarchie constitutionnelle ? Elle tient plus profondément à l'association qui s'est faite dans l'imaginaire et dans la symbolique avec l'idée de liberté, de refus du despotisme et de la tyrannie, constituant l'originalité de l'expérience révolutionnaire française. Elle tient aussi beaucoup au lien puissant qui s'est établi entre République, patrie et nation.

▲ *La nation* existait depuis longtemps, mais elle se confondait avec la fidélité monarchique. La césure radicale qui s'est établie entre peuple et aristocratie, peuple et monarchie, à mesure que se dégradait l'image royale, a donné au terme un tout autre contenu. On a rêvé un temps — dans l'illusion unanimiste des fédérations de 1790 — de la réconciliation sous la devise « la nation, la loi, le roi », masquant le transfert de souveraineté déjà réalisé du monarque au peuple souverain. À partir de 1792, la chute de la royauté, mais aussi l'état de guerre avec l'« Europe des despotes » donnent à la nation la plénitude de sa signification ; elle s'identifie au peuple et acquiert toute sa puissance unificatrice dans l'affrontement avec la crise intérieure et la guerre extérieure. Une fusion s'opère momentanément entre nation et patrie, et c'est au cri de

« Vive la Nation ! » que Kellermann rallie les troupes à Valmy. Une idée exigeante, voire exclusive de la patrie, identifiée avec la Révolution s'impose lorsque Barère déclare : « Les aristocrates n'ont point de patrie et nos ennemis ne peuvent être nos frères. » La nation, a-t-on dit, occupe le lieu laissé vide par la royauté, d'où son association avec l'idée de République. Quand retombera la tension de l'an II, s'opérera la dérive de la notion de nation ; la France directoriale qui se lance dans une aventure de conquête deviendra « la Grande Nation à vaincre accoutumée » : porte ouverte à toutes les aventures ultérieures de la nation au nationalisme du XIXe siècle et au-delà.

En bien — et parfois en mal — ce sont ces idées-forces qui constituent, non sans tensions ni contradictions, mais avec une réelle unité, l'armature du nouvel État mis en place par la Révolution, faisant entrer la France dans la modernité.

2. Les structures de l'État et les conditions de la vie politique

La décennie révolutionnaire voit se succéder trois formes de gouvernement au fil des événements : de 1789 au 10 août 1792, c'est la monarchie constitutionnelle ; puis de cette date à vendémiaire an III, la Convention est marquée par la mise en place, l'affirmation et le déclin du gouvernement révolutionnaire ; enfin la Constitution de l'an III installe le régime du Directoire qui durera jusqu'au coup d'État du 18 brumaire an III. À ces trois séquences correspondent des styles d'expérimentation contrastés.

2.1. *La monarchie constitutionnelle*

L'Assemblée constituante (juillet 1789-septembre 1791) et la législative (septembre 1791-septembre 1792) s'inscrivent en continuité, malgré la césure que représente la vote, puis l'entrée en vigueur de la Constitution de 1791. Les deux premières années se mettent en place des institutions qui seront brièvement expérimentées jusqu'à la chute de la monarchie ; mais dès 1789 les bases d'un nouvel équilibre sont posées.

▲ *Le roi conserve dans ce système un rôle important* ; jusqu'en 1791, la monarchie n'est pas encore contestée. Mais depuis octobre 1789, il est devenu « roi des Français » régnant, dira la Constitution, « par la grâce de Dieu et la loi constitutionnelle de l'État ». La monarchie reste héréditaire, mais le souverain doit prêter serment à l'acte constitutionnel. Il est rétribué par une liste civile annuelle de 25 millions de livres. Il demeure chargé de l'exécutif, nommant ambassadeurs et généraux ; mais sa prérogative ne s'exerce plus qu'au niveau du gouvernement, qu'il compose à sa volonté sans en référer à l'Assemblée. Cela n'a donc rien d'un régime parlementaire à l'anglaise ; les ministres ne dépendent pas d'une majorité à la Chambre, qui peut seulement leur demander des comptes et éventuellement les déférer devant une haute cour. Ces ministres sont au nombre de six : de l'Intérieur, de la Guerre, de la Marine, de la Justice, de l'Étranger, des Finances. Le roi jouit pour sa part de l'inviolabilité.

Le roi conserve un droit de regard sur le législatif par le droit de veto, qui fut âprement discuté à la Constituante. Si l'Assemblée a l'initiative des décrets, la sanction royale leur est nécessaire, et il peut la refuser. La droite monarchiste a défendu le veto absolu, c'est finalement le « veto suspensif » limité à deux législatures qui l'a emporté. Encore ne s'applique-t-il pas aux lois de finances et aux textes constitutionnels. Il faut également au roi l'accord de l'Assemblée pour déclarer la guerre ou signer la paix.

▲ *Si le roi conserve ainsi un ensemble de prérogatives fort loin d'être négligeables, l'initiative et la charge de faire la loi échoient au Corps législatif.* D'où l'importance du débat qui, à la Constituante, opposa les députés sur l'organisation de ce pouvoir : à droite les monarchiens, « anglomanes », penchaient pour un système à deux chambres, l'Assemblée élue étant doublée d'une Chambre haute à l'anglaise, élément de conservation où le roi aurait pu trouver appui sur des notables associant aux anciens privilégiés l'élite de la fortune. C'est au contraire la solution d'une Chambre unique qui l'a emporté, en la forme d'une Assemblée législative de 745 membres, élus pour deux ans. Ses pouvoirs sont étendus, puisqu'elle établit et vote le budget et qu'elle a l'initiative des lois. Le pouvoir exécutif ne peut la dissoudre ; mais inversement, le contrôle du gouvernement lui échappe, bien qu'elle puisse mettre les ministres en accusation. Le mode d'élection n'a rien de démocratique : le corps électoral des citoyens mâles de plus de vingt-cinq ans est scindé en deux groupes, citoyens passifs et citoyens actifs, définis par un critère censitaire, le paiement d'un impôt direct de trois journées de travail (sont également exclus les domestiques et les faillis). Ce critère sélectif peut sembler assez large, puisqu'on estime qu'il y a environ 4 300 000 citoyens actifs pour 3 millions de passifs ; mais si dans la France rurale les citoyens actifs sont majoritaires, dans les villes, bien souvent, la part des citoyens actifs n'excède guère le tiers. Puis le suffrage s'exerce à plusieurs niveaux : les citoyens actifs désignent les électeurs (1 %) parmi ceux qui paient un impôt de dix journées de travail. 5 000 électeurs choisissent ainsi les députés, de même qu'ils élisent les administrateurs locaux. Pour être éligible, il faut être propriétaire et payer un impôt d'un marc d'argent, soit 52 livres. Cette dernière clause fut âprement combattue par les porte-parole du parti démocratique qui dénonçaient la reconstitution d'une nouvelle aristocratie. On finit par supprimer l'impôt du marc d'argent, mais trop tard pour que cette mesure s'appliquât aux élections à la Législative.

▲ *L'Assemblée, qui tient le devant de la scène, est confrontée durant la période à deux structures apparemment bien différentes par leur formation.* La Constituante est née de la transformation des États généraux ; c'est dire que la représentation des ordres privilégiés y est théoriquement très majorée, mais beaucoup de nobles sont rentrés dans leurs foyers, des prélats ont émigré. Restent des curés, mais aussi un groupe de nobles, certains libéraux et patriotes, d'autres piliers du parti aristocrate, pour la plupart monarchiens. Le tournant des élections à la Législative sera sous ce rapport décisif, éliminant la quasi-totalité des anciens privilégiés. C'est donc chez les roturiers de l'ancien tiers état que se recrute la masse des députés. Dans les deux Assemblées, les représentants des groupes populaires n'ont point leur place, la bourgeoisie domine. La polémique jadis menée par les historiens anglo-saxons sur les contours de cette « bourgeoisie » est désormais désuète : nul ne conteste que la bourgeoisie productrice des négociants ou des entrepreneurs y est discrètement représentée. Avocats, gens de loi, « robins », comme on dit alors, ont une place hypertrophiée dans l'une et l'autre Assemblée, renforcée encore à la Législative, accréditant la formule méprisante d'une Révolution « d'avocats et de savetiers » (mais il n'y a plus de savetiers à l'Assemblée !).

Ces députés se sont regroupés par affinités et par tendances ; mais on hésite à parler de parti au sens moderne du terme, même si certains groupes sont plus structurés que d'autres, ainsi les aristocrates ou les « noirs ». À la Constituante, les patriotes ou « constitutionnels » présentent toute une gamme d'attitudes, des plus modérés au plus prononcés. Toutefois des éléments de regroupement se font jour : structures périphériques, mais influentes, que les clubs où se retrouvent les députés de même tendance. Héritiers du Club breton de l'époque des États généraux, les jacobins représentent pour la gauche un lieu de ralliement où, initialement, les députés tiennent une place essentielle et où s'opère la concertation pour préparer les séances de l'Assemblée, assumant de plus en plus un véritable magistère d'opinion. Modérés et contre-révolutionnaires ont également leurs clubs, plus fermés (le Club monarchique) ; ils se retrouvent également par affinités dans des structures élitistes comme les salons. Puis il se forme aussi ce qu'on désignerait aujourd'hui comme des « lobbies », ainsi le club Massiac qui regroupe les milieux d'affaires — armateurs, planteurs — intéressés à la défense des intérêts coloniaux.

Dans ce travail de recomposition, le rôle des personnalités est important : les plus récentes prosopographies du groupe des constituants mettent en évidence le hiatus entre la masse des députés muets ou quasi muets et les spécialistes de la prise de parole, dont les interventions sont multiples et attendues, ainsi l'abbé Maury chez les aristocrates. Ce n'est point forcer le trait que de constater que l'effacement de la personne royale s'accompagne de l'émergence de personnages en qui l'on voit un recours providentiel : Necker a tenu ce rôle un temps, puis Mirabeau, puis La Fayette, le « héros des deux mondes », illustration éphémère de la tentation du césarisme. Mais ces renommées se défont aussi vite : celles de La Fayette et de Bailly ne résisteront pas au massacre du Champ-de-Mars.

Dans ce contexte, on peut apprécier l'activité déployée par les Assemblées, dont le travail se structure et se régularise. On a parfois mis l'accent sur le désordre de ces séances au jour le jour où l'événementiel quotidien se manifeste par l'intrusion des délégations des pétitionnaires... C'est oublier l'importance des grands débats qui ont rythmé, dès le début, la vie des députés : débats sur la Constitution, le veto, le marc d'argent, le droit de paix et de guerre, la Constitution civile du clergé. C'est oublier, plus encore, l'importance du travail moins visible des comités que la Constituante a institués dès l'origine pour préparer ses travaux et où s'investissent des techniciens sur les grands problèmes à résoudre : Comité de constitution, Comité de division, chargé du redécoupage de la France, Comité des finances, Comité de mendicité, lançant à travers la France une grande enquête sur le paupérisme et l'indigence, et d'autres encore... L'ampleur des réformes dont on rendra compte témoigne de l'efficacité des structures qui se mettent ainsi en place.

Reste qu'on ne saurait faire abstraction de la marche du temps : un tournant s'inscrit incontestablement, que l'on peut situer entre la fuite à Varennes et la crise de l'été 1791. Éclipse des chefs — ou du moins relais par des équipes nouvelles —, renouvellement du personnel politique dans une Assemblée législative où les constituants n'étaient pas rééligibles, montée dans le contexte de l'approche de la guerre et du péril contre-révolutionnaire, du conflit entre le roi et l'Assemblée, mis en évidence par l'exercice du veto royal... Sous la pression populaire et celle de l'opinion, les centres de décision se déplacent et c'est chez les jacobins que le débat sur la paix et la guerre s'inscrit en premier. Les structures de partis se précisent et se durcissent au lendemain de la scission des feuillants. La précarité du compromis constitutionnel devient de plus en plus évidente dans l'année qui précède la chute de la monarchie.

2.2. *Le gouvernement révolutionnaire*

Le 19 vendémiaire an II (10 octobre 1793), le gouvernement est déclaré « révolutionnaire jusqu'à la paix » (voir encadré p. 59). En fait les structures ainsi mises en place, précisées deux mois plus tard par le décret du 14 frimaire an II, subsisteront pour bonne part jusqu'à la fin de la Convention, soit en brumaire an III ; mais la chute de Robespierre le 9 thermidor avait alors brisé la dynamique initiée à l'automne 1793. Une période de six mois à un an voit donc s'inscrire cette expérience politique qui répond aux moments des plus grands dangers courus par la République.

▲ *La période qui va de la chute de la monarchie à l'automne 1793 est, en ce qui concerne les structures étatiques, époque à la fois d'incertitudes et d'innovations essentielles* pour comprendre la suite des événements. Incertitudes, car la disparition du pouvoir royal conduit à la mise en place d'un Conseil exécutif provisoire, constitué d'une dizaine de ministres, sous la conduite de Roland durant la période girondine. Il se perpétuera, mais avec des attributions de plus en plus restreintes jusqu'à sa suppression le 13 germinal an II. Structure entravée, dès l'origine, tant par le poids des charges qui pèsent sur ces ministères dont les effectifs s'alourdissent, que par le contexte politique. Le problème du pouvoir est posé par la présence de la Commune insurrectionnelle de Paris, dont les ambitions sont grandes, et contre laquelle l'équipe girondine entreprend de lutter. Il sera aggravé par la lutte entre girondins et montagnards à la Convention jusqu'au 2 juin 1793.

Au rang des innovations, le passage au régime républicain : la République est proclamée sans emphase le 21 septembre 1792 ; elle sera déclarée « une et indivisible » le 25. Le procès et la mort du roi, le 21 janvier 1793, sanctionnent de façon définitive l'entrée dans une nouvelle ère.

La théorie du gouvernement révolutionnaire présentée par Robespierre le 25 décembre 1793

« Nous allons développer d'abord les principes et la nécessité du gouvernement révolutionnaire ; nous montrerons ensuite la cause qui tend à le paralyser dans sa naissance.

La théorie du gouvernement révolutionnaire est aussi neuve que la révolution qui l'a amenée. Il ne faut pas la chercher dans les livres des écrivains politiques, qui n'ont point prévu cette révolution, ni dans les lois des tyrans, qui, contents d'abuser de leur puissance, s'occupent peu d'en rechercher la légitimité ; aussi ce mot n'est-il pour l'aristocratie qu'un sujet de terreur ou un texte de calomnie ; pour les tyrans, qu'un scandale ; pour bien des gens, qu'une énigme ; il faut l'expliquer à tous pour rallier au moins les bons citoyens aux principes de l'intérêt public.

La fonction du gouvernement est de diriger les forces morales et physiques de la nation vers le but de son institution.

Le but du gouvernement constitutionnel est de conserver la République ; celui d'un gouvernement révolutionnaire est de la fonder.

La révolution est la guerre de la liberté contre ses ennemis ; la constitution est le régime de la liberté victorieuse et paisible.

Le gouvernement révolutionnaire a besoin d'une activité extraordinaire, précisément parce qu'il est en guerre. Il est soumis à des règles moins uniformes et moins rigoureuses parce que les circonstances où il se trouve sont orageuses et mobiles, et surtout parce qu'il est forcé à déployer sans cesse des ressources nouvelles et rapides, pour des dangers nouveaux et pressants.

Le gouvernement constitutionnel s'occupe principalement de la liberté civile ; et le gouvernement révolutionnaire, de la liberté publique. Sous le régime constitutionnel, il suffit presque de protéger les individus contre l'abus de la puissance publique ; sous le régime révolutionnaire, la puissance publique elle-même est obligée de se défendre contre toutes les factions qui l'attaquent.

Le gouvernement révolutionnaire doit aux bons citoyens toute la protection nationale ; il ne doit aux ennemis du peuple que la mort. »

(*Source :* cité par J. GODECHOT, *La Pensée révolutionnaire*, Paris, Armand Colin, coll. « U », 1964, p. 190-191.)

L'élection d'une Convention, assemblée chargée de doter la France d'une nouvelle Constitution, avait été décidée le 10 août ; elle se substitue le

20 septembre à la Législative. Pour la première fois dans l'histoire nationale, ce scrutin à deux degrés s'est fait au suffrage universel : mais il est vrai qu'un dixième seulement du corps électoral (700 000 sur 7 000 000) participa au scrutin. 749 députés constituaient l'Assemblée : elle demeurait bourgeoise par son recrutement, comptant un tiers d'hommes de loi, souvent déjà rodés à la pratique politique dans les années précédentes. Très vite divisée par le conflit entre Montagne et Gironde, elle n'en remplit pas moins la tâche pour laquelle elle avait été convoquée, le vote d'une Constitution. C'est là le paradoxe d'un texte de grande importance historique, dont le destin fut de n'être jamais appliqué dans les circonstances exceptionnelles où il avait été produit.

Au printemps 1793 les discussions préliminaires ont vu la production de plusieurs projets, dont celui de Condorcet, proche des girondins, est le plus développé. Démocratique, certes, on lui reprochera de tendre à instituer « une royauté de ministres » et d'affronter, sans solution d'arbitrage, un pouvoir exécutif et un pouvoir législatif tous deux issus du suffrage universel. Après la chute de la Gironde, les montagnards hâtèrent l'achèvement du texte, adopté le 24 juin 1793.

Cette Constitution conférait d'amples pouvoirs à une Assemblée unique élue au suffrage universel, chargée de voter les lois. L'exécutif était confié à un conseil de vingt-quatre membres choisis par l'Assemblée parmi les candidats — un par département — proposés par les assemblées électorales locales. Une volonté de démocratie directe s'exprimait dans la possibilité donnée aux assemblées primaires de rejeter une loi, si un dixième des électeurs le demandaient dans la moitié des départements. Le recours au référendum était prévu dans certains cas et les députés devaient rendre compte de leur mandat à leurs électeurs. Ce texte donnait donc des gages au mouvement populaire et à ses aspirations à la démocratie directe. Tel quel, il était cependant inapplicable dans les circonstances présentes et ses auteurs en avaient conscience. Soumis à la ratification populaire, il recueillit 1 700 000 oui contre 100 000 non sur 7 000 000 d'électeurs ; mais son application fut reportée à la paix : en un temps, on le sait, où l'on avait changé d'avis. Le gouvernement révolutionnaire, par la « force des choses », s'établit sur de tout autres bases. Certains éléments en ont été mis en place avant même la chute des girondins : ainsi, le 6 avril 1793, avait été constitué un Comité de salut public, alors dominé par Danton ; remanié par la suite, après la chute des girondins, Robespierre y entra le 27 juillet. Le Grand Comité prenait place. Mais c'est entre le 19 vendémiaire (gouvernement déclaré « révolutionnaire jusqu'à la paix ») et le décret du 14 frimaire, qui en précise le fonctionnement, qu'il est loisible d'en présenter les rouages.

▲ *Au centre, la Convention demeure le centre de l'impulsion et du pouvoir :* elle seule doit gouverner. Elle siège quotidiennement, associant au travail législatif la réception des très nombreuses adresses et correspondances qui lui parviennent. Ses effectifs ont été réduits d'une centaine de membres par les épurations ; ils le sont aussi par l'envoi en mission de dizaines de députés dans les provinces, en équipes successives. Mais les conventionnels participent aussi aux 19 comités qui, plus obscurément, gèrent les affaires de la République et préparent les rapports. C'est à elle qu'ils rendent des comptes et c'est elle qui les renouvelle. À ce titre, elle concentre non seulement le pouvoir législatif, mais garde sur l'exécutif un constant droit de regard.

Un comité, cependant, a pris dans l'organisation des pouvoirs une importance exceptionnelle, c'est le Comité de salut public. Douze membres, puis onze après l'exécution de Hérault de Séchelles, le composent. Robespierre, Saint-Just, Couthon suivent la politique générale ; Barère est le porte-parole auprès de la Convention, Jean Bon Saint-André, Carnot, Lindet, les deux Prieur (de la Marne et de la Côte-d'Or) assument des tâches spécifiques en fonction de leurs compétences, Billaud-Varennes et Collot d'Herbois représentent l'aile avancée proche du mouvement populaire. Mais en fait la responsabilité est collégiale et tous participent à l'œuvre collective pour des décisions prises en commun, quelles que soient les divergences qui les opposent. Le Comité de salut public dirige des services dont les effectifs sont importants (plus de 250 employés) ; il donne journellement ses ordres aux ministres, devenus de simples exécutants. Soumis en principe à la Convention qui renouvelle ses pouvoirs chaque mois, le Comité de salut public est le véritable centre de l'autorité : à lui revient de réaliser « l'identité de vues, de maximes, de volonté », selon les termes du décret du 14 frimaire. Dirigeant la diplomatie, chargé de la conduite de la guerre, il a autorité sur les fonctionnaires et corps constitués, contrôle la Commune parisienne, envoie en province les représentants en mission qui lui rendent compte.

Parmi les différents comités, un seul conserve à l'égard du Comité de salut public un réel volant d'autonomie : le Comité de sûreté générale, épuré en septembre 1793, compte également douze membres, dont Vadier, Amar, Lebas, qui seront également renouvelés jusqu'à Thermidor. À lui reviennent les fonctions de police et de surveillance sur toute l'étendue du territoire. Il les exerce par ses envoyés et ses observateurs et dispose aussi du réseau des comités de surveillance à travers tout le pays. Le Comité de sûreté générale ne subit pas sans réticences la tutelle du Comité de salut public auquel il rend des comptes chaque semaine : le conflit envenimé entre les deux Comités a pesé d'un poids réel dans la crise de Thermidor.

Sous son apparence de monolithisme, assumant la dictature collective que les circonstances commandaient, le gouvernement révolutionnaire reflète les tensions — individuelles ou collectives — qui opposent ses membres ou dont la Convention est le lieu. Il a renforcé ses pouvoirs au cours de l'an II. Le 13 germinal, au lendemain de la chute des hébertistes, le Conseil exécutif provisoire a été supprimé et les ministres remplacés par des commissions. Le gouvernement révolutionnaire ne survit pas à la crise de Thermidor : le 7 fructidor, la Convention réduit le Comité de salut public à la diplomatie et à la conduite de la guerre. Le Comité de sûreté générale conserve la police, le Comité de législation recevant le soin de l'administration et de la justice et les autres comités étant confirmés dans leurs attributions. Dans cet éparpillement du pouvoir prend fin l'unité de la conduite du mouvement révolutionnaire dont le Comité de salut public avait été l'instrument.

2.3. *Le régime directorial*

Le régime du Directoire a été instauré par la Constitution élaborée entre germinal et fructidor an III par la Convention, d'après le projet d'un comité où des modérés — Daunou et Boissy d'Anglas — tinrent les premiers rôles. Ce long texte précédé de la Déclaration des droits et des devoirs, dont on a rendu compte, procédait à une remise en forme complète des institutions révolutionnaires dans tous les domaines, avec l'objectif affirmé de stabiliser définitivement les acquis de la Révolution.

▲ *Le système politique* qu'il met en place a pour but d'éviter tout danger de dictature et d'assurer la prééminence des notables, nouvelle classe politique issue de la Révolution. Aussi est-on attentif à la séparation des pouvoirs. Le législatif est remis à deux assemblées : le Conseil des Cinq-Cents, formé d'autant de députés âgés de plus de trente ans, et le Conseil des Anciens, comptant 250 députés âgés de plus de quarante ans. Il ne s'agit pas d'une Chambre haute et d'une Chambre basse à l'anglaise, mais d'un moyen d'assurer la stabilité par une procédure de double examen : les Cinq-Cents votent des propositions de lois qui sont soumises au Conseil des Anciens, qui ne peut les amender, mais leur confère par un vote positif le statut de « lois de la République », quitte, en cas de refus, à renvoyer la proposition au Conseil des Cinq-Cents. Les Conseils sont soumis à la règle d'un renouvellement annuel par tiers. Les députés des deux Chambres sont élus par le même corps électoral. On revient à la distinction entre citoyens actifs et passifs (domestiques, faillis, condamnés, mais aussi citoyens non inscrits sur les registres civiques). Pour être électeur, il faut être résident et payer une contribution directe. Le système est apparemment plus ouvert que celui de 1791, mais les citoyens actifs élisent annuellement des électeurs qui seuls désignent les députés et, pour être électeur, il faut être propriétaire d'un bien rapportant un revenu équivalent, suivant les lieux, à 100 ou 200 journées de travail. C'est un corps électoral fixé à 30 000 électeurs pour la France entière qui dispose seul, ainsi, de la plénitude des droits civiques.

▲ *La définition de l'exécutif* s'entoure de précautions pour éviter tout péril de dictature. Le pouvoir collégial est assuré par cinq directeurs élus par les Anciens sur une liste de cinquante noms proposée par les Cinq-Cents. Le directoire est renouvelé par cinquième tous les ans, sans possibilité de réélection avant cinq ans, ce qui impose la mobilité des personnes. Les directeurs nomment les ministres, les hauts fonctionnaires et les généraux, et dirigent la politique extérieure. Ils désignent des commissaires chargés de surveiller les administrations ; mais la gestion des fonds de l'État, remise à une commission, leur échappe.

Dans son titre, la loi du 5 fructidor an III se proposait de trouver les moyens de « terminer la Révolution » : force est de reconnaître que malgré les précautions prises, et tout en reconnaissant au Directoire une longévité de cinq ans qui en fait la séquence la plus longue de l'histoire révolutionnaire, l'objectif de stabilisation n'a pas été atteint. Le fonctionnement du système s'est révélé défectueux d'entrée : n'était-il pas de mauvais augure que les conventionnels avant de se séparer aient triché eux-mêmes avec le système électoral qu'ils mettaient en place, en votant le décret des deux tiers, par lequel ils se pérennisaient partiellement, de crainte d'être submergés par la réaction ?

▲ *Le Directoire a été marqué par une succession de coups d'État* destinés à redresser la barre, tantôt à droite, tantôt à gauche, faussant le jeu électoral lorsqu'il était défavorable aux thermidoriens au pouvoir. Le 18 fructidor an V, tournant majeur dans la période, a vu exclure les royalistes revenus en nombre ; le 22 floréal an VI, les élus de gauche ont été invalidés en masse ; le 30 prairial an VII, ce sont les conseils qui ont à leur tour contraint à démissionner les directeurs Merlin et Treilhard… Et le 18 brumaire conclut cette série d'atteintes à une légalité qui n'a jamais véritablement réussi à s'imposer. Doit-on voir, comme on l'a souvent fait, dans ce régime de coups d'État la conséquence d'un vice originel, une maladie congénitale dont la faute incomberait à la Constitution de l'an III et à l'absence de procédure d'arbitrage en cas de conflit entre exécutif et législatif ? L'explication reste formelle. Il faut sans doute prendre en considération la fragilité même de la base sociale d'une bourgeoisie directoriale qui s'est coupée des groupes populaires, qu'elle craint, et reste à la merci des retours d'une Contre-Révolution agressive. Les tares du régime elles-mêmes, corruption, prolifération bureaucratique, ont probablement aussi contribué à la désagrégation interne de l'appareil d'État, même si le bilan bien noir traditionnellement dressé mérite d'être révisé. La montée du pouvoir militaire, qui portera le dernier coup au régime, est autant une conséquence qu'une cause de la crise finale. La consolidation des institutions républicaines rêvée par la bourgeoisie demeurait trop précaire pour pouvoir lui permettre de résister par les moyens légaux aux assauts qui lui étaient portés de l'intérieur comme de l'extérieur.

3. Structures de l'État : la France remodelée, les institutions

Table rase faite des institutions de l'Ancien Régime, dans l'enchevêtrement de leurs stratifications séculaires, comme dans les principes condamnés qui les régissaient (le privilège, la vénalité des offices), la Révolution devait repenser la France et la reconstruire sur de nouvelles bases.

Elle ne s'est pas dérobée devant cette tâche à laquelle on s'attaqua dès 1789. Les solutions adoptées ont évolué au fil des années : il est classique, et somme toute légitime, d'opposer une démarche caractéristique de la période constituante, privilégiant le principe électif et une certaine forme de décentralisation, à l'évolution ultérieure qui conduit en l'an II à une centralisation « jacobine » que le Directoire ne corrigera pas vraiment et dont la centralisation consulaire puis impériale sera le point d'aboutissement. Il est classique également de s'interroger, à la suite de Tocqueville, sur le problème de la continuité ou de la rupture : la Révolution française s'inscrit-elle dans le droit fil d'un héritage de la politique monarchique de centralisation ou a-t-elle représenté une rupture et apporté un esprit nouveau ? Avant d'examiner les différents domaines d'intervention — l'administration, la justice, les finances, l'éducation, l'assistance… —, il est utile de reconnaître un certain nombre de principes généraux qui ont régi la conduite des hommes de la Révolution, définissant, malgré des inflexions notables, un projet continu.

▲ *Rationalisation, uniformisation, organisation :* ces objectifs s'affirment d'entrée. Il s'agit bien de faire de cet « agrégat inconstitué de peuples désunis » dont parlait Mirabeau un ensemble cohérent. Telle attitude se confond avec le volontarisme, qui a déjà été évoqué à travers la mystique de l'homme nouveau, dans un pays remis à neuf, et sur ce point il n'y a pas rupture entre les constituants et les jacobins de l'an II ou les hommes du Directoire.

Ce projet implique-t-il nécessairement une volonté centralisatrice ? On peut en douter. Burke, critique anglais de l'expérience révolutionnaire, voyait au contraire dans les réformes de la Constituante, fragmentant la France en petites Républiques indépendantes, une des raisons de l'échec à venir de la Révolution… Il est certain au contraire que le sentiment de la nécessaire unité du pays a été une constante dans la pensée des législateurs. Il n'est point sans contrepartie et l'idée fédéraliste aura son heure, en 1793, combattue par la devise « Unité et indivisibilité ». Ce qui corrige d'une certaine façon la lecture centralisatrice, c'est, outre un réel pragmatisme, que l'on verra à l'œuvre dans la formation des départements, un souci de démocratie qui s'incarne d'entrée dans l'affirmation du principe électif : élire les administrateurs, les juges, les officiers et même les curés, voilà une des originalités qui ont frappé les observateurs. Le système mis en place dès 1790 par la bourgeoisie constituante est l'un des plus décentralisés que la France ait connu. Cet esprit côtoie une autre idée chère à cette bourgeoisie, celle du libéralisme sous toutes ses formes, d'un « moins d'État » dirait-on aujourd'hui, tel qu'il s'exprime dans la doctrine du laissez-faire-laissez-passer en matière de subsistances. Un tel dogme ne résistera pas à la pression des circonstances et à la force de la revendication populaire en 1793, mais c'est bien lui qui aura le dernier mot.

▲ *D'autres principes ont régi l'action des révolutionnaires :* déféodaliser, mais aussi désacraliser la sphère des institutions et l'espace national, instaurer le partage laïc dans le droit, dans l'état civil, dans le remodelage de l'espace et du temps. Entreprises audacieuses, et parfois aventureuses, dont certaines ne survivront pas à la période, tandis que d'autres s'inscriront durablement dans le paysage de la France moderne.

3.1. *L'espace et le temps*

La Révolution, on le verra, a échoué dans sa tentative d'inscrire le temps dans de nouvelles structures ; mais elle a réussi dans celle de donner à l'espace de nouveaux cadres et de nouvelles mesures.

Dès la nuit du 4 août 1789, les anciennes provinces et les anciennes distinctions — pays d'état contre pays d'élection — avaient disparu ; mais c'est toute la géographie complexe et enchevêtrée des anciennes limites administratives, fiscales, religieuses ou judiciaires qui fut remise en cause.

▲ *De septembre 1789 à février 1790, la Constituante discuta des nouvelles divisions à donner à la France.* Des projets se succédèrent, de celui de Thouret qui divisait, à l'américaine, le pays en 80 départements sur la base de carrés de 18 lieues, à celui de Mirabeau qui rejetait les limites géographiques pour les inscrire dans le cadre des anciennes provinces. Le principe fut enfin admis d'une division en 75 à 85 départements, subdivisés chacun en 6 à 9 districts. Un comité fut formé, consulta, arbitra entre les prétentions des uns et des autres et, singulièrement, entre les rivalités de villes soucieuses d'obtenir un chef-lieu. Le 15 février 1790, la discussion fut close : 83 départements voyaient le jour, d'étendue comparable, avec le souci, inégalement couronné de succès, de respecter les anciennes divisions historiques. Ils recevaient des noms géographiques empruntés aux cours d'eau et aux montagnes. On avait respecté la norme d'une demi-douzaine de districts en moyenne, subdivisés en cantons, regroupant eux-mêmes plusieurs communes : l'unité de base du tissu villageois avait été respectée. Il y eut des contestations, des rancœurs de la part des villes et bourgs découronnés, mais cette nouvelle structure se révéla résistante à l'épreuve du temps. L'annexion de la Savoie, du comtat Venaissin, du comté de Nice complétèrent entre 1791 et 1792 le tissu départemental, avant que les annexions liées à la conquête n'étendissent provisoirement au-delà de l'Hexagone le maillage départemental.

▲ *Substituer un système de mesures uniforme aux quelque huit cents mesures de poids ou de longueur existant dans la France d'Ancien Régime* n'était pas une mince entreprise : mais elle répondait aux besoins formulés du négoce comme des hommes de science. On y songeait depuis longtemps et en 1787 l'Académie des sciences avait nommé une commission à cet effet. Le principe d'une uniformisation a été adopté par la Constituante le 8 mai 1790, une commission de savants — Lavoisier, Lagrange, Borda, Condorcet — y travailla, adoptant le système décimal et le principe du mètre, subdivision du méridien terrestre. Cela supposait un important travail de triangulation pour la mesure du méridien entre Dunkerque et Barcelone : il fut mené non sans mal entre 1790 et 1793. Le 1er août 1793, la Convention crée transitoirement le système métrique sur la base de mesures provisoires : institution confirmée par la loi du 18 germinal an III (7 avril 1795), puis en 1801 quand les nouvelles mesures deviennent obligatoires. Il leur faudra du temps pour s'imposer dans le pays, où les anciennes mesures restent longtemps utilisées : mais l'emploi des nouvelles normes par l'administration a progressivement vaincu les résistances.

▲ *Il n'en va pas de même pour le calendrier républicain :* s'attaquer aux rythmes traditionnels du temps, c'était agresser l'héritage religieux du calendrier liturgique et les rythmes saisonniers de la France rurale. Le désir est grand cependant, dès 1789, de dater de l'an I de la liberté la nouvelle ère dans laquelle sont entrés les Français. Une décision est prise le 22 septembre 1792 d'établir un nouveau calendrier débutant avec la création de la République : il ne sera pas adopté avant le 24 octobre 1793, alors même que débute la déchristianisation. Aux savants est revenu de proposer un découpage en douze mois de trente jours dont la subdivision est le décadi. L'année débute à l'équinoxe d'automne, elle se termine par les cinq journées des fêtes « sans-culottides ». Fabre d'Églantine a proposé la nouvelle nomenclature des mois évoquant les rythmes des saisons ; des noms de plantes, d'animaux ou d'objets usuels sont substitués aux noms de saints, exorcisant les anciennes références religieuses. Ce nouveau calendrier a eu un succès momentané : on en juge par les fêtes décadaires comme par les prénoms révolutionnaires qui s'y réfèrent an l'an II en certains sites. Mais dès la période directoriale, son emploi se heurte au mauvais gré de plus en plus généralisé de populations qui refusent le décadi pour revenir au dimanche, malgré les efforts du gouvernement pour le rendre obligatoire (an V). Son emploi se restreint progressivement aux administrations, et le calendrier républicain sera aboli sous l'Empire en nivôse XIV (1er janvier 1806). Il serait trop simple, sans doute, de dire que le temps lui a manqué pour s'imposer.

3.2. *L'administration locale*

Au même titre que le gouvernement central, l'administration locale reflète les grandes étapes de la vie politique, oscillant entre un système largement décentralisé en 1791 et la centralisation de l'an II que le Directoire ne remettra pas vraiment en cause.

▲ *Les institutions nouvelles ont été mises en place dès 1790*, remplaçant les anciennes administrations royales, d'entrée défaillantes, mais aussi, dans les villes, les pouvoirs de fait que la révolution municipale avait suscités pendant l'été 1789. Une pyramide d'instances hiérarchisées suivant des principes identiques manifeste le souci d'uniformité, mais le principe électif — réservé, il est vrai, aux citoyens actifs — domine et le contrôle du gouvernement central est limité. Dans chaque commune siège une municipalité ; on élit un conseil général, un maire, des officiers municipaux… Le pouvoir central est représenté par un procureur de la commune. Le canton a peu d'importance, accueillant simplement le juge de paix et l'assemblée primaire des citoyens actifs qui y élit les électeurs. Ceux-ci désignent les administrations des districts et du département, de même que les députés à l'Assemblée nationale. Ces administrations comportent un conseil général qui siège par sessions et un directoire permanent qui assure la continuité, un procureur-syndic représentant le roi. Ces pouvoirs locaux ont des attributions très larges dans le domaine fiscal, les travaux publics, la police, l'éducation, l'assistance, la formation des gardes nationales et la levée des troupes.

Ce système a fonctionné tant bien que mal jusqu'en 1793 : plutôt mal que bien, serait-on tenté de dire injustement. Il comportait des défectuosités évidentes. Le recours systématique au principe électif n'était pas le plus adapté en matière de fiscalité et, plus largement, d'administration : manque de technicité, d'éducation, même, dans les petites communes et parfois d'autorité ou de bonne volonté. Si des cadres compétents se trouvèrent dans les villes, par reconversion des hommes de loi, robins aptes à répondre à la gigantesque demande que représentaient les 40 000 communes françaises, il n'en alla pas de même à la campagne. Puis ces autorités issues de la bourgeoisie révolutionnaire eurent à gérer les problèmes et les tensions nés de la crise révolutionnaire. Départements et districts, souvent modérés, se trouvèrent dès 1791 et plus encore en 1792 en porte-à-faux vis-à-vis d'un mouvement populaire avec lequel les municipalités se trouvaient en contact et en sympathie plus directe. Pendant la crise de l'été 1792, ces cadres furent malmenés et parfois agressés directement. Dans les grandes villes, à Paris comme en province, les sections — initialement simples cadres des assemblées électorales — prirent alors une importance nouvelle, ouvertes aux citoyens passifs, tenant à partir de l'été 1792 leurs assemblées quotidiennes. La Commune insurrectionnelle de Paris, à partir du 10 août, illustre de façon exceptionnelle mais significative l'explosion des structures stables que la Constituante avait rêvé de mettre en place. Lors de la crise fédéraliste, les départements ont très souvent choisi le mauvais camp : cela ne leur sera pas pardonné.

▲ *Le nouveau système mis en place à partir de l'été 1793 et systématisé par le décret du 14 frimaire an II* fait prévaloir un tout autre esprit. L'épuration des autorités constituées est à l'ordre du jour : il y sera procédé par vagues successives jusqu'au cœur de l'an II. La reprise en main par le pouvoir central touche certes les instances nées de la crise de 1793 : la Commune de Paris sera « domestiquée » pendant l'hiver et au printemps 1794, les assemblées sectionnaires, expression d'une démocratie directe qui s'était fourvoyée en province dans le mouvement fédéraliste, alors qu'à Paris elles exprimaient la pression du mouvement populaire, seront elles aussi mises au pas, puis supprimées en l'an II.

Mais les instances régulières accusent également le coup : les départements, privés de leurs pouvoirs et de leurs instances délibératives, sont réduits à peu de chose, alors que les districts assument au contraire un rôle accru. À tous les niveaux, départements, districts, municipalités, le personnage central devient l'agent national, nommé par le gouvernement et par ses émissaires, les représentants en mission. Il est l'agent d'exécution zélé des mesures révolutionnaires, dont il doit rendre compte, chaque décade. De nouvelles instances se mettent en place : les comités de surveillance, organisés par étapes entre mars 1793 et l'hiver de l'an II, ont pour charge, dans le département, le district et les communes, de surveiller et d'arrêter les suspects et, plus largement, d'être attentifs aux mesures d'ordre républicain (réquisitions, subsistances, levées d'hommes). Si l'on tient compte du rôle croissant des sociétés populaires, alors multipliées, et dont on traitera plus tard, c'est tout un réseau redéfini qui assure, sous le contrôle vigilant des représentants en mission, la mainmise du gouvernement révolutionnaire sur l'étendue du pays.

Ce système n'a pas survécu à Thermidor. Les comités de surveillance ont été directement attaqués, limités d'abord à un par district, avant de disparaître. Le Directoire réhabilite les départements, supprime les districts ; il va faire plus en s'attaquant aux municipalités par l'instauration des municipalités de canton. En ce qui concerne le département, la direction est désormais assurée par cinq administrateurs désignés par les électeurs. Mais ces notables élus sont flanqués d'un commissaire du Directoire, remplaçant le procureur-syndic, et qui intervient directement — non sans conflits fréquents qu'arbitre le pouvoir central — dans la gestion des affaires. Différente de la centralisation jacobine de l'an II, sans doute moins efficace dans le contexte de la crise de l'État, une nouvelle centralisation naît. Au niveau de la commune, à la campagne, un agent et un adjoint élus remplacent la municipalité. Seules les villes de plus de 5 000 habitants ont une municipalité complète, et dans les cités de plus de 100 000 habitants des municipalités d'arrondissements : c'est là un moyen de fragmenter l'autonomie municipale. Dans ces municipalités, les gros notables ont retrouvé la place et l'influence dont l'an II les avait provisoirement dessaisis.

C'est parce que le pouvoir désespérait de trouver dans les simples villages un personnel suffisamment qualifié qu'il a instauré les municipalités de canton, composées d'agents communaux et d'un président élu, surveillé par un commissaire. En fait, cette institution n'obtint pas le succès escompté. L'esprit municipal restait fort et dans nombre de départements on ne parvint pas à les installer toutes, échec qui reflète la fuite des élites locales, dans beaucoup de régions, devant des responsabilités lourdes, parfois dangereuses en zone d'insécurité. Les cadres de la vie politique locale se replient sur une étroite élite, républicaine modérée, même si l'on est parfois bien heureux d'y retrouver certains rescapés du militantisme de l'an II.

3.3. *Impôt et fiscalité*

Les problèmes de la fiscalité, de la dette, de l'inégalité devant l'impôt ont tenu dans la crise finale de l'Ancien Régime une place essentielle, puisqu'ils ont, somme toute, été aux origines de la convocation des États généraux. « Bienheureux déficit tu seras le trésor de la Nation ! », pouvait s'écrier Mirabeau. Paradoxe apparent : malgré les résistances bien réelles à l'impôt, ces questions n'ont tenu qu'une place médiocre dans l'histoire au jour le jour de la Révolution. C'est, dira-t-on, que les régimes révolutionnaires ont contourné le problème ; acceptant le poids de la dette de l'Ancien Régime, ils se sont résignés aussi à passer par d'autres voies que la fiscalité pour répondre aux besoins de l'État : nationalisation des biens du clergé, émissions monétaires dans le cadre de l'aventure de l'assignat, emprunts forcés, drainage des ressources des pays conquis sous le Directoire.

Au prix de cette gestion, que l'on peut considérer comme malsaine, ils n'en ont pas moins effectué toute une série de réformes fondamentales, même si elles semblent relativement tardives (hiver-printemps 1791). L'opinion publique s'était crispée sur la lourdeur des impôts indirects de la monarchie — la gabelle ou les aides — ; on y renonce. On y reviendra sous le Directoire et plus encore sous l'Empire, redécouvrant les mérites de cette fiscalité invisible, sinon indolore pour les petites gens.

▲ *L'impôt direct apparaît comme le juste moyen d'alimenter les caisses de l'État* ou plutôt les contributions, changement de titre significatif. Changement d'esprit également, qui répond à la proclamation de l'égalité de tous devant l'impôt, revendication fondamentale dans la mise à bas du système des privilèges. Après une phase intermédiaire alimentée par les contributions patriotiques des débuts, on instaura de nouvelles contributions : en premier la contribution foncière frappant la véritable fortune pour les constituants qui pensent, comme les physiocrates, que toute richesse vient de la terre. D'où son poids considérable, 67 % du total. Mais on n'a pas voulu épargner la fortune mobilière : la contribution mobilière, associée à la contribution personnelle et somptuaire, était établie d'après le revenu présumé, et la patente pesait sur les activités commerciales et industrielles, de l'artisan au négociant. En 1789, le Directoire y adjoignit la contribution sur les portes et fenêtres, achevant de constituer le réseau des « quatre vieilles » (contributions) qui sera la base du système fiscal français jusqu'en 1914.

▲ *Ce souci d'une fiscalité plus équitable et, malgré ce qu'on en a dit, relativement légère, se heurta dans son application à plusieurs obstacles.* La levée de la contribution foncière, pièce essentielle dans le dispositif, supposait l'établissement d'un cadastre dans toutes les communes. Ce travail immense ne fut mené à bien que dans une partie d'entre elles, principalement dans le Midi, qui avait déjà ses cadastres. L'Empire reprendra l'entreprise à la base et le cadastre dit « napoléonien » sera confectionné entre 1808… et les années 1830. Puis, faute de pouvoir ou de vouloir exiger une déclaration des revenus, on conserva à l'impôt son caractère de répartition à la charge des communes, d'où de multiples inégalités suivant les lieux. Enfin, le principe électif dominant sous la Constituante fit que l'on confia aux autorités locales le soin de percevoir l'impôt. Il n'existait de fonctionnaires spécialisés qu'au niveau du département (les payeurs généraux) ; le Directoire tenta avec peu de succès de mettre en place des agences départementales de contributions. Complaisance ou manque de formation technique, les élus chargés du recouvrement de l'impôt s'en acquittèrent plutôt mal.

On est toutefois partiellement revenu sur l'idée reçue d'une France qui, durant dix ans, se serait dérobée à l'impôt : la rentrée des contributions s'améliore au fil de la période et les retards se réduisent (même si certaines régions restent rebelles). Un succès relatif donc ? Il reste que l'égalité devant l'impôt, conquête essentielle, a ses limites. L'impôt de répartition frappe injustement ; il n'y a pas de progressivité suivant la fortune, et les propriétaires conservent le droit d'incorporer tout ou partie de l'impôt dans le droit de bail : c'est le paysan qui paye. La bourgeoisie rentière a mis sur pied un système qui tiendra la route longtemps, passé les turbulences de la décennie révolutionnaire.

3.4. *Du nouveau droit à la justice révolutionnaire*

En abordant successivement l'élaboration du nouveau droit révolutionnaire et l'exercice de la justice, on entre, au regard des clichés reçus, dans l'univers du paradoxe. Un droit émancipateur, humaniste, expression de l'idéal des Lumières, une justice que la force des choses va entraîner comme inexorablement jusqu'à l'exercice de la Terreur. Et l'on se souvient que Robespierre fut l'un de ceux qui, sous la Constituante, ont demandé l'abolition de la peine de mort.

La double réforme des institutions et des principes s'imposait à l'évidence, dans une France d'Ancien Régime caractérisée en ce domaine par la lourdeur et l'incohérence des premières — qui voulait encore des parlements, sinon les parlementaires eux-mêmes ? — et par l'archaïsme des seconds, même si la monarchie finissante avait aboli la torture et, par l'édit de Tolérance accordé aux protestants en 1787, introduit la timide amorce d'une égalité devant la loi.

Proclamé dans son esprit dès la déclaration du 26 août 1789, le nouveau droit révolutionnaire a fait l'objet d'un travail constant et d'élaborations successives. Les hommes de la Révolution sont peu récompensés de leurs efforts, puisque l'on parle de « droit intermédiaire », comme si, entre l'héritage des siècles monarchiques et le Code civil napoléonien, il ne s'agissait que d'une parenthèse. C'est oublier tout ce que le Code civil doit aux projets successivement présentés en août 1793, puis en fructidor an II, en prairial an IV, en frimaire an VIII. Ils ont posé les bases d'un droit unifié, national, succédant à l'enchevêtrement des coutumes. Ils en ont surtout posé les principes, repris de Beccaria et des grands légistes des Lumières : libération de l'individu, rejet de toute cruauté inutile, refus de toute peine non nécessaire.

▲ *Liberté des individus :* tout reste de servitude personnelle est aboli et toutes les sujétions qui tenaient aux séquelles de la féodalité le seront progressivement de 1789 à 1793, ce qui officialise l'abolition sans rachat des droits seigneuriaux. Cette libération de l'individu suppose la liberté des contrats et des conventions pour ceux qui possèdent, et de louer sa force de travail pour ceux qui n'ont rien. Les lois d'Allarde (mai 1791) et Le Chapelier (juin 1791) sanctionnent l'abolition, non seulement des corporations, mais de toute forme d'organisation collective, avec toutes les conséquences que cela entraîne pour l'avenir dans l'organisation du travail, avantageuses pour les uns, néfastes pour d'autres. Les contraintes de la famille traditionnelle sont allégées par la laïcisation du mariage, par l'instauration du divorce (20 septembre 1792). On vote le principe de l'adoption (janvier 1792) et l'on se penche sur le sort des enfants naturels.

Ce triomphe de l'individu est-il complet, donc égalitaire ? Il s'en faut, et la Révolution assume ses limites dans le domaine de l'égalité civile qui ne sera accordée aux Juifs qu'en 1791, aux Noirs qu'en pluviôse an II, par le décret abolissant l'esclavage. La femme mariée demeure soumise à l'autorité maritale « selon l'ordre naturel ». On doit certes reconnaître à la période de la révolution démocratique des avancées tangibles, le partage égal des successions (1793) et les tentatives d'égalitarisme social en faveur des plus démunis dont les lois de ventôse an II furent l'expression éphémère. Mais il reste que — l'après Thermidor l'affirmera en termes renforcés dans la Constitution de l'an III — le droit nouveau mis en place par la bourgeoisie demeure fondé sur la propriété : « C'est sur le maintien des propriétés que reposent la culture des terres, toutes les productions, tout moyen de travail et tout l'ordre social. » L'égalité des droits trouve dans ce principe, qui entraîne l'emphase mise sur le respect de la loi et la déclaration des devoirs, ses limites évidentes. Redéfinissant les délits en supprimant les « délits imaginaires » (hérésie, lèse-majesté), la Constituante hiérarchise les autres, limite la punition aux peines « strictement et évidemment nécessaires ». Ayant supprimé la vénalité des charges, elle confie à des juges élus le soin de rendre la justice, avec l'assistance, du moins en ce qui concerne les affaires criminelles, d'un jury de citoyens à l'anglaise.

▲ *Une hiérarchie d'instances est mise en place :* pour les causes civiles un juge de paix par canton, arbitre et conciliateur autant que juge. Le tribunal de district formé de cinq juges et d'un ministère public connaît des causes civiles plus importantes. Les délits sont déférés, dans le district, suivant leur degré à un tribunal de simple police, puis à un tribunal correctionnel ; les affaires criminelles sont du ressort d'un tribunal siégeant au département. Un président, trois assesseurs, un accusateur public et un commissaire du roi y sont assistés d'un double jury d'accusation, puis de jugement, formé de citoyens actifs. L'étude en cours du fonctionnement de ces instances témoigne de l'efficacité de ce nouveau système et d'un assouplissement réel au niveau des peines prononcées.

On s'est longtemps focalisé, pour des raisons aisément compréhensibles, sur les justices d'exception que la Révolution a été amenée à mettre en place, au fil de la montée des périls auxquels elle a eu à faire face, aboutissant en 1793 au système d'exception de la Terreur. Au lendemain du 10 août 1792, une Haute Cour a été créée pour juger des crimes politiques. Sur 62 causes, elle prononça sans appel 25 condamnations à mort. Sa relative mansuétude contribua à la formulation de l'exigence d'une justice populaire dont les massacres de septembre furent l'expression sanglante et paroxystique.

Dans le contexte de la crise du printemps 1793 — trahison aux frontières et guerre civile intérieure —, fut institué le 10 mars le Tribunal révolutionnaire de Paris, cependant que les tribunaux criminels recevaient mission de juger « révolutionnairement » les délits à caractère politique. L'émigration fut ainsi passible d'un jugement sans appel ni cassation, portant condamnation à mort et exécution dans les vingt-quatre heures. La pratique répressive instaurée en automne 1793 concentre au Tribunal révolutionnaire parisien la majorité des affaires, à l'exception des sites de répression du fédéralisme et de la Contre-Révolution (Ouest et Midi). Elle élargit la liste des activités susceptibles de tomber sous le coup de la loi, notamment après le vote le 17 septembre 1793 de la loi des suspects. Le Tribunal révolutionnaire compte désormais 16 juges, 60 jurés et 5 substituts ; quatre sections opèrent en parallèle suivant une procédure expéditive, alors même que les prisons se remplissent et que le nombre des suspects devient considérable : on estime, toutes périodes confondues, que 500 000 personnes ont été détenues, en majorité libérées rapidement, mais en partie déférées au Tribunal révolutionnaire. La loi du 8 ventôse an II stipulait que les suspects reconnus ennemis de la République seraient détenus jusqu'à la paix : pour opérer le tri, on avait prévu six commissions populaires chargées d'examiner leurs dossiers, deux seulement furent mises en place avant Thermidor.

Entre-temps, l'arsenal répressif s'était aggravé par la promulgation de la loi du 22 prairial an II, à l'origine de la « Grande Terreur », puisqu'elle supprimait l'interrogatoire préalable et l'audition des témoins. La rivalité entre le Comité de salut public, qui s'était doté de son propre bureau de police, et du Comité de sûreté générale, que l'on a pu suspecter d'avoir volontairement exaspéré le mécanisme de la machine répressive, explique sans doute en partie le bilan sanglant de ces quelques semaines. On a estimé à 45 000 le nombre total des exécutions du fait des tribunaux révolutionnaires : bilan qui ne tient pas compte des exécutions sommaires et qui est très inégal, surtout, suivant les régions, les sites de la guerre civile et les frontières ayant été lourdement frappés, alors que d'autres départements — une trentaine — n'ont pratiquement pas connu le passage de la guillotine.

Après le 9 thermidor, l'activité du Tribunal révolutionnaire ralentit considérablement et la loi du 22 prairial fut abolie. Le Tribunal fut lui-même supprimé le 12 prairial an III. Mais l'arsenal des lois répressives, notamment contre les émigrés, fut reconduit par le Directoire et à plusieurs reprises réactivé — ainsi après le coup d'État de fructidor an V — au gré des fluctuations de la politique antiroyaliste.

3.5. *Éducation et pédagogie*

Deux bilans contradictoires peuvent être présentés sur l'œuvre éducative de la Révolution, selon que l'on considère la mise à bas et la désorganisation du système de l'Ancien Régime ou l'importance du projet pédagogique pour les hommes de ce temps.

Il est incontestable que la Révolution a porté un coup aux collèges tenus en 1789 par les congrégations enseignantes ou par des séculiers : privés de leurs ressources propres, ils ont été atteints par la dispersion de leurs cadres ecclésiastiques, lors de la crise religieuse, que ceux-ci se soient ralliés à l'Église réfractaire ou qu'ils aient fait acte d'adhésion au nouveau régime (les oratoriens). L'enseignement primaire de son côté, soustrait au clergé qui en assurait une bonne partie, affronte les nécessités d'une reconversion que les circonstances rendent difficile.

Et pourtant l'intérêt pour la formation des jeunes, indissociable de celui qu'on porte à la formation du citoyen, de l'homme nouveau que la Révolution a voulu faire naître, tient dans le discours révolutionnaire une place essentielle. Toute une pédagogie se cherche, qui s'exprime par des voies nouvelles : la fête et les célébrations civiques, l'apprentissage par le biais des sociétés populaires, l'action des « apôtres civiques » et des « missionnaires patriotes », appuyée par toute une littérature de catéchismes civiques et d'ouvrages didactiques, à l'usage des petits comme des grands.

Restructurer l'enseignement fit l'objet de projets multiples auxquels les plus grands, tel Condorcet, mirent la main ; mais le poids des urgences explique en ce domaine le caractère tardif d'une législation pour l'essentiel postérieure à Thermidor, alors que ces objets n'avaient pas été méconnus précédemment. Le Peletier de Saint-Fargeau, conventionnel assassiné en 1793 — l'un des « martyrs de la liberté » —, avait élaboré un plan que Robespierre présenta à la Convention le 13 juillet de la même année. C'est sans doute, par son radicalisme, l'expression la plus originale de l'idéal de la Révolution à son apogée. Il prévoyait l'institution de maisons d'éducation commune dans chaque canton rural et dans chaque section urbaine, où les enfants de cinq à douze ans, retirés à leur famille pour être élevés sous la « sainte loi de l'égalité », recevraient une éducation physique, morale, civique, tournée vers l'apprentissage d'une activité utile et le service de la patrie. Plus encore que pour des raisons matérielles — la difficulté de mettre en place un tel réseau —, c'est pour des raisons morales — le refus d'arracher l'enfant à sa famille — que le projet fut écarté.

En l'an II cependant, des expériences ponctuelles furent tentées pour répondre aux urgences du moment : en ventôse, pour le raffinage du salpêtre nécessaire à la fabrication des poudres, un millier d'adultes reçurent à Paris un recyclage accéléré sous la direction des plus grands chimistes. De messidor an II à vendémiaire, l'École de Mars rassembla à Paris 6 000 adolescents envoyés par les districts du pays entier pour recevoir une instruction militaire.

Moins dépendantes des circonstances, d'autres créations devaient se révéler de grand avenir : l'École centrale des travaux publics, devenue École polytechnique, et l'École normale, instituées par la Convention en fructidor et brumaire an III. La première dispensa un enseignement scientifique de haut niveau. Dans la seconde, 1 400 élèves adultes désignés par les districts ont reçu des célébrités de l'époque un enseignement encyclopédique destiné à en faire des professeurs d'écoles normales à ouvrir à leur retour pour former les nouveaux instituteurs de la République. Le projet était trop ambitieux pour aboutir et la réforme éducative fut révisée à la baisse par la loi Daunou (3 brumaire an IV) qui abandonnait l'enseignement primaire à l'initiative des départements. Se détournant de la pédagogie élémentaire à l'usage du peuple, le régime directorial porta son effort sur l'enseignement secondaire par l'institution des écoles centrales en l'an IV et V. Dans chaque département, elles ont proposé une expérience pédagogique originale par la liberté laissée aux élèves de choisir leurs cours, qui faisaient une large part aux matières scientifiques, aux sciences de la vie et au dessin.

L'enseignement supérieur ne fut pas délaissé : en l'an III, trois écoles de santé, à Paris, Strasbourg et Montpellier, ouvraient la voie à un enseignement moderne de la médecine. La même année, le Conservatoire national des arts et métiers inaugurait une structure originale, véritable musée vivant de la technologie et de l'innovation.

3.6. *Assistance et politique sociale*

Sous l'Ancien Régime, le poids de l'assistance aux pauvres — valides ou non — reposait pour bonne part sur le clergé, dispensateur de charités paroissiales. Mais, tout particulièrement dans les villes, il reposait surtout sur les hôpitaux qui, sous des titres divers — l'Hôpital général, la Miséricorde ou la Charité —, avaient été plus que des lieux de cure, l'endroit où s'était opéré à l'âge classique le « grand renfermement » des indigents, des orphelins et des marginaux. Ce système était depuis longtemps moribond, l'âge des Lumières, au nom de la notion nouvelle de bienfaisance, avait développé avec Turgot et d'autres une sévère critique du traitement hospitalier du paupérisme, pour lui substituer l'idée de secours à domicile.

L'œuvre de la Révolution s'inscrit dans le droit fil de cette réflexion. On n'en a parfois vu que les effets nocifs : la crise de la charité traditionnelle liée à la disparition de l'ordre du clergé, celle du système hospitalier due à l'aliénation des biens des hôpitaux. C'est passer sous silence tout un objectif de bienfaisance nationale, présent dès les débuts de la période, et s'épanouissant de 1793 à 1794 dans des projets audacieux et des réalisations, au moins momentanées, pour régresser ensuite à l'époque directoriale. L'aliénation des biens des hôpitaux décidée par la Constituante avait pour but de limiter leur champ d'action au soin des malades et d'utiliser le produit de cette vente au soutien à domicile des pauvres. Différée jusqu'à l'an II, cette mesure fut alors appliquée, à charge pour le Trésor de subvenir aux dépenses de ces établissements, ce qui n'alla pas sans une sévère crise, liée aux conditions économiques et financières du moment comme à la pénurie du personnel due à la dissolution des congrégations hospitalières. En l'an III les hôpitaux sont rentrés en possession de leurs biens non aliénés, accompagnés d'allocations publiques que le Directoire complétera par les revenus de l'octroi et du droit des pauvres. À l'issue d'une crise rude et parfois tragique, les hôpitaux retrouvaient à la fin de la période leurs revenus initiaux, parfois accrus. Ils s'étaient aussi « modernisés » : la création des écoles de santé, le resserrement sur une vocation curative à la charge de médecins qualifiés font naître l'hôpital moderne tel que le connaîtra le XIXe siècle. C'est en l'an II que Pinel fait libérer de leurs chaînes les fous de Bicêtre.

Extraits des rapports de Saint-Just sur les décrets des 8 et 23 ventôse an II (26 février et 3 mars 1794)

« La force des choses nous conduit peut-être à des résultats auxquels nous n'avons point pensé. L'opulence est dans les mains d'un assez grand nombre d'ennemis de la Révolution ; les besoins mettent le peuple qui travaille dans la dépendance de ses ennemis. Concevez-vous qu'un empire puisse exister si les rapports civils aboutissent à ceux qui sont contraires à la forme du gouvernement ? Ceux qui font les révolutions à moitié n'ont fait que se creuser un tombeau. La Révolution nous conduit à reconnaître ce principe que celui qui s'est montré l'ennemi de son pays n'y peut être propriétaire. Il faut encore quelques coups de génie pour nous sauver.

Serait-ce donc pour ménager des jouissances à ses tyrans que le peuple verse son sang sur les frontières, et que toutes les familles portent le deuil de leurs enfants ? Vous reconnaîtrez ce principe : que celui-là seul a des droits, dans notre patrie, qui a coopéré à l'affranchir. Abolissez la mendicité qui déshonore un État libre ; les propriétés des patriotes sont sacrées, mais les biens des conspirateurs sont là pour tous les malheureux. Les malheureux sont les puissances de la terre ; ils ont le droit de parler en maîtres aux gouvernements qui les négligent. Ces principes sont éversifs des gouvernements corrompus ; ils détruiraient le vôtre si vous le laissiez corrompre ; immolez donc l'injustice et le crime si vous ne voulez pas qu'ils vous immolent. »

(*Source* : cité par J. GODECHOT, *La Pensée révolutionnaire*, Paris, Armand Colin, coll. « U », 1964, p. 208.)

Le problème du paupérisme était de plus grande ampleur encore. La Constituante, qui avait instauré un Comité de mendicité animé par des représentants du courant philanthropique, entreprenait d'en mesurer l'étendue au moyen d'une vaste enquête statistique, évaluant de 5 à 10 % le nombre des pauvres et indigents. C'est à eux qu'on envisageait de transférer, sous forme de secours à domicile, le produit de la vente des biens des hôpitaux.

La Convention devait passer aux actes par une série de lois en mars et juin 1793, en vendémiaire an II, et surtout par le grand texte du 22 floréal an II définissant les normes de la bienfaisance nationale. Travaux de secours temporaires rémunérés pour les pauvres valides, secours à domicile pour les nonvalides : femmes en couches, filles-mères, vieillards infirmes, enfants de familles nombreuses. La Révolution, dans sa phase de l'an II, avait rêvé d'aller plus loin : les décrets des 8 et 13 ventôse an II, restés célèbres par le rapport de Saint-Just qui proclamait que « les malheureux sont les puissances de la terre, [qu']ils ont le droit de parler en maîtres à ceux qui les négligent », envisageaient de faire profiter les indigents du séquestre des biens des suspects. Des tableaux recensant ces indigents furent commandés aux communes, mais l'incertitude de la formulation des termes selon lesquels ceux-ci devraient être « indemnisés », les réticences ou le mauvais vouloir des autorités locales rendirent cette mesure inapplicable. On a discuté, on discute encore, sur la signification réelle de décrets dont les arrière-pensées politiques restent ambiguës ; ils demeurent l'apogée d'un rêve de politique sociale avancée, dont Saint-Just avait proclamé toute l'audace. « Le bonheur est une idée neuve en Europe », affirmait-il (voir encadré p. 75).

Au terme de cette revue des aspects de l'État révolutionnaire, on apprécie l'ampleur des bouleversements opérés, les uns éphémères, les autres durables. Deux rubriques importantes n'ont pas été prises en compte : l'armée et la religion. Du fait de leur importance dans le déroulement du processus révolutionnaire, elles recevront un traitement spécifique dans la suite de cet ouvrage.

4. L'apprentissage de la politique

Ce n'est pas simplement vue d'en haut, à travers les proclamations, les institutions et les réformes de l'État qu'il convient d'aborder l'histoire politique de la Révolution ; elle a été le lieu d'une mutation en profondeur dans les représentations comme dans les pratiques, d'une véritable découverte de la politique par un grand nombre de Français. Cet apprentissage sur le terrain s'est opéré de différentes façons : par la presse, par les différents « médias » qui contribuent à la formation de l'opinion et, enfin, par la naissance de structures de sociabilité politique nouvelles.

4.1. *La presse et l'opinion*

L'absolutisme monarchique proscrivait toute forme de contestation dans le domaine politique ou religieux. La censure était partie intégrante du système. Contestée, contournée par des réseaux de littérature « sous le manteau » à la fin de l'Ancien Régime, cette censure laissait des espaces de tolérance, et les gazettes étrangères en langue française informaient déjà l'opinion. La prérévolution, surtout à partir de 1788, a vu dans des conditions encore précaires l'éclosion de tout un foisonnement de pamphlets, de libelles et de publications. Le tournant du 14 juillet fut décisif, et plus encore la Déclaration des droits de l'homme en août 1789, qui proclamait le principe de la liberté des opinions et de leurs expressions. Ce principe ne fut jamais remis en cause dans ses fondements et réitéré dans les textes constitutionnels de la période ; mais il connut des restrictions de fait, au fil des événements révolutionnaires.

Une très grande liberté a prévalu, de l'été 1789 au 10 août 1792, laissant le champ libre à une explosion spectaculaire de journaux et de publications patriotes ou royalistes, même si cette liberté inquiète parfois. *L'Ami du peuple*, journal de Marat, sera à plusieurs reprises poursuivi et contraint à la clandestinité. De même, dans la période de réaction qui suit le massacre du Champ-de-Mars (17 juillet 1791), la presse patriote hostile à la royauté fut malmenée. Mais c'est la presse contre-révolutionnaire des « Amis du roi » (du nom d'un de leurs titres), jusqu'alors très vivace, qui subit, après la chute de la royauté, des attaques directes : journaux supprimés, journalistes exécutés. Les girondins qui, avec Roland, ministre de l'Intérieur, avaient porté une particulière attention à ce domaine de la propagande (« bureau de l'esprit public »), entraînèrent dans leur chute, en 1793, une partie de la liberté d'expression. Frappant à droite et à gauche, ils avaient fait interdire les incitations au rétablissement de la royauté comme à la loi agraire : la presse fédéraliste est à son tour proscrite et les mesures relatives au gouvernement révolutionnaire (loi des suspects) entraînent un sévère contrôle de l'opinion. Il n'est cependant pas total en l'an II : cinq journaux se publient à Rouen durant la période ! Et des feuilles comme le *Père Duchesne* de Hébert ou, à l'inverse, *Le Vieux Cordelier* de Camille Desmoulins contestent jusqu'au printemps 1794 la politique du gouvernement de Salut public.

▲ *Thermidor provoque le retour à une liberté proclamée* — sous réserves : l'incitation au rétablissement de la royauté reste proscrite — et surtout une nouvelle multiplication des journaux, particulièrement d'une presse contre-révolutionnaire qui a le vent en poupe et concurrence la presse officielle ou jacobine (*Le Tribun du peuple* de Babeuf). Les hommes du Directoire ont réagi, surtout au lendemain du 18 fructidor, car journaux et journalistes royalistes sont à nouveau persécutés, parfois déportés. Ces mesures, réitérées et alourdies en l'an VI et VII, restreignent la liberté de la presse : mais c'est le tournant du 18 brumaire et le sévère contrôle napoléonien qui portera un coup mortel à cette expérience inédite de dix ans.

En effet, malgré les entraves, le bilan reste spectaculaire : on a dressé la courbe des journaux parisiens, elle culmine avec 335 titres en 1790. La presse provinciale, récemment étudiée, propose pour sa part plus de 400 titres.

▲ *La presse d'opinion a trouvé dans les premières années un champ d'expressions diversifiées.* Certaines feuilles visent à l'impartialité d'une information neutre. Semi-officiel, *Le Moniteur* publie lois et décrets, le *Journal logographique* transcrit le compte rendu des séances des assemblées. Le *Journal de Paris* qui a une tribune libre payante se veut presse d'information. Au début, la presse royaliste bénéficie d'héritages de tradition, avec la *Gazette* et le *Mercure de France*. Mais très vite les Amis du roi se dotent d'organes incisifs, souvent violents : les *Actes des Apôtres* où écrit Rivarol, le *Petit Gauthier, L'Ami du roi* de l'abbé Royou. Ils garderont leur dynamisme et leur pugnacité jusqu'au

10 août. La presse patriote, initialement engagée dans un même combat pour défendre la Révolution, avec le *Courrier de Provence* de Mirabeau, *Le Patriote français* de Brissot ou *Les Annales patriotiques* de Carra, laisse très vite apparaître les césures qui divisent les révolutionnaires. Un courant prononcé se détache, animé par *Les Révolutions de Paris* où écrit Loustalot, *L'Orateur du peuple* de Fréron, ou *Les Révolutions de France et de Brabant* de Camille Desmoulins, et bien sûr *L'Ami du peuple* de Marat.

Les années suivantes, on assiste à l'essor d'une presse populaire qui adopte le style canaille dans le *Père Duchesne* de Hébert, pour se faire le porte-parole du mouvement populaire, tandis que le ministère girondin, à l'initiative de Roland, tente d'infléchir l'opinion avec *La Sentinelle* de Louvet, que l'on placarde aussi sur les murs. En l'an II, si la presse d'opposition du courant indulgent, représentée par *Le Vieux Cordelier* de Camille Desmoulins, est muselée, le *Journal de la Montagne*, organe officiel du gouvernement, est largement diffusé en province et aux armées, qui disposent également de leur presse spécifique. L'après-Thermidor a vu le retour en force de la presse modérée ou crypto-royaliste, en province comme à Paris. Pour la combattre, le gouvernement subventionnait une presse républicaine, de tendance parfois jacobine comme *L'Ami des Lois* de Poultier et le *Journal des hommes libres* de Duval. La poussée babouviste de l'an IV eut ses supports de presse : *Le Tribun du peuple* de Babeuf, *L'Éclair du peuple* de Sylvain Maréchal, le *Journal des hommes* de Lebois.

Dans un camp comme dans l'autre, la presse a ainsi tenu une place essentielle dans un dispositif plus large, où il faudrait évoquer la multiplicité des pamphlets, des feuilles volantes, comme la propagande orale des « apôtres civiques » ou des « missionnaires patriotes » de 1793 et de l'an II.

4.2. *Clubs, sociétés populaires, sections*

La Révolution française a fait naître tout un ensemble de structures de sociabilité proprement politiques. Elles n'étaient pas sans références : c'est à l'Angleterre que l'on empruntera le terme de club, et dans la France des Lumières, si le débat politique était officiellement proscrit, on avait connu dans les élites la vogue des salons et des sociétés de pensée. Les loges maçonniques, diffusées depuis le premier tiers du siècle, couvraient d'un réseau parfois dense le tissu urbain de la France depuis les années 1770, où s'était créé le Grand Orient de France. On s'y abstenait de parler politique, mais elles étaient un support dans la diffusion des Lumières et l'égalité qui y régnait entre les frères en faisait un lieu d'expérimentation de cette « sociabilité démocratique » que l'on a parfois considérée comme l'un des ferments de la désagrégation des valeurs de l'ancienne société. C'est là une lecture abusive, ainsi que le mythe, forgé alors sans fondement, d'un complot maçonnique aux origines de la Révolution et repris par une historiographie conservatrice. Les historiens actuels se penchent plutôt sur les mutations que connaît à la fin de l'Ancien Régime la sociabilité masculine traditionnelle, ainsi dans le cadre des confréries de pénitents du Midi, en voie de sécularisation ou d'évolution profane, en même temps que les élites les abandonnent pour chercher dans les loges un cadre plus approprié. Mais ce ne sont pas, on s'en doute, les pénitents provençaux qui ont fait la Révolution : ils ont offert localement un frayage pour les expériences nouvelles.

▲ *Dès avril 1789, dans le cadre des États généraux, la structure d'abord informelle du Club breton a réuni des députés patriotes soucieux de se concerter.* En octobre 1789, le club s'établit à Paris au couvent des jacobins, qui lui donnera son nom, sous le titre officiel de Société des amis de la Constitution. Il s'ouvre à des adhérents, d'un niveau social encore élevé, il se propose de discuter des sujets politiques dont on traite à l'Assemblée, principalement la Constitution, et de correspondre avec les autres sociétés du royaume. D'autres clubs se sont fondés alors : les modérés comme Sieyès, La Fayette ou Mirabeau se retrouvent dans la Société de 1789, les monarchiens dans le Club dit des « impartiaux », auquel succédera le Club des amis de la Constitution monarchique qui durera jusqu'au 10 août 1792. Plus fermés, à l'anglaise, ces derniers clubs n'auront pas le rayonnement que s'assurent d'entrée les jacobins, structurant leur organisation, déployant dans le pays tout un réseau de correspondances avec leurs filiales. On en comptait dans 300 villes à la fin de 1790, il y en aura 1 100 à la fin de 1791. Cette diffusion ne fut pas sans à-coups : les jacobins ont été divisés et vivement attaqués de l'été à l'automne 1791, frappés de mesures répressives par la droite. La scission des feuillants modérés les a privés alors d'une partie de leurs leaders, mais ils ont réussi à garder le contrôle de la plupart des sociétés affiliées. Reprenant leur ascension, on compte à la fin de 1792 des sociétés dans 1 500 communes et dans 2 000 communes au milieu de 1793. Ils ont alors changé de caractère : si la société parisienne demeure le lieu des grands débats sous la Législation puis la Convention, c'est dans un cadre élargi à une bourgeoisie plus largement taillée. Artisans et détaillants, à côté des professions libérales, trouvent une place importante dans les sociétés de province. Plus populaires dans leur recrutement, les sociétés fraternelles qui se sont fondées à Paris à partir de 1790 à l'exemple de la « Société fraternelle de l'un et l'autre sexe » regardent plus volontiers vers la Société des Amis des droits de l'homme et du citoyen, mieux connue sous le nom de Club des cordeliers, où se rencontrent les leaders avancés, Danton, Marat, Hébert ou Desmoulins. Ce sont les cordeliers qui ont été les instigateurs de la pétition du Champ-de-Mars en juillet 1791, à laquelle les jacobins se sont associés.

▲ *Alors même que reprend, au printemps 1792, l'ascension du jacobinisme* qui se manifeste par l'hégémonie de grands clubs de province (Marseille), d'autres structures s'offrent à un mouvement populaire dont la base s'élargit dans le cadre de la sans-culotterie. Les sections ne sont pas à proprement parler des instances de sociabilité politique. Initialement, ce sont les subdivisions urbaines — 48 à Paris, 23 à Marseille... — établies en 1790 pour servir de cadre aux assemblées électorales, ce qu'elles furent jusqu'en 1792, réunissant les citoyens actifs à ces occasions. La crise qui accompagne la déclaration de guerre voit leur fréquentation s'accroître par entrée des citoyens passifs, à un rythme qui devient quotidien à l'été 1792 et jusqu'en 1793, avec des périodes de très forte mobilisation, notamment au cours de cette année. La permanence des sections modifie le caractère de leurs assemblées. Elles deviennent le lieu de discussion de la sans-culotterie militante et d'exercice d'une démocratie directe sourcilleuse. À Paris, elles ont joué un rôle essentiel tant dans la crise du 10 août 1792 que lors de la chute des girondins. Leurs liens sont initialement étroits avec les sociétés populaires : ils le resteront à Paris ; mais en province, au printemps 1793, le mouvement sectionnaire s'autonomise et se dresse contre l'hégémonie des grands clubs jacobins, dans le cadre de ce qui devient la crise fédéraliste. À Lyon comme à Marseille, le mouvement sectionnaire a connu une dérive progressive, où les éléments populaires se sont trouvés encadrés à nouveau par des contre-révolutionnaires, aristocrates ou bourgeois, qui ont fait du mouvement l'instrument de la révolte contre le centralisme parisien, jusqu'à la répression du mouvement.

À Paris, la même inspiration initiale à la démocratie directe, étayée par le mouvement cordelier et hébertiste, devait conduire à un conflit de plus en plus vif avec le gouvernement révolutionnaire. Les sections en armes ont imposé leurs vues à la Convention les 4 et 5 septembre 1793, mais cette victoire a été de courte durée. La domestication des sections, la suppression de leur permanence, un temps détournée par la mise en place de sociétés sectionnaires, marquent, de l'hiver au printemps 1794, la rentrée dans le rang de la sans-culotterie. L'échec du mouvement de ventôse an II et la répression de l'hébertisme en sont l'étape ultime. Se défiant de la spontanéité du mouvement populaire, c'est sur l'organisation de plus en plus stricte du mouvement jacobin que s'est appuyé, au cours de l'an II, le gouvernement révolutionnaire.

▲ *Après la crise qui correspond au mouvement fédéraliste du printemps à l'été 1793, les jacobins avaient conforté leur position* en contribuant à la chute des girondins. Constitués en véritable hiérarchie parallèle, ils sont partie intégrante du système du gouvernement révolutionnaire, stimulant l'activité des autorités sur le terrain, conseillant les représentants en mission. La démocratisation du recrutement s'est poursuivie, ouverture contrôlée par la stricte discipline du scrutin épuratoire. À cette séquence correspond l'explosion numérique des sociétés populaires qui se conforment à ce modèle, sans être toutes affiliées au club parisien. On en dénombre 5 500 au printemps de l'an II, soit dans plus de 13 % des communes. C'est à cette étape que l'on peut en dresser la carte définitive : elles sont établies dans presque tous les bourgs et villages du Sud-Est, et particulièrement en Provence, avec des pourcentages qui vont de 56 % dans les Basses-Alpes à 93 % dans le Vaucluse. D'autres régions leur sont accueillantes : le Sud-Ouest, la région parisienne, la Normandie, avec des chiffres de 15 à 30 %. Ailleurs, leur semis est beaucoup moins dense, voire faible dans l'Ouest ou le Nord-Est. (Voir carte p. 81.)

Les sociétés populaires en l'an II

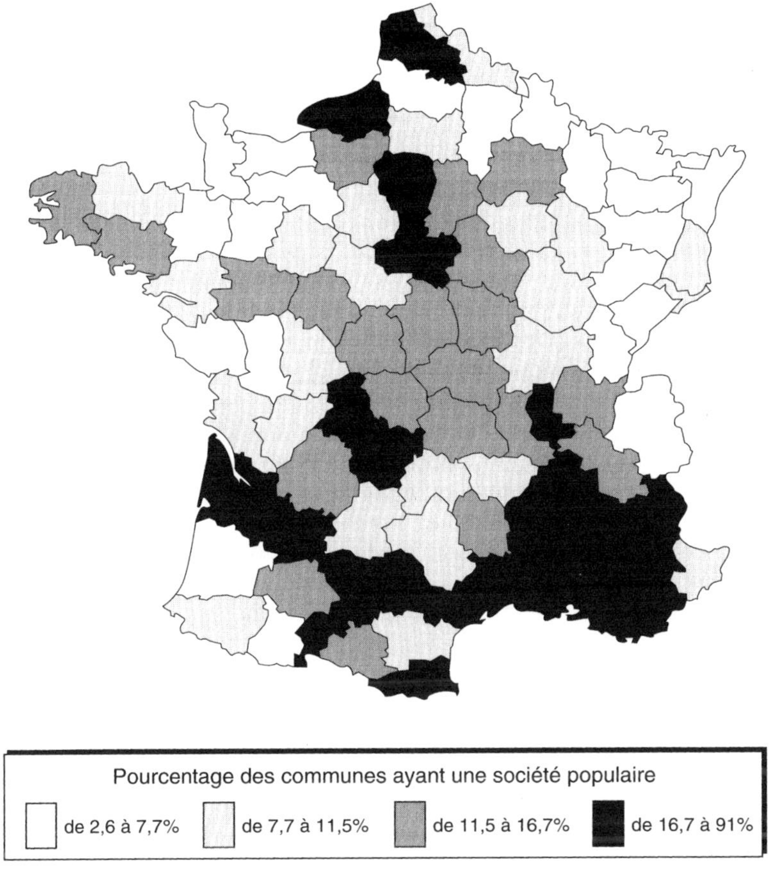

À Paris subsistent des sociétés fraternelles, des sociétés féminines (le Club des citoyennes républicaines révolutionnaires) et les sociétés sectionnaires, jusqu'à leur suppression en l'an II lors de la reprise en main du mouvement populaire. Ces sociétés parisiennes associaient en l'an II une minorité conséquente de bourgeois (10 %) et de commerçants (16 %) à un fort noyau d'artisans indépendants (41 %) et de salariés (12 %), les domestiques (8 %) y restant minoritaires.

▲ *Pièces essentielles du système de l'an II, quoique strictement contrôlées à partir du printemps, les sociétés populaires ont été directement visées par la réaction thermidorienne :* la Convention a prononcé le 22 brumaire an III la fermeture du Club des jacobins et, le 6 fructidor de la même année, décrété que « toute assemblée connue sous le nom de club ou de société populaire est dissoute ».

Dans le contexte de l'an II, il est légitime d'associer à l'action des sociétés populaires celle des comités de surveillance, bien que ceux-ci ne soient pas à proprement parler des structures de sociabilité politique. Mais si l'on se reporte à leurs origines, à l'hiver 1792-1793, ce sont bien des créations semi-spontanées, issues des sections à Paris, de sociétés ou d'administrations en province, qui ont été mises en place pour répondre aux urgences du péril intérieur ou extérieur sous les deux dénominations de « comités de surveillance » ou de « comités révolutionnaires ». Ils ont été institutionnalisés par une loi du 21 mars 1793, sous la forme de comités de douze membres par commune pour la surveillance des étrangers. En septembre de la même année, ils reçoivent la mission de dresser la liste des suspects et d'en suivre les activités, attributions qui seront encore élargies par le décret du 14 frimaire an II organisant le gouvernement révolutionnaire. Un nouveau réseau se met en place en parallèle de celui des sociétés populaires, avec de redoutables responsabilités. Il est très inégalement implanté, au gré des circonstances qui lui ont donné naissance : tantôt concentrés au district, tantôt densément établis dans les villages, les membres des comités de surveillance présentent une sociologie voisine de celle des sociétés populaires, avec lesquelles ils ont souvent collaboré, mais parfois aussi rivalisé de façon conflictuelle. À eux la tâche ingrate de la chasse aux suspects qui leur a laissé une réputation détestable ! Les études actuelles suggèrent qu'elle fut souvent imméritée, la répression ayant été atténuée par bien des compromis de terrain.

▲ *De Thermidor au Directoire*, le terme de jacobin désigne désormais, avec une nuance d'exécration prononcée chez les réacteurs, ceux que l'on suspecte de regretter le régime de la Terreur ou même les républicains prononcés, tels qu'ils tenteront de se regrouper au cours de ces années. Les « néo-jacobins » ont tenté de reconstituer des structures de rassemblement, sociétés populaires plus ou moins clandestines en l'an IV, en Côte-d'Or, à Angers ou Toulouse. Ils se sont retrouvés à Paris dans le cadre du club du Panthéon, qui a réuni avec un succès momentané mais réel les anciens montagnards et les amis de Babeuf. La répression de la conspiration babouviste devait interrompre cette première tentative ; mais au lendemain du coup d'État du 18 fructidor an V, les autorités furent plus complaisantes à la constitution des cercles constitutionnels qui, de l'an VI à brumaire, eurent une réelle diffusion à travers la France, dans les villes et dans certaines régions accueillantes, Nord, Bourgogne et Midi toulousain. Dans la Sarthe, un réseau de sociétés ambulantes se constitua d'une ville à l'autre. Mais il manquait aux néo-jacobins la base de masse qui avait fait la force du jacobinisme.

De leur côté, les royalistes ont tenté de profiter des moments qui leur étaient favorables pour mettre sur pied une organisation à l'échelle du pays. En l'an V elle avait ses structures clandestines et conspiratrices, mais aussi sa façade légale : à Paris le club de Clichy, en province des Instituts philanthropiques dans 70 départements. Ce réseau ne résista pas à la répression qui suivit le 18 fructidor an V.

4.3. *Le test électoral. Tempéraments politiques*

Sociétés populaires, assemblées sectionnaires, voire comités de surveillance sont les minorités agissantes et motivées qui ont, jusqu'à présent, été prises en compte. L'estimation de la participation des Français à la politique pendant la Révolution s'avère difficile, car il est bien délicat d'appliquer les mesures contemporaines de la sociologie politique à une période où les systèmes électoraux varient, où l'apprentissage du vote se fait malaisément, où les sources mêmes sont défaillantes. Une idée reçue prévaut : celle de la faible participation aux scrutins pendant la période, témoignage d'une indifférence majoritaire, puis d'une hostilité prononcée. Elle est actuellement profondément remise en cause par les études de chercheurs français et américains qui ont réouvert le dossier.

La France a connu — outre les élections aux États généraux — trois systèmes électoraux successifs durant la période : ceux de la monarchie constitutionnelle, à base censitaire, on l'a vu, jusqu'en 1792, puis le suffrage universel en 1793-1794, enfin le retour sous le Directoire à un scrutin excluant les non-imposés et réservant l'éligibilité à une étroite élite.

Dans le cadre de chacun d'eux, quelle a été la mobilisation des électeurs appelés à voter ? Durant la Constituante, les citoyens ont été à plusieurs reprises consultés, trop souvent peut-être pour des électeurs devant assimiler les nouvelles règles, très complexes, du scrutin défini à l'échelle nationale — longueur des opérations étalées le plus souvent sur plusieurs jours —, dissuasives pour les moins aisés. Mais il fallait pourvoir à la mise en place, puis au renouvellement des nouvelles autorités, de la commune au département. Il n'en est que plus remarquable de constater un empressement réel : sur une trentaine de départements étudiés plus des deux tiers offrent en 1790 des taux de participation supérieurs à 50 % et parfois à 60 %. Le niveau d'éducation n'a pas d'incidence : le Midi « analphabète » vote autant et plus que la France du Nord, les campagnes se mobilisent plus que les villes. C'est à Paris et dans les cités importantes que les taux sont les plus faibles. Parmi les hypothèses avancées, les héritages d'une vie politique locale déjà active avant la Révolution et les traditions communalistes (par exemple dans le Midi) sont à retenir. Mais on enregistre une chute très sensible en 1791 aux élections à la Législative, premier scrutin national. Les pourcentages oscillent de 10 %, parfois moins, à un niveau voisin d'un tiers des électeurs. Cette tendance à la baisse s'accentue encore en août 1792 dans les assemblées primaires pour les élections à la Convention (de 4 à 27 %) dans les départements étudiés. Plusieurs explications s'imposent, dont l'impact, très net en 1791, du schisme religieux et du trouble qu'il a apporté et une politisation croissante et parfois mal vécue des enjeux locaux. Mais on remarque aussi, ce qui sera une constante, que les scrutins nationaux mobilisent sensiblement moins les électeurs que ceux dans lesquels leurs intérêts sont directement impliqués. Ce constat souffre cependant des exceptions : à l'occasion du plébiscite pour l'acceptation de la Constitution de l'an I, en juillet 1793, on assiste à une sensible remontée, parfois au-dessus de 50 %, alors même que le suffrage universel a élargi la masse des citoyens appelés à voter. Les Français commençaient-ils à s'apprivoiser au vote ? La suspension des opérations électorales en l'an II, et surtout le nouveau système restrictif établi par le Directoire, en même temps que les multiples manipulations auxquelles il a donné lieu, n'étaient pas faits pour encourager. La Constitution de l'an III ne fut votée que par 14 à 17 % des électeurs ; les scrutins nationaux pour la formation et le renouvellement des conseils sous le Directoire ont oscillé entre un petit tiers au maximum et 10 % en 1799. Bonaparte, dans les plébiscites par lesquels il fera sanctionner l'établissement de son pouvoir entre 1799 et 1804, obtiendra plus, jusqu'à 50 % en 1802, mais il y mettra les moyens, alourdissant encore la pression gouvernementale.

Le bilan que l'on peut dresser de la participation à la vie politique telle que la reflète le test électoral ne peut être que nuancé : pour un historien, Eugen Weber, qui estime que l'entrée des paysans en politique ne se fera pas avant la IIIe République, après 1871, il en est beaucoup qui pensent que le tournant décisif se place en 1848. Les résultats collectés aujourd'hui pour la période de la Révolution française incitent à remonter plus haut. Apprentissage incomplet, sélectif, laissant de côté une partie des masses paysannes mais aussi urbaines, mais aussi formation d'une classe politique et éveil à de nouvelles pratiques de groupes plus larges qu'on ne l'a souvent dit, telles sont les observations que l'on peut faire.

▲ *Peut-on tenter d'esquisser une carte à l'échelle nationale de l'engagement en politique des différentes régions ?* Les incertitudes et les lacunes des données électorales ne le permettent guère, mais il est permis de ruser avec le silence des sources. Au cœur du moment révolutionnaire, le décompte des correspondances et adresses reçues en l'an II à la Convention — 15 000 — offre une vue en instantané de la France qui prend la parole, en contrepoint de la France du silence. Tel critère met en valeur l'intensité de la participation dans le Bassin parisien et des plaines autour de Paris à la Normandie ou à la frontière du Nord. Mais se dessine aussi un axe Nord-Sud qui, de la Bourgogne au Lyonnais, plonge vers la vallée du Rhône, jusqu'au littoral méditerranéen. Une autre ligne s'esquisse dans le Sud-Ouest, de Bordeaux à Toulouse. En contrepoint se découvre le silence de l'Ouest, du centre de la France et de la majeure partie du Massif central, celui du Nord-Est et d'aires montagneuses comme les Pyrénées et la zone intra-alpine. (Voir carte p. 85.)

▲ *Les tempéraments politiques*, tels qu'on peut tenter de les détecter sous la Révolution à partir des résultats électoraux, analysés non plus par le simple critère du taux de participation mais des tendances qu'ils révèlent, demeurent plus difficiles à interpréter, surtout au début de la période, témoignant de la lenteur de la mise en place d'options tranchées. Certes, la France montagnarde n'est point celle de la Gironde, qui trouve sur le littoral, de Caen à Bordeaux en passant par Nantes, ou à Marseille ses points forts. Mais il faut attendre les scrutins électoraux du Directoire, en l'an V, VI et VII, pour voir se dessiner par retouches successives l'esquisse d'une France jacobine, dans le Centre, du Nivernais au Limousin, puis dans une partie du Sud-Ouest. À ces aires qui resteront celles du jacobinisme rural au XIXe et encore au XXe siècle, on ne saurait opposer le reste de la France comme massivement « à droite » : France de l'ordre, plutôt, que celle du Bassin parisien et du Nord-Est, mais aussi France en état de Contre-Révolution dans l'Ouest ou dans le sud du Massif central. C'est cette France du refus qu'il convient dès lors de prospecter.

La France qui parle et la France du silence

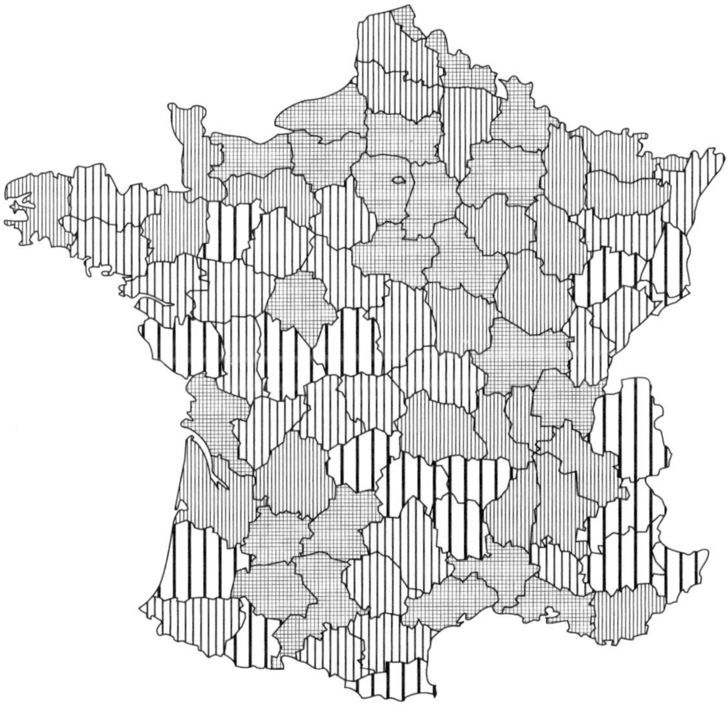

Le flux global des adresses à la Convention nationale (an II vendémiaire - fructidor) : classement par rang des départements en 4 groupes égaux hiérarchisés (du sombre au clair) suivant le nombre d'adresses envoyées.

Chapitre 3

Sur deux fronts : Révolution reçue, Révolution refusée en France et dans le monde

SOMMAIRE

1. La Contre-Révolution

La Contre-Révolution naît avec la Révolution : elle est déjà en germe dans l'attitude des privilégiés lors des épisodes d'opposition aristocratique aux ultimes tentatives de réforme monarchique ; elle se précise lors des États généraux. La prise de la Bastille provoque déjà la fuite hors de France des princes (Condé, Artois) et des nobles les plus hostiles, déterminant la première vague de ce qui sera l'émigration.

▲ *Le terme de Contre-Révolution recouvre plusieurs réalités*, qui ne se recoupent qu'imparfaitement. Une idéologie contre-révolutionnaire s'élabore très tôt pour dénoncer le nouveau cours des choses et proposer une interprétation des événements ; mais la Contre-Révolution est avant tout action. Chez les nobles et chez les roturiers qui rallient leurs positions, elle déborde du cadre des luttes parlementaires — sous la Constituante puis le Directoire — et des débats d'opinion dans la presse, pour s'investir dans une activité conspiratrice qui couvrira toute la période. Elle prend aussi la forme de tentatives d'action militaire dans les armées des princes, recrutés hors de France chez les émigrés. Mais la Contre-Révolution a trouvé aussi une base populaire dans des milieux et des régions qui se sont ralliés à elles, très tôt, en 1790 dans certains sites du Midi, puis dans l'Ouest à partir de 1791 et 1792. Le soulèvement de la Vendée, en mars 1793, ouvrira un front de guerre civile qui trouve ses prolongements dans la majeure partie de l'Ouest sous la forme de la chouannerie, récurrente jusqu'à la fin de la période.

Une autre Contre-Révolution se dessine ainsi, majoritairement paysanne à l'Ouest, touchant également les milieux urbains dans le Midi. Elle a ses caractères propres, même si les liens sont évidents avec la Contre-Révolution aristocratique. On a avancé récemment le terme d'« antirévolution » pour désigner l'ensemble des attitudes rétives ou réfractaires qui caractérisent les mouvements populaires hostiles au nouveau régime ou à certains de ses aspects (politiques, sociaux, religieux) sans déboucher sur une révolte ouverte. L'expression a au moins le mérite de permettre de distinguer les différentes formes d'hostilité à la Révolution.

▲ *La dénonciation de la Révolution s'est exprimée dès les premiers mois.* À la Constituante elle a nourri les invectives des porte-parole du parti monarchiste (l'abbé Maury, Cazalès), alors que les monarchiens, dont Mounier est le plus représentatif, défendaient une monarchie réformée mais forte, dans le cadre d'un système à l'anglaise de Chambre haute et de Chambre basse. L'échec des monarchiens à faire prévaloir leurs idées laisse dans ce camp le champ libre aux partisans du rétablissement d'une monarchie à l'ancienne, comme le comte d'Antraigues. Un discours s'élabore chez des publicistes tels que Rivarol ou le groupe des journalistes Amis du roi. Sénac de Meilhan, ou le comte Ferrand s'interrogent sur les causes de la Révolution, critiques envers l'Ancien Régime, mais hostiles à la bourgeoisie des Lumières et au principe même d'une rupture dans la continuité historique. Sur ce thème, c'est d'Angleterre que vient la dénonciation la plus argumentée, avec les *Réflexions sur la Révolution de France* de Burke, qui deviendront la bible de la pensée contre-révolutionnaire. La réflexion plus courte, mais promise à un bel avenir, de l'abbé Barruel donne naissance au mythe du complot maçonnique contre la religion et la monarchie, d'où viendrait tout le mal. Cette pensée contre-révolutionnaire a évolué au fil des ans : la mort du roi, en 1793, conforte l'idée d'une épreuve collective, d'un acte de la providence divine. Sous le Directoire, l'opposition royaliste se partagera entre un courant légaliste jusqu'en l'an V, rêvant de la restauration d'une monarchie adaptée aux conditions nouvelles et la vision théocratique des grands penseurs — le Savoyard Joseph de Maistre ou Louis de Bonald — qui prônent le retour aux hiérarchies anciennes : Dieu, le roi, le père de famille, garants d'un ordre providentiel. C'est cette lecture qui nourrira l'idéologie de la Restauration et du légitimisme à partir de 1815. Elle a reçu après la mort du dauphin (Louis XVII), en 1795, la caution du prétendant au trône de France, le comte de Provence, frère du roi, qui s'est proclamé Louis XVIII et qui, de ses lieux d'exil, affirme dans ses proclamations la volonté d'une restauration de l'Ancien Régime, purgé de ses abus, mais exige aussi la punition des coupables.

▲ *Dans le domaine de l'action, la Contre-Révolution s'engage d'entrée dans les voies d'une activité conspiratrice :* l'idée populaire du « complot aristocratique » n'est pas seulement un mythe. À Paris, le marquis de Favras a projeté d'enlever le roi pour le soustraire aux révolutionnaires ; il est pendu le 19 février 1790. Par la suite, on l'a vu, les entreprises de ce genre se multiplieront, complot vrai ou mythique des « chevaliers du poignard » en 1790, préparation de la fuite du roi en 1791, puis, à partir d'août 1792 et jusqu'à la mort du roi et de la reine, tentatives pour faire évader la famille royale. En province, mais aussi hors de France, d'autres projets se sont mis en place : le comité de Turin, ville où s'était installé le comte d'Artois, a organisé dès 1790 grâce à ses émissaires le réseau de la conspiration du Sud-Est de Lyon, et de Grenoble à Toulouse, en passant par la Provence. Il fut démantelé et les tentatives ponctuelles (à Lyon ou, dans le Vivarais, les camps de Jalès) furent des échecs. Dans l'Ouest, en 1791, la conspiration de La Rouerie, du nom de son instigateur, fut également éventée. L'échec n'est cependant pas complet, même s'il témoigne de l'incapacité de ces acteurs à rallier alors une base de masse : c'est la crise religieuse née du schisme constitutionnel qui en fournissant à la Contre-Révolution « la piétaille qui lui manquait » (F. Furet) change les conditions du jeu. En 1793, dans le sud-est du Massif central, la conspiration du notaire Charrier sera encore un échec : mais déjà le soulèvement de l'Ouest place au premier plan la Contre-Révolution populaire.

L'activité conspiratrice est soutenue et fomentée de l'extérieur, par les princes émigrés. Du comité de Turin, l'épicentre de ces initiatives s'est déplacé à Coblence, sur la rive gauche du Rhin. C'est là que se font les rassemblements d'émigrés, sous la direction du prince de Condé qui a tenté de constituer une armée — cadres sans trop de troupes — dans la perspective d'une reconquête du royaume. Futile — au risque d'alimenter les réticences, voire l'hostilité de ceux qui les accueillent —, puis plus tard misérable, quand la diaspora provoquée par la conquête française les amènera à se disperser, la vie de ces émigrés constitue l'une des rubriques de cette histoire de la Contre-Révolution hors de France. Leur action militaire tourna court : ils n'ont participé que marginalement — tolérés avec quelque mépris — à la campagne de Valmy en 1792 et ils se disperseront ensuite dans les armées de la coalition. Leur ultime retour, en 1795, lors de la tentative de Quiberon, tournera au désastre. Mais l'émigration ne se limite pas à cet aspect. Touchant initialement un petit nombre de privilégiés — le monde de la cour et un flux encore modeste de nobles de province —, elle s'est gonflée en plusieurs séquences : prêtres réfractaires, à partir de 1791 et surtout de 1792, à la suite des mesures de déportation, cadres militaires après Varennes, puis à l'entrée en guerre. La crise fédéraliste a adjoint à ces éléments initiaux un apport localement notable (ainsi dans les départements du Midi) d'émigration bourgeoise des villes touchées par la répression. À cela s'adjoint, au gré des opérations militaires, une émigration populaire de paysans et de petites gens sur les frontières : du pays de Nice à la frontière du Nord ou à l'Alsace, qui fournit le plus gros contingent.

La carte qui matérialise ces flux migratoires met en évidence des régions périphériques rebelles : le littoral, de la Manche à l'Atlantique, la frontière du Nord et du Nord-Est, la Provence. Le bilan global, qui rassemble les différentes stratifications, permet de dénombrer à peu près 100 000 émigrés, soit de 0,4 à 0,5 % de la population française, et l'on ne doit pas s'étonner que l'ex-tiers état y contribue pour 68 %, le clergé 25 % et la noblesse pour 17 %. En termes de ponction relative sur les effectifs de la catégorie, ce sont bien les privilégiés qui sont le plus directement touchés.

▲ *La vie des émigrés fut pénible :* partis pour peu de temps, pensaient-ils, ils eurent à affronter bien souvent la misère, surtout ceux, nobles ou prêtres, qui ne disposaient pas de ressources. On les accueillait avec une sympathie inégale que l'arrogance des premiers arrivés ne facilitait pas ; puis, au fil des événements, ils ont dû chercher refuge plus loin. De la Rhénanie ou du comté de Nice où ils s'étaient d'abord fixés, la conquête française les a contraints à se disperser en Angleterre, dans l'Empire, en Espagne ou dans la Péninsule italienne, et parfois plus loin jusqu'en Russie ou aux États-Unis. Paradoxalement, les prêtres furent plutôt mieux accueillis dans l'Angleterre anglicane que dans les États du pape ou l'Espagne défiants de tout ce qui venait de France. La France révolutionnaire, à partir de 1792, a promulgué à l'égard des émigrés, puis de leur famille, toute une législation répressive, qui culmine en 1793-1794. L'émigré rentré est passible de la mort dans les vingt-quatre heures ; ses biens sont saisis et font l'objet de la vente des biens nationaux de deuxième origine ; sa famille est frappée par la loi des suspects. L'après-Thermidor, qui s'accompagne dans le cadre de la réaction de l'an III d'un retour massif des proscrits, n'entraîne pas une remise en cause du cadre législatif terroriste : aux moments de tolérance, où les autorités ferment les yeux, succèdent des phases de sévérité accrue, principalement au lendemain du coup d'État du 18 fructidor an V, mais encore en l'an VI et VII. C'est le Consulat qui, par ses mesures d'amnistie, provoquera le retour de la majorité des émigrés non rentrés ou régularisera la situation des autres.

La Contre-Révolution populaire confronte à un autre ordre de problèmes. Du comment au pourquoi, on s'interroge sur son extension et ses formes d'action, mais aussi sur les raisons qui ont fait basculer dans le camp adverse des groupes sociaux ou des aires géographiques, devenus massivement hostiles à la Révolution.

▲ *En résumant les étapes, c'est dans le Midi qu'apparaissent très tôt des foyers contre-révolutionnaires :* au printemps 1790, les troubles de Montauban ou la sanglante « bagarre de Nîmes » (avril-juin) révèlent des foyers de tension vive où se conjuguent conflits politiques, affrontements sociaux et religieux : plèbe catholique encadrée par les aristocrates contre bourgeoisie patriote protestante. Mais la fracture confessionnelle dans ces foyers de présence réformée n'explique pas tout. L'affrontement est vif dans ces zones fortement urbanisées des cités qui constituent autant de points chauds d'une lutte de classes exacerbée, souvent organisée autour de clientèles, associant notables et petit peuple dans des camps rivaux. Marseille, Arles, Aix ou Toulon connaissent de tels affrontements ; les rivalités campanilistes jouent : ainsi dans le comtat Venaissin, Avignon, pro-français, s'oppose-t-il à Carpentras, capitale traditionnelle restée papaline.

Dans ces aires fortement travaillées par les réseaux royalistes, la Contre-Révolution dispose ainsi de fortes bases dans les villes, mais aussi dans le réseau des bourgs urbanisés, déchirés par les luttes de partis. Elle n'est pas exclusivement urbaine : les rassemblements de gardes nationales contre-révolutionnaires des camps de Jalès (sud de l'Ardèche) en 1790, 1791 et encore en 1793, témoignent d'une emprise sur toute une aire réfractaire qui se dessine nettement, couvrant le revers sud du Massif central, du Vivarais au Languedoc, apte à s'étendre à l'est sur la Provence, à l'ouest sur le sud du plateau central. Ce foyer précoce constitue l'épicentre de troubles récurrents durant toute la période, s'élargissant à une bonne partie du Midi lors des poussées de troubles : en 1793, pendant la crise fédéraliste, en l'an III alors que la Terreur blanche y trouve un terrain d'élection. Mais durant toute la période directoriale, avec des paroxysmes (an V), la vallée du Rhône de Lyon à Marseille reste un des foyers contre-révolutionnaires : c'est là qu'ont opéré les égorgeurs royalistes des compagnies de Jéhu (autour de Lyon) ou des compagnies du Soleil (en Provence).

▲ *Reste que le Midi ne fut qu'exceptionnellement foyer de guerre civile ouverte et durable :* c'est l'originalité de la France de l'Ouest que d'avoir été le lieu d'une contre-révolution différente, essentiellement paysanne, englobant de vastes aires dans une guerre civile en Vendée et dans la guérilla de la chouannerie une quinzaine de départements.

La levée de 300 000 hommes pour la défense de la République en mars 1793 a provoqué l'insurrection générale de l'Ouest, touchant neuf départements — Bretagne, marges armoricaines et Vendée entre le 9 et la fin du mois. Elle est d'entrée violente — à Machecoul dans la Loire inférieure quelque cinq cents municipaux et gardes nationaux sont massacrés par les paysans. Au nord de la Loire, la répression est rapide et la révolte écrasée dès la fin du mois. Mais au Sud, les rassemblements paysans se gonflent ; Cholet tombe le 14 aux mains des insurgés ; le 23 les troupes républicaines sont mises en déroute à Pont-Charrault. Le mouvement s'organise. Une armée catholique et royale se forme ; elle se donne pour chefs des nobles comme Charette ; peu enthousiastes initialement, ils constituent désormais les cadres de l'insurrection, même si un voiturier, Cathelineau, porte le titre de « généralissime ». À l'échelon inférieur, les capitaines de paroisse dirigent les troupes paysannes. Un territoire est conquis dès la fin mai, déterminant les limites de ce que l'on dénomme la « Vendée militaire » : d'Est en Ouest, de la côte à la rivière du Thouet du nord au sud de la Loire et jusqu'à la Sèvre Niortaise (voir carte, p. 91). En juin, l'armée catholique et royale a pris Saumur, puis Angers, y trouvant des armes en abondance ; elle s'est portée sur Nantes qui lui résiste à la fin du mois, limitant son extension au Nord, comme la résistance des Sables-d'Olonne la bloque au Sud. Mais elle reste solidement implantée dans son périmètre, résistant aux attaques des « Bleus », du moins jusqu'à la mi-octobre, quand une attaque convergente contre Cholet permet aux républicains de reprendre la ville. Battant retraite, les insurgés se portent vers le Nord dans l'espoir de soulever à nouveau la Bretagne et, en s'emparant d'un port, de recevoir le secours des Anglais. (Voir encadré, p. 93.) Ce que l'on a appelé la « virée de Galerne » rassemble quelque

Fronts de lutte, 1792-1794

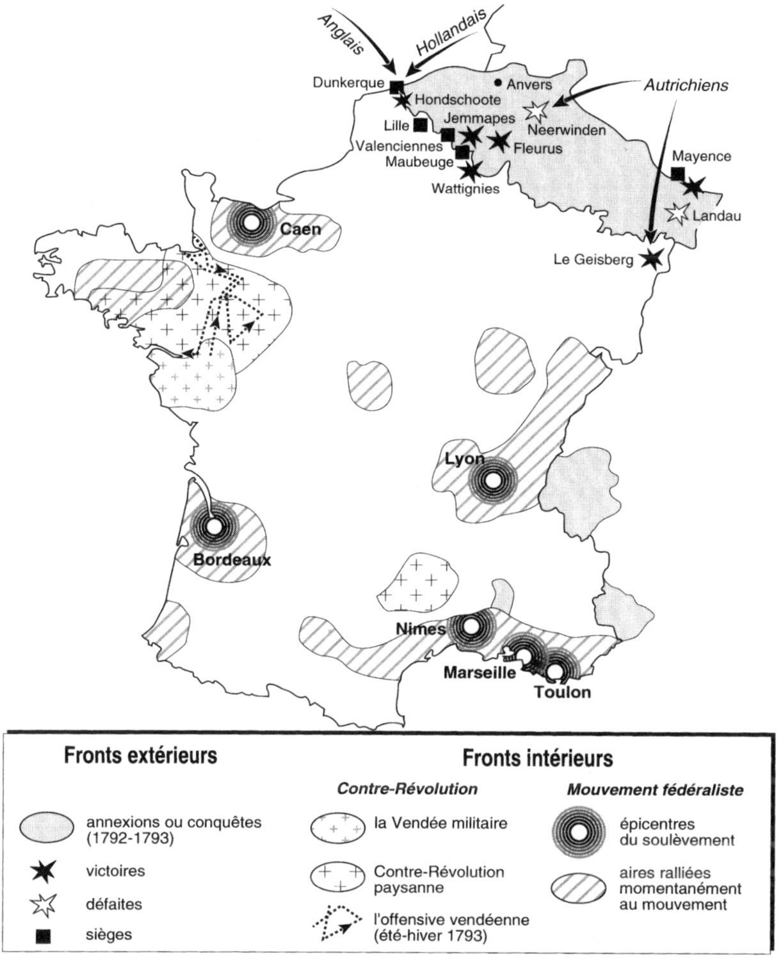

70 000 paysans, dont 40 000 combattants peut-être : troupe peu organisée, avec femmes et enfants. On prend Laval et Fougères ; des renforts viennent de Bretagne et du Maine. Mais les Vendéens échouent devant Granville fortement défendue. Refluant vers le Sud, ils ne peuvent traverser la Loire tenue par les républicains : ils se portent vers l'Est, jusqu'au Mans, où les troupes républicaines, sous la conduite de Marceau, les massacrent. Le restant de l'armée catholique et royale est anéanti à Savenay le 23 décembre 1793.

Dégarnie, la Vendée a été réoccupée entre-temps. Sur l'initiative de Turreau, commandant de l'armée de l'Ouest, un système de répression féroce est confié aux « colonnes infernales » qui pratiquent la politique de la terre brûlée.

L'insurrection reprend : elle durera jusqu'au printemps 1793. Simultanément, les troubles renaissent au nord de la Loire, à l'initiative des bandes locales, renforcées des débris de l'armée royale, mais ils changent partiellement de caractère. C'est alors que l'on peut parler de chouannerie au sens strict du terme dans tous les départements de l'Ouest. À la différence de la Vendée, il n'y a pas ici d'opérations de guerre, mais une guérilla sous forme de coups de main, souvent de nuit, contre les patriotes et les soldats isolés, contre les diligences aussi. Elle a connu plusieurs phases : une active jusqu'au printemps 1795, à l'initiative des chefs locaux auxquels le comte de Puisaye s'efforce d'imposer son autorité. Hoche, qui a pris le commandement de l'armée de l'Ouest et substitué à la répression sanglante une politique de négociations, réussit à imposer la pacification de la Jaunaye au printemps 1795. Le débarquement des émigrés à Quiberon (juin 1795), s'il échoue, n'en relance pas moins la guérilla, réduite par Hoche, qui vient à bout des derniers chefs vendéens (Charette et Stofflet) et achève une reconquête précaire. En 1797, le lendemain du 18 fructidor an V, la chouannerie se réveille dans tout l'Ouest, couvrant une aire plus étendue que jamais.

▲ *La dernière phase de la Contre-Révolution, en 1799*, est en un sens la plus spectaculaire, puisqu'elle implique à la fois action conspiratrice et appel à la mobilisation des masses et touche simultanément l'Ouest et le Midi. À vrai dire, elle se produit sur un terrain préparé : à cette date, on peut dire que des formes de chouannerie diffuse sévissent dans de nombreuses régions, alimentées par les troupes de déserteurs et d'insoumis et par les prêtres réfractaires, peu distinctes parfois du brigandage de droit commun. De même, les conspirations avaient repris toute leur activité entre 1796 et 1797, fomentées par des réseaux dont celui du comte d'Antraigues est le mieux connu, soutenues par le gouvernement britannique. L'arrestation du général Pichegru, l'un des espoirs des conjurés en 1797, n'y avait pas mis fin. Les défaites des armées de la République devant celles de la seconde coalition ont donné l'espoir aux royalistes et au gouvernement anglais de susciter une insurrection en plusieurs endroits : en Bretagne, mais aussi dans le Midi, à Bordeaux et Toulouse. Elle devait éclater en août. C'est dans le Toulousain qu'elle prit le plus d'ampleur ; la cité fut assiégée par des bandes de paysans, réfractaires et déserteurs, mais cette citadelle du jacobinisme méridional résista et les insurgés furent défaits à Montrejeau le 29 août. Dans l'Ouest, les chefs chouans, Cadoudal, Frotté, Bourmont, ne réussirent à mobiliser qu'en septembre, alors même qu'aux frontières le péril extérieur était conjuré. Quelques villes — Nantes, Le Mans, Saint-Brieuc — furent occupées momentanément, mais l'ordre très vite rétabli.

▲ *La Contre-Révolution avait échoué avant même que Bonaparte ne revienne mettre de l'ordre*. C'est ici qu'il convient de s'interroger sur ses racines, les raisons de ses succès et de sa défaite, le bilan qu'on peut en tirer.

On a vu à l'évidence qu'il y avait eu plusieurs modèles de Contre-Révolution — dans l'Ouest et dans le Midi pour le moins. La révolte paysanne de l'Ouest est celle qui a suscité le plus d'interrogations. Une production

La guerre civile en Vendée

Le général Turreau, qui sera le promoteur des « colonnes infernales » pour réprimer la Vendée, expose les conditions spécifiques de cette guerre civile.

« ... Les Brigands, favorisés par tous les accidents de la nature, ont une tactique particulière et qu'ils savent appliquer parfaitement à leur position et aux circonstances locales. Assurés de la supériorité que leur donne leur manière d'attaquer, ils ne se laissent jamais prévenir : ils ne se battent que quand ils veulent et où ils veulent. Leur adresse dans l'usage des armes à feu est telle qu'aucun peuple connu, si guerrier, si manœuvrier qu'il soit, ne tire un aussi grand parti du fusil que le chasseur du Loroux et le braconnier du Bocage. Leur attaque est une irruption terrible, subite, presque toujours imprévue, parce qu'il est très difficile dans la Vendée de bien reconnaître, de se bien éclairer et par conséquent de se garantir d'une surprise. Ils donnent à leur ordre de bataille la forme d'un croissant, et leurs ailes ainsi dirigées en flèches, sont composées de leurs meilleurs tirailleurs, de soldats qui ne tirent pas un coup de fusil sans l'ajuster, et qui ne manquent guère un but donné à la portée ordinaire. Vous êtes écrasé, avant d'avoir eu le temps de vous reconnaître, sous une masse de feux, tels que nos ordonnances n'en présentent pas dont l'effet puisse être comparé. Ils n'attendent pas de commandement pour tirer : ils ne connaissent pas les feux de bataillon, de file ou de peloton ; et cependant celui qu'ils vous font éprouver est aussi nourri, aussi soutenu et surtout beaucoup plus meurtrier que les nôtres. Si vous résistez à leur violente attaque, il est rare que les Rebèles vous disputent la victoire ; mais vous en retirez peu de fruit, parce qu'ils font leur retraite si rapidement qu'il est très difficile de les atteindre, le pays ne permettant presque jamais l'emploi de la Cavalerie. Ils se dispersent, ils vous échappent à travers champs, hayes, bois, buissons, connaissant tous les sentiers, les faux-fuyans, les gorges, les défilés ; sachant tous les obstacles qui s'opposeraient à leur fuite et les moyens de les éviter. Si vous êtes obligé de céder à leur attaque, vous avez autant de peine à opérer votre retraite, qu'ils ont de facilité à vous fuir, lorsqu'ils sont vaincus [...]. »

(*Source :* cité par Claude PETITFRÈRE, *La Vendée et les Vendéens*, Paris, Gallimard, « Archives », 1981, p. 24-25.)

historiographique imposante lui a été consacrée depuis le siècle dernier. À l'époque, les choses étaient simples : du point de vue des auteurs légitimistes ou conservateurs, un soulèvement pour le roi et la religion, pour les républicains, le produit de l'ignorance de populations fanatisées. Mais déjà on commençait à s'interroger sur les conditions spécifiques des mouvements de l'Ouest : le tempérament réfractaire de populations de tout temps hostiles aux levées d'hommes, le cadre géographique du bocage, propice à la guérilla. Le débat, dont nous excluons les aspects polémiques, a été repris durant les dernières décennies sur des bases plus précises. Dans sa thèse sur *Les Paysans de l'Ouest*, à partir de l'exemple de la Sarthe, Paul Bois, relevant l'insuffisance des explications traditionnelles, a mis le premier en valeur le caractère social du mouvement. Une paysannerie déçue dans ses espérances et dans sa faim de terre par la mainmise sur les biens nationaux de la bourgeoisie patriote des villes et des bourgs a tourné son hostilité non seulement contre cette dernière, mais aussi contre l'État révolutionnaire. Cette problématique a été reprise et élargie par les auteurs français ou anglo-saxons qui ont insisté depuis lors sur le conflit ville-campagne dans ces régions, en montrant combien l'hégémonie bourgeoise, à travers les nouvelles institutions administratives, judiciaires et fiscales, avait pu contribuer à dresser des communautés agressées dans leurs traditions, leurs pratiques et leurs solidarités. Les auteurs les plus récents invitent également, remettant en cause dans sa simplicité le schéma explicatif de P. Bois, à réévaluer l'importance du facteur religieux, essentiel à partir de 1792. Ils insistent, au-delà de la vivacité de la pratique dans des régions où la Contre-Réforme avait obtenu ses plus notables succès, sur le rôle des prêtres — si nombreux dans l'Ouest — dans la vie collective et l'organisation des pouvoirs au village. Si l'on peut s'en tenir aujourd'hui à ces explications nuancées, on conçoit aussi qu'elles ne rendent compte que d'une partie du phénomène : valables pour la France de l'Ouest, elles ne sauraient s'appliquer au cas de figure du Midi tel que nous l'avons présenté.

Telle conclusion n'entraîne pas à sous-estimer le coût, en hommes et en misères, de ces affrontements, thème qui ne saurait être éludé, même s'il convient de l'aborder en dehors de toute polémique. La guerre civile, principalement dans l'Ouest, a été très meurtrière, ponctuée d'atrocités de part et d'autre, accompagnée d'une répression implacable : le chiffre de 128 000 morts sur lequel semblent s'accorder les historiens de la guerre de Vendée en dit l'ampleur. Suffit-il pour justifier le terme de « génocide » qui lui a été appliqué par certains ? C'est manier l'anachronisme en adoptant une démarche que l'honnêteté historique récuse. C'est oublier volontairement qu'en dépit de quelques déclamations outrancières et isolées toute la philosophie de la Révolution française s'inscrit en contrepoint d'un tel projet.

2. La Révolution et le Monde

La Révolution française ne pouvait rester un phénomène « franco-français ». Elle s'insère dans le cadre plus large de l'ère des révolutions, qui s'inscrit en Europe comme en Amérique des années 1770 à 1820 au moins. La révolution américaine, à laquelle la France avait apporté son appui, reste la référence majeure ; mais l'Irlande, les îles Britanniques, les Pays-Bas ou la république de Genève ont connu avant 1789 des poussées de troubles ou des révolutions véritables et, aux portes de la France, la révolution brabançonne avait débuté dès 1788 dans les Pays-Bas autrichiens. L'impact des événements de France relancera dans toute une partie de l'Europe une nouvelle vague révolutionnaire. On a pu parler de « révolutions atlantiques » pour caractériser cet ensemble : concept légitime si l'on tient compte de la diversité du contenu de ces mouvements, indépendance nationale plus que subversion sociale en Amérique, défense d'anciens privilèges contre la brutalité des réformes éclairées dans le cas brabançon.

Le cas français affirme par référence son originalité, non seulement parce qu'il touche le royaume le plus peuplé, une puissance dont le rayonnement était grand en Europe, mais par le caractère même d'une Révolution qui, d'entrée, s'inscrivait dans sa Déclaration des droits de l'homme avec une perspective d'universalité, parlant aux hommes de tous les temps et de tous les pays. L'ampleur des bouleversements opérés, sur le plan institutionnel mais aussi social, ne pouvait que remettre en cause profondément l'ordre monarchique européen, offrant aux uns un exemple, aux autres un objet de crainte intolérable.

▲ *Le conflit était-il donc inévitable ?* On a fait grief à la Révolution de s'être engagée en 1792 dans une aventure guerrière dont les retombées devaient être considérables, non seulement hors de France, mais sur la marche même de la Révolution, radicalisant les positions, entraînant le pays dans une escalade dont la Terreur de l'an II serait le reflet et le recours à la dictature militaire de Bonaparte l'ultime conséquence. Responsabilité discutable et pour le moins partagée : c'est sur une volonté pacifique que s'ouvre la Révolution, que les circonstances extérieures et intérieures — la « force des choses » qu'évoquera Saint-Just — entraîneront dans une aventure qui n'était pas prévue à l'avance.

Il y a donc plusieurs phases distinctes dans le rapport de la Révolution française à l'Europe. Durant la période qui correspond à la Constituante, elle s'est voulue pacifique et ouverte tout à la fois : le 19 juin 1790, Anacharsis Cloots, qui se dit « l'orateur du genre humain », s'est présenté à la Constituante à la tête d'une délégation d'étrangers pour appeler à une fête (on est à la veille de la Fédération) qui se veut celle de l'humanité tout entière. C'est là une initiative encore isolée, dans le cadre d'une diplomatie prudente, dont la conduite reste confiée au souverain, mais où l'Assemblée manifeste dès le mois d'août 1790 l'affirmation d'un esprit nouveau. En refusant de prendre parti dans un conflit qui opposait, sur les lointains rivages du Pacifique, l'Angleterre et l'Espagne à laquelle la monarchie était liée par le « pacte de famille », elle répudie l'héritage de la politique dynastique qui régissait la diplomatie traditionnelle.

Cette attitude est confrontée à des contradictions difficilement assumées dans l'affaire des « princes possessionnés » d'Alsace, domiciliés dans l'Empire, qui se plaignent du tort subi par suite de l'abolition de la féodalité, comme dans les affaires d'Avignon, possession pontificale qui réclame dès 1790 son rattachement à la France. Peut-on récuser la volonté librement exprimée de populations ? Droit monarchique contre droit des peuples, sur fond de sanglants troubles locaux, le débat fut vif à l'Assemblée entre aristocrates et patriotes et ce n'est qu'au 14 septembre 1791, après consultation populaire, que le décret de rattachement à la France d'Avignon et du comtat Venaissin a été finalement voté.

Dans cette première période, alors que les Constituants se sont attardés sur le droit de paix et de guerre, les problèmes viennent de la diplomatie parallèle secrète du roi : le 3 décembre 1790 le souverain a écrit au roi de Prusse pour demander un congrès des puissances aptes à le restaurer dans ses pouvoirs. Ils tiennent, ensuite, dans l'attitude des États monarchiques, inquiets à l'idée de l'expansion des idées révolutionnaires : c'est l'époque où l'impact des événements de France (l'écho de la Bastille) est largement ressenti en Europe, dans l'Empire chez les intellectuels, en Angleterre dans ses clubs. Le nouvel État révolutionnaire bénéficie provisoirement des difficultés des puissances : guerre russo-turque, premier partage de la Pologne. Le 27 août 1791, l'empereur Léopold et le roi de Prusse, en se mettant d'accord à Pillnitz sur une déclaration qui fait état de leurs préoccupations, ne s'engagent encore que prudemment. Mais à cette date, la tentative de fuite du roi à Varennes a déjà mis en éveil une Révolution qui lève ses premiers bataillons de volontaires et se préoccupe de la menace des émigrés sur ses frontières.

L'imminence de la guerre a dominé l'histoire de la Législative, marquée par le grand débat chez les jacobins entre Robespierre et Brissot sur l'opportunité d'entrer en conflit avec l'Europe des « despotes ». À la prudence du premier, qui dénonce tous les dangers d'un conflit et évoque prophétiquement l'éventualité de l'émergence d'un sauveur militaire, s'oppose la hardiesse sans doute inconsidérée du second : démasquer la duplicité royale, aller aussi au-devant des aspirations escomptées des peuples pour étendre le règne de la liberté. (Voir encadré, p. 97.)

▲ *Une seconde séquence s'ouvre, où prévaut, en simplifiant, la lecture « girondine » dans la politique extérieure de la France.* Elle est évidemment dominée, à partir du printemps, par l'état de guerre, à partir de l'ouverture des hostilités le 20 avril 1792 avec le « roi de Bohême et de Hongrie », auquel se sont joints d'entrée, malgré la prudence diplomatique, les États de l'Empire et le roi de Prusse. La conjoncture militaire domine, marquée par les défaites françaises, l'invasion du printemps et de l'été 1792, et la menace formulée le 25 juillet par le manifeste de Brunswick d'une « subversion totale » s'il était porté atteinte à la personne royale (voir encadré, p. 97). On en connaît le résultat : après la chute de la monarchie le 10 août, et surtout le redressement français par la victoire de Valmy (20 septembre 1792), la Révolution s'engage dans une politique d'expansion momentanée, qu'autorise la conquête de la Belgique après la victoire de Jemmapes (6 novembre 1792) et celle de la rive gauche du Rhin. Que faire de ces nouvelles acquisitions ? En Savoie, conquise sur le roi du Piémont, le vœu des populations, ratifié comme à Avignon par un vote, conduit à l'annexion. La Savoie constitue désormais le département du Mont-Blanc et le comté de Nice, suivant la même procédure, devient le département des Alpes-Maritimes. La Belgique, sollicitée aussi sur le point de son rattachement à la France, s'y rallia avec un inégal empressement selon les provinces, wallones ou flamandes, bref intermède avant la contre-offensive de l'empereur. La nouvelle lecture qui prévaut durant cette séquence est donc « guerre aux châteaux, paix aux chaumières », expansion révolutionnaire qui s'exprime dans la déclaration du 19 novembre 1792 par laquelle la France accorde « fraternité et secours » aux peuples en lutte pour leur liberté. Cette politique girondine, qui rencontre les visées d'un Dumouriez, associe réel idéalisme révolutionnaire et sans doute considérations plus concrètes — ouverture de nouveaux marchés pour la bourgeoisie et les milieux d'affaires.

Elle a été battue en brèche par le reflux de la conquête révolutionnaire du printemps à l'hiver 1793 : défaite de Neerwinden en mars, suivie de la trahison de Dumouriez, évacuation de Mayence en juillet, attaque du territoire national sur toutes ses frontières, élargissement de la coalition à l'Angleterre et à l'Espagne après l'exécution du roi, alors même que le dernier partage de la Pologne par la Prusse, l'Autriche et la Russie laisse à ces puissances les mains libres pour intervenir à l'Ouest (23 janvier 1793). Investie dans la reconquête des fronts intérieurs — Lyon ne sera reprise qu'en octobre 1793 et Toulon le 19 décembre aux Anglais — et dans la guerre aux frontières (victoires de Hondschoote et de Wattignies, septembre-octobre 1793), la Convention montagnarde répudie l'expantionnisme de la période girondine, tant pour des raisons idéologiques que par la force des choses. Mais au Comité de salut public, Lazare Carnot, dont l'influence est prépondérante dans le domaine militaire et diplomatique, est ouvert à l'idée du « pré carré », héritage d'Ancien Régime qui voit dans les frontières naturelles — la ligne de la Meuse — une condition de la sécurité du pays.

Discours de Robespierre contre la guerre (hiver 1792)

« La guerre est toujours le premier vœu d'un gouvernement puissant qui veut devenir plus puissant encore. Je ne vous dirai pas que c'est pendant la guerre que le ministère achève d'épuiser le peuple et de dissiper les finances, qu'il couvre d'un voile impénétrable ses déprédations et ses fautes : je vous parlerai de ce qui touche plus directement encore le plus cher de nos intérêts. C'est pendant la guerre que le pouvoir exécutif déploie la plus redoutable énergie, et qu'il exerce une espèce de dictature qui ne peut qu'effrayer la liberté naissante ; c'est pendant la guerre que le peuple oublie les délibérations qui intéressent essentiellement ses droits civils et politiques pour ne s'occuper que des événements extérieurs, qu'il détourne son attention de ses législateurs et de ses magistrats pour attacher tout son intérêt et toutes ses espérances à ses généraux et à ses ministres, ou plutôt aux généraux et aux ministres du pouvoir exécutif. C'est pour la guerre qu'ont été combinées, par des nobles et par des officiers militaires, les dispositions trop peu connues de ce code nouveau qui, dès que la France est censée en état de guerre livre la police de nos villes frontières aux commandants militaires, et fait taire devant eux les lois qui protègent les droits des citoyens.

« C'est pendant la guerre que la même loi les investit du pouvoir de punir arbitrairement les soldats. C'est pendant la guerre que l'habitude d'une obéissance passive, et l'enthousiasme trop naturel pour les chefs heureux fait, des soldats de la patrie, les soldats du monarque ou de ses généraux. Dans les temps de troubles et de factions, les chefs des armées deviennent les arbitres du sort de leur pays, et font pencher la balance en faveur du parti qu'ils ont embrassé. Si ce sont des Césars ou des Cromwells, ils s'emparent eux-mêmes de l'autorité. Si ce sont des courtisans sans caractère, nuls pour le bien, mais dangereux lorsqu'ils veulent le mal, ils reviennent déposer leur puissance aux pieds de leur maître, et l'aident à reprendre un pouvoir arbitraire, à condition d'être ses premiers valets. »

(*Source :* cité par J. GODECHOT, *La Pensée révolutionnaire,* Paris, Armand Colin, coll. « U », 1964, p. 180-181.)

Le manifeste de Brunswick (extrait)

« [...] 8 — La ville de Paris et tous ses habitants sans distinction seront tenus de se soumettre sur-le-champ et sans délai au roi, de mettre ce prince en pleine et entière liberté, et de lui assurer, ainsi qu'à toutes les personnes royales, l'inviolabilité et le respect auxquels le droit de la nature et des gens oblige les sujets envers les souverains ; leurs Majestés impériale et royale rendant personnellement responsables de tous les événements, sur leur tête, pour être jugés militairement, sans espoir de pardon, tous les membres de l'Assemblée nationale, du département, du district, de la municipalité et de la garde nationale de Paris, les juges de paix et tous autres qu'il appartiendra, déclarant en outre, leursdites Majestés, sur leur foi et parole d'empereur et de roi, que si le château des Tuileries est forcé ou insulté, que s'il est fait la moindre violence, le moindre outrage à leurs Majestés, le roi, la reine et la famille royale, s'il n'est pas pourvu immédiatement à leur sûreté, à leur conservation et à leur liberté, elles en tireront une vengeance exemplaire et à jamais mémorable, en livrant la ville de Paris à une exécution militaire et à une subversion totale, et les révoltés coupables d'attentats aux supplices qu'ils auront mérités. Leurs Majestés impériale et royale promettent au contraire aux habitants de la ville de Paris d'employer leurs bons offices auprès de sa Majesté très-chrétienne pour obtenir le pardon de leurs torts et de leurs erreurs, et de prendre les mesures les plus rigoureuses pour assurer leurs personnes et leurs biens s'ils obéissent promptement et exactement à l'injonction ci-dessus. [...] »

(*Source :* BUCHEZ et ROUX, *Histoire parlementaire de la Révolution française,* Paris, Paulin, 1835, t. XVI, p. 276-281.)

Cette philosophie, autre sans doute, même si elle n'est pas nouvelle, va prévaloir après Thermidor et sous le Directoire lorsque reprend la marche de l'expansion française sur des voies parfois inattendues. L'influence de Carnot, directeur jusqu'en fructidor an V, celle de Reubell, qui joue un rôle important dans la politique extérieure du Directoire, confortent une ligne qui reste attachée à la démarcation du Rhin et à la politique des frontières naturelles. Mais il y a la manière : annexion directe et départementalisation ou création d'États satellites, qu'on appellera les « Républiques-sœurs » ? La question s'était posée pour l'évêché de Bâle, éphémère République rauracienne avant de devenir le département du Mont-Terrible. La reconquête de la Belgique en 1795 fut suivie d'une nouvelle annexion (octobre 1795). Le 16 germinal an III, la paix de Bâle avec la Prusse reconnaissait ces frontières — il y manquait l'accord de l'empereur, principal intéressé. Mais en même temps, le traité de La Haye, au lendemain de la conquête de la Hollande pendant l'hiver 1795 (bataille du Helder, 4 pluviôse an III) faisait naître la République batave qui se dotait d'une Constitution à la française.

▲ *La solution des Républiques-sœurs allait l'emporter définitivement de l'an IV à l'an V* du fait de la nouvelle inflexion donnée à l'expansion française par les victoires de Bonaparte en Italie : si le Directoire regardait vers le Rhin, soucieux d'une victoire qui contraindrait l'empereur à traiter, l'échec de la campagne d'Allemagne, après des débuts prometteurs au printemps de l'an IV (1796), plaçait au premier plan les conquêtes que d'avril 1796 (Montenotte, Millesimo, Dego) à février 1797 (chute finale de la place forte de Mantoue) Bonaparte opérait dans la péninsule italienne. Dépassé par l'ampleur même du succès, mais surtout par l'initiative personnelle du général victorieux, le Directoire, malgré ses velléités, perdait l'initiative des opérations. Il devait se résigner à avaliser la restructuration de l'espace transalpin négociée par Bonaparte avec l'empereur aux préliminaires de Leoben (29 germinal an V, 18 avril 1797) puis au traité de Campoformio. Triomphe du principe des Républiques-sœurs ? Sans doute, puisque la plaine du Pô devenait République cispadane (vendémiaire an V), puis s'élargissait aux dimensions de République cisalpine, que la vieille république de Gênes se transformait en République ligurienne. Malgré le traité de Tolentino (ventôse an V) par lequel le pape avait reconnu la perte d'une partie de ses États, le mouvement se poursuivait : en nivôse an VI (janvier 1797), le général Berthier entrait dans Rome où se constituait une République romaine ; moins d'un an plus tard, en pluviôse an VIII, Championnet prenait Naples chassant son roi pour y instaurer une République parthénopéenne. (Voir carte, p. 101.) Peut-on parler encore à ce stade d'un expansionnisme de la liberté ? Dans l'Italie septentrionale de la République cisalpine, des noyaux minoritaires mais importants de patriotes et de jacobins italiens avaient accueilli favorablement l'intervention française, même si la lourdeur du protectorat militaire de Bonaparte, puis du Directoire, de ses commissaires et de ses généraux, faisait fi de leurs aspirations et de leur initiative. À Rome comme à Naples, la base sur laquelle reposait le protectorat français était encore plus étroite, confrontée à un mauvais gré populaire et aux résistances des tenants de l'Ancien Régime.

Les principes mêmes par lesquels pouvait se justifier l'intervention française surtout avaient été bafoués : la politique personnelle de Bonaparte avait révélé le peu de cas qu'il faisait des aspirations des peuples, lorsqu'il avait livré par le traité de Campoformio Venise et son territoire, qui tentaient de se constituer en République, à l'empereur comme monnaie d'échange pour les autres remaniements de la péninsule. C'était en revenir au troc des territoires et des populations dans la pure tradition des monarchies traditionnelles.

▲ *La politique du Directoire, telle qu'elle est alors animée par les directeurs, Barras et Reubell, n'est pas plus assurée ni désintéressée après Campoformio :* sur la rive gauche du Rhin réoccupée, on a laissé Hoche flatter les espoirs des patriotes de création d'une République cisrhénane, puis on a procédé à une annexion pure et simple. Face aux cantons suisses, Reubell et Bonaparte se sont mis d'accord pendant l'hiver de l'an VI pour profiter des mouvements révolutionnaires en cours, notamment dans le pays de Vaud, et provoquer une facile conquête française qui aboutit à la constitution d'une fragile République helvétique, tiraillée entre fédéralistes et unitaires.

Dans tous ces pays dépendants, les interventions directes, les contributions forcées et les exactions des commissaires du Directoire comme des généraux contribuèrent à fragiliser un système qui ne tenait que par le dévouement d'une minorité de patriotes. Après le départ de Bonaparte en Égypte (floréal an VI, mai 1798) pour la réalisation d'un rêve oriental qui comblait sans doute les vœux d'une partie des directeurs soucieux de l'éloigner, la formation de la seconde coalition associant Angleterre, Autriche, Russie et Empire ottoman, révéla en 1799 la fragilité du système des Républiques-sœurs. Battus en Allemagne (Stockach, germinal an VII), contraints par une série de défaites d'abandonner la quasi-totalité de la péninsule italienne, cependant que les Anglo-Russes débarqués en Hollande s'en prenaient à la République batave, les Français ne furent sauvés *in extremis* que par le brillant succès de Masséna à la bataille de Zurich en vendémiaire an VIII, contraignant à la retraite le maréchal russe Souvorov. Quand Bonaparte, de retour d'Égypte, débarque à Fréjus un mois plus tard, l'intégrité du territoire français est déjà préservée, mais il ne reste rien du précaire édifice des Républiques-sœurs.

3. L'armée et la guerre

Les années de guerre couvrent les trois quarts de la décennie révolutionnaire. La Révolution a eu à faire face à la coalition de la plupart des puissances européennes, alors même que les événements intérieurs la confrontaient à la désorganisation de l'armée royale. Elle ne put y réussir que par un immense effort d'où est née l'armée nationale.

▲ *À la veille de la Révolution, la monarchie disposait d'une armée de métier*, 110 000 hommes dans l'infanterie, 32 000 dans la cavalerie, associant régiments français et étrangers. Les nobles fournissaient par tradition la majorité de l'encadrement, monopolisant les hauts grades suivant des normes devenues plus sélectives encore à la fin de l'Ancien Régime (édits de Ségur). Les officiers roturiers, plus nombreux dans les armes savantes (artillerie, génie), avaient des perspectives d'avancement limitées. Dans la marine les « habits rouges » — officiers nobles — méprisaient les « habits bleus » roturiers. Le sort de la troupe était rude, les punitions corporelles subsistaient.

Annexions et Républiques-sœurs (1796-1799)

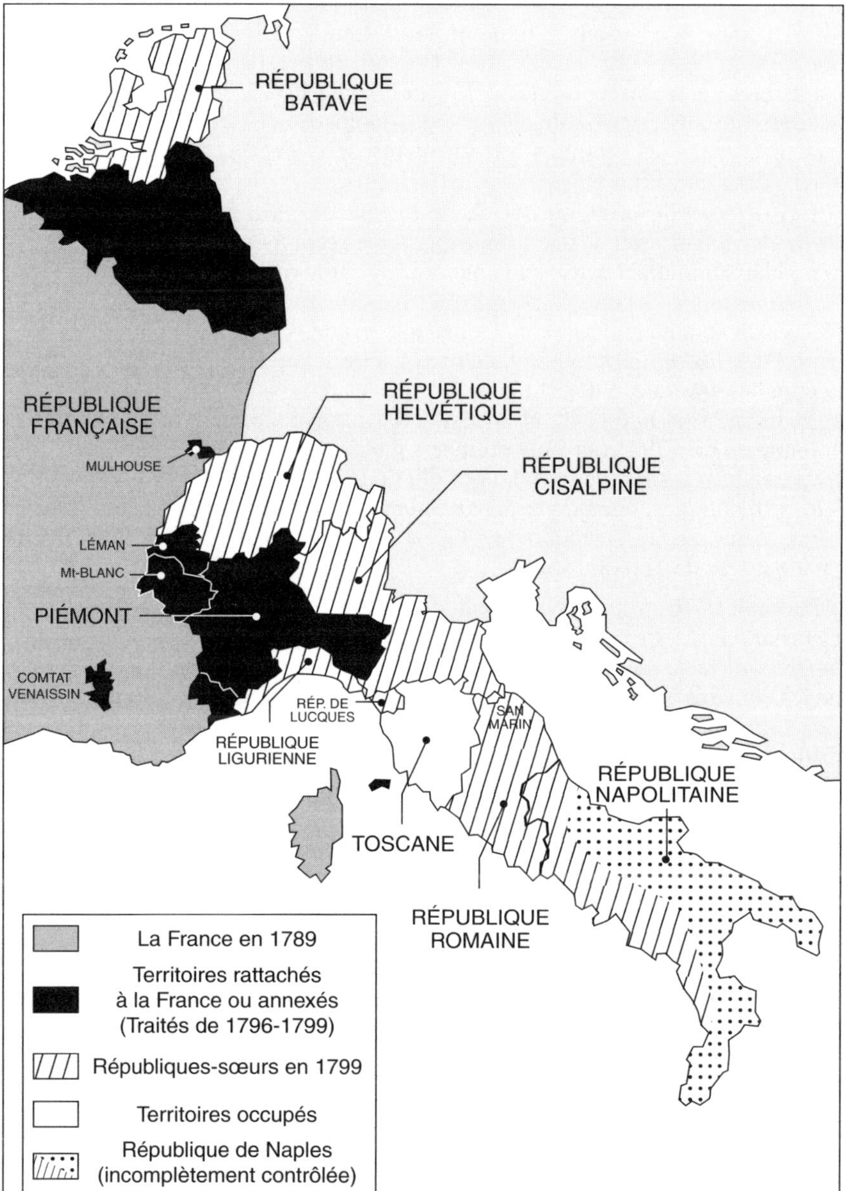

La crise de Varennes représente un premier tournant d'importance : dans la crainte d'une intervention extérieure, l'Assemblée décide alors une première levée de volontaires, puisés dans la garde nationale. Les 100 000 hommes qui se sont portés volontaires en 1791 sont majoritairement des artisans urbains (66 %), mais les paysans y figurent aussi. Leurs cadres se recrutent dans la bourgeoisie des bourgs et des cités. Une armée parallèle se constitue — les habits bleus en contrepoint des uniformes blancs de l'armée royale. On y élit les cadres et officiers, la discipline y est moins rude. Ces volontaires auront leur place dans les premiers affrontements de la guerre : ils ont tenu bon à Valmy face aux Prussiens.

Les défaites du printemps et de l'été 1792 ont néanmoins montré la profonde désorganisation d'une armée en pleine recomposition. De juillet, après la proclamation de la patrie en danger, jusqu'à l'hiver 1792 une seconde levée de volontaires a été opérée pour porter les effectifs à 400 000 hommes. Les fédérés du 10 août en font partie, ainsi que certaines légions de patriotes étrangers. Pour l'essentiel toutefois, cette nouvelle levée touche plus directement la population rurale. Elle est malaisée dans les régions rétives au service militaire, même si la France du Nord-Est apporte son contingent traditionnel. Les volontaires de 1792 sont plus politisés, moins disciplinés que ceux de 1791. Ils annoncent les recrues des levées ultérieures : en février 1793, la levée de 300 000 hommes, opérée par départements sur des modalités définies localement, et qui suscita, surtout dans l'Ouest, de vives résistances, ne fut couverte qu'à hauteur de 150 000 soldats.

▲ *En août 1793, au plus profond de la crise intérieure et extérieure, la Convention décrète solennellement la levée en masse, pesant sur tous les célibataires et veufs de dix-huit à vingt-cinq ans.* « Dès ce moment jusqu'à celui où les ennemis auront été chassés du territoire de la République, tous les Français sont en réquisition permanente pour le service des armées. » Malgré les difficultés de cette opération, la République pourra compter, au cœur de l'année 1794, sur un million d'hommes, dont 700 000 en première ligne. Cette mobilisation sans précédent a entraîné une refonte complète d'une armée devenue celle de la nation. Dès la levée des 300 000 hommes, sur proposition de Dubois Crancé, on entreprit d'opérer la fusion des corps issus de l'ancienne armée et des nouveaux bataillons ; ce fut l'objet de l'amalgame qui consistait à associer, dans le cadre nouveau d'une demi-brigade, deux bataillons de volontaires à un bataillon de ligne. Les disparités n'avaient plus lieu d'être, tant pour la solde que pour l'avancement, grâce à un système qui combinait l'ancienneté et l'élection pour la promotion aux grades. En janvier 1794, deux cents demi-brigades étaient constituées. L'embrigadement s'acheva au début de 1796.

Après Thermidor et les victoires de l'an II, les effectifs ont fondu d'année en année : passant de plus de 700 000 à moins de 500 000 en 1795 et à moins de 400 000 en 1796 et 1797. Il ne reste plus alors qu'un quart des volontaires de 1791 à 1793, un cinquième à peine des levées de l'an II. Confronté à la poursuite de la guerre, puis à l'offensive de la seconde coalition à partir de 1798, le Directoire doit mettre au point un nouveau système : votée le 5 septembre 1798, la loi Jourdan établit celui de la conscription, qui astreint au service obligatoire les jeunes gens âgés de vingt ans. Les modalités d'application — tirage au sort des mobilisés, possibilité d'acheter un remplaçant — seront établies en 1799. Le Consulat et l'Empire perfectionneront cette pratique d'une démocratie, on le voit, mesurée : c'en est fini des volontaires de 1792 et des soldats de l'an II.

Dans ce cadre chronologique, l'armée révolutionnaire montre ses traits spécifiques : c'est l'armée nationale d'un peuple mobilisé pour défendre la Révolution et la nation. Les résistances que les levées ont suscitées dans une partie de la France ne doivent pas masquer l'enthousiasme et l'élan collectif. Volontaires et soldats de l'an II savent pourquoi ils combattent : dès Jemmapes, en novembre 1792, ils chantent *La Marseillaise* en montant à l'assaut des lignes ennemies. Leurs traits d'héroïsme sont rapportés ; ils ont leurs clubs et connaissent une active propagande par voie de presse. Pour une masse considérable de jeunes Français, l'armée est une école de républicanisme ; ils y resteront attachés jusqu'au bout. Elle est aussi, par les voies de la promotion qu'elle offre, le lieu d'émergence de cadres juvéniles — ces généraux de vingt ans dont Hoche ou Marceau restent l'exemple — aux côtés d'éléments issus de l'ancienne armée qui trouvent un cadre à leur mesure : Carnot, capitaine du Génie, deviendra le stratège et « l'organisateur de la victoire » de l'an II.

▲ *Une « respiration globale » (J.-P. Bertaud) peut être établie à partir du décompte des actes de guerre*, engagements ou batailles d'inégale importance, entre 1792 et 1802. On en a dénombré sept cent cinquante, dont près de la moitié s'inscrivent de l'ouverture des hostilités en 1792 à juillet 1795 (traité de Bâle avec l'Espagne) et, si l'on veut être plus précis, près du quart entre mars 1793 (défaite de Neerwinden) et juin 1794 (victoire de Fleurus), c'est-à-dire durant la période de la dictature jacobine, qui a eu à affronter le choc majeur de l'attaque des coalisés. Durant ces dix années de combats, le théâtre des conflits a changé, passant des frontières Nord et Nord-Est de la France à des lieux extérieurs : Italie, Suisse, Empire, à partir de 1795.

Phases d'expansion et de repli se succèdent et s'enchaînent. D'avril à septembre 1792, l'échec de l'offensive française en Belgique conduit à l'invasion des frontières par les armées prussienne et autrichienne, que stoppe la victoire de Dumouriez et Kellermann à Valmy, le 20 septembre. La Convention passe alors à l'offensive : victorieux à Jemmapes, les Français conquièrent la Belgique et une partie de la Hollande, annexent la Savoie et le comté de Nice. La formation de la première coalition, où les Pays-Bas, l'Espagne et l'Angleterre se joignent à l'Autriche et à la Prusse, cependant que la guerre civile fait rage, amène à partir du printemps 1793 (défaite de Neerwinden le 28 mars) une nouvelle phase de repli : les frontières sont à nouveau envahies. Le redressement commencé à l'automne (Wattignies, 15 octobre 1793) conduit à la victoire décisive de Fleurus le 26 juin 1794. Les armées françaises reprennent l'offensive, alors que la première coalition se disloque (traité de Bâle avec la Prusse puis l'Espagne avril-juillet 1795, de La Haye avec la Hollande en mai) et concentre ses efforts contre l'Autriche et l'Angleterre.

Si les succès ont été partagés et si les grandes offensives ont tourné court sur la frontière du Rhin, une compensation décisive a été apportée par les victoires de Bonaparte dans la première campagne d'Italie. Les batailles décisives dans l'Apennin, puis la plaine du Pô, du printemps à l'automne 1796, sanctionnées par le traité de Campoformio (17 octobre 1797), ont assuré la mainmise de la France sur la péninsule italienne et sur une aire bientôt élargie à la Suisse. Les expéditions montées contre l'Irlande ont elles tourné court, mais le Directoire lance l'expédition d'Égypte confiée à Bonaparte (débarquement en juillet 1798). Les brillants succès remportés d'abord contre les mameluks, puis contre les armées turques, sont anéantis par le désastre naval d'Aboukir où l'amiral Nelson détruit la flotte française, rendant Bonaparte prisonnier d'une conquête qu'il essaie de consolider par une offensive en Syrie.

La seconde coalition, formée, on l'a vu, en automne 1798, voit les armées françaises refoulées d'Italie, d'Allemagne et de la majeure partie de la Suisse, cependant que les Anglo-Russes débarquent en Hollande. Cette situation critique est redressée par les victoires de Masséna à Zurich, de Brune à Bergen en septembre 1799.

▲ *Au fil de ces campagnes l'art de la guerre a changé*. Il est classique d'opposer les batailles des guerres du siècle précédent à celles de la décennie révolutionnaire. L'armée nouvelle de la France révolutionnaire compense le manque de formation de ses recrues par la puissance du nombre et par l'esprit offensif qu'autorisent l'enthousiasme et la conviction révolutionnaires. Elle pratique l'attaque frontale, usant de la puissance de choc de masses en mouvement, souvent à l'arme blanche : les premières victoires significatives (Jemmapes) illustrent cette technique de l'offensive à outrance, coûteuse en hommes. Mais le contraste est évident entre les actions des premières années de la Révolution et l'extrême mobilité associée à l'habileté tactique des batailles de la campagne d'Italie.

La guerre a changé, l'armée également. Moins nombreuses, mais plus aguerries, les armées du Directoire gardent avec celles de l'an II des traits communs, dans la situation matérielle (le dénuement de l'armée d'Italie au début de la campagne de 1796), comme dans l'esprit (un attachement à la République dont on se veut les défenseurs). Mais l'engagement sur des territoires extérieurs, une relative professionnalisation, la césure avec la société civile de la France directoriale, renforcent l'emprise des généraux, *a fortiori* quand il s'agit de chefs brillants comme Bonaparte. La personnalisation du nouveau pouvoir militaire ne peut qu'être renforcée chez les généraux par l'autonomie et le sentiment de puissance dont ils jouissent, ainsi en Italie. En conflit avec les commissaires du Directoire, ils savent aussi que le pouvoir civil a besoin d'eux : Bonaparte délègue Augereau à Paris pour appuyer le coup d'État du 18 fructidor an V. Devenus arbitres de la situation intérieure dans un régime de coups d'État, ils sont tentés de jouer un rôle politique, conspirant parfois avec les contre-révolutionnaires (Pichegru, Moreau) ou affirmant leurs convictions républicaines. Bonaparte clôt le débat en s'emparant du pouvoir pour lui-même.

4. Le problème colonial et l'abolition de l'esclavage

Dans le cadre des rapports de la Révolution et du monde, le problème colonial peut apparaître comme marginal. Il prend toutefois toute son ampleur si l'on considère tout ce qu'il implique. À travers lui, c'est non seulement l'économie et la puissance de la France outre-mer qui sont en question, mais aussi le système des valeurs proclamées par la Révolution : il ne pouvait manquer de s'affronter à la question de l'esclavage.

▲ *Du premier Empire colonial de la France monarchique*, fortement ébréché par les guerres contre l'Angleterre, il restait à la France, outre la Louisiane, les comptoirs de l'Inde et du Sénégal, essentiellement les îles productrices de sucre et de denrées exotiques : île Bourbon et île de France dans l'océan Indien, Guyane, Martinique, Guadeloupe et leurs dépendances, et surtout Saint-Domingue dans les Caraïbes. Avec quelque 450 000 esclaves noirs en 1789, Saint-Domingue représentait l'exemple type d'une économie de plantation aux mains d'une aristocratie blanche, cependant qu'une minorité de gens de couleur libres (30 000), privée de droits, n'en tenait pas moins une place importante dans la vie de l'île.

En France, le problème des colonies et de l'esclavage avait été posé par les hommes des Lumières : Montesquieu, Rousseau, Diderot, l'abbé Raynal. L'élite éclairée était en contact avec les réformateurs anglais, tel Wilberforce, qui menaient campagne contre la traite. À leur exemple la Société des Amis des Noirs, fondée en 1788, fut animée par des penseurs et publicistes tels que Brissot, Condorcet, l'abbé Grégoire ou Clavière. Mirabeau s'y retrouvait, aussi bien que Robespierre. Ils prônaient l'abolition de la traite et, dès les débuts de la Révolution, l'octroi des droits civiques aux hommes libres de couleur, l'abolition progressive de l'esclavage étant pour eux un objectif plus lointain. Mais la résistance était vive de la part des milieux intéressés au commerce des îles : les planteurs et leurs amis s'associaient aux armateurs des ports, Nantes ou Bordeaux, qui prospéraient grâce au système. Actif et puissant, ce lobby colonial se retrouvait dans le club Massiac à Paris.

▲ *La Constituante fut confrontée très tôt au problème colonial*, les colons prétendant à avoir leurs députés, ce qui fut accordé, et leurs assemblées coloniales, qui furent légalisées. Mais les hommes libres de couleur députaient eux aussi à Paris pour revendiquer les droits civiques : leur demande fut écartée à deux reprises en mars et octobre 1790. Ce n'est que le 15 mai 1791, après un vif débat où fut prononcée par Robespierre et Dupont de Nemours la formule célèbre « Périssent les colonies plutôt qu'un principe », que ceux-ci leur seront accordés, non sans restrictions : il faudra en fait attendre mars 1792 pour que ces droits soient confirmés. Mais le problème de l'abolition de l'esclavage avait été écarté : c'est la grande insurrection des esclaves noirs de

Saint-Domingue en août 1791 et ses développements qui l'imposent. Sous la conduite de chefs successifs, parmi lesquels émergera progressivement la figure de Toussaint-Louverture, l'insurrection a conforté ses positions en 1792-1793, avec le soutien intéressé des Espagnols, cependant que les Anglais, appelés par les planteurs, établissent des têtes de pont dans les villes. Les commissaires civils envoyés par la Convention, principalement Sonthonax, ont lutté pour la reconquête de l'île, puis ont négocié avec les dirigeants noirs, dont ils recherchaient l'appui contre les Espagnols ou contre les planteurs. Sonthonax, de son initiative, décrète entre août et septembre 1793 l'abolition de l'esclavage dans les différentes parties de l'île. En mai 1794 Toussaint-Louverture se rallie à la République et entreprend la reconquête de l'île sur les Espagnols et les Anglais. Des conflits internes entre chefs noirs et mulâtres n'entravent pas le succès de l'entreprise. Sous la conduite de Toussaint-Louverture, Saint-Domingue en 1798 apparaissait comme une République indépendante dans le cadre de la République française.

L'abolition de l'esclavage

Convention nationale, séance du 16 pluviôse an II (4 février 1794)

« [...] Un des trois députés nouvellement arrivés de Saint-Domingue fait un rapport sommaire sur les événements qui y ont eu lieu. Il remonte à la cause des malheurs auxquels elle a été en proie : il la voit dans la politique odieuse et les intrigues de l'Angleterre et de l'Espagne, qui, voulant faire perdre à la république cette colonie intéressante, avaient trouvé moyen d'y organiser la guerre civile. Mais les nègres armés pour la cause de la France ont dénoué par leur courage ces perfides projets, et ont demandé, pour prix de leurs services, la liberté, qui leur a été accordée.

« L'orateur conjure la Convention de confirmer cette promesse et de faire jouir pleinement les colonies des bienfaits de la liberté et de l'égalité. [...]

« LEVASSEUR (de la Sarthe) : Je demande que la Convention, ne cédant pas à un mouvement d'enthousiasme, mais aux principes de la justice, fidèle à la Déclaration des Droits de l'Homme, décrète dès ce moment que l'esclavage est aboli sur tout le territoire de la république. Saint-Domingue fait partie de ce territoire, et cependant nous avons des esclaves à Saint-Domingue. Je demande donc que tous les hommes soient libres, sans distinction de couleur.

« LACROIX (d'Eure-et-Loir) : En travaillant à la constitution du peuple français nous n'avons pas porté nos regards sur les malheureux hommes de couleur. La postérité aura un grand reproche à nous faire de ce côté ; mais nous devons réparer ce tort. Inutilement avons-nous décrété que nul droit féodal ne serait perçu dans la république française. Vous venez d'entendre un de nos collègues dire qu'il y a encore des esclaves dans nos colonies. Il est temps de nous élever à la hauteur des principes de la liberté et de l'égalité. On aurait beau dire que nous ne reconnaissons pas d'esclaves en France, n'est-il pas vrai que les hommes de couleur sont esclaves dans nos colonies ? Proclamons la liberté des hommes de couleur. En faisant cet acte de justice, vous donnez un grand exemple aux hommes de couleur esclaves dans les colonies anglaises et espagnoles. Les hommes de couleur ont, comme nous, voulu briser leurs fers ; nous avons brisé les nôtres, nous n'avons voulu nous soumettre au joug d'aucun maître ; accordons-leur le même bienfait.

« LEVASSEUR : S'il était possible de mettre sous les yeux de la Convention le tableau déchirant des maux de l'esclavage, je la ferais frémir de l'aristocratie exercée dans nos colonies par quelques blancs.

« LACROIX : Président, ne souffre pas que la Convention se déshonore par une plus longue discussion.

« *L'assemblée entière se lève par acclamation.*

« Le président prononce l'abolition de l'esclavage, au milieu des applaudissements et des cris mille fois répétés de *vive la république ! vive la Convention ! vive la Montagne !*

« Les deux députés de couleur sont à la tribune, ils s'embrassent. *(On applaudit.)*

« Lacroix les conduit au président, qui leur donne le baiser fraternel.

« Ils sont successivement embrassés par tous les députés [...]. »

(*Sources :* Archives parlementaires, 2e série, Paris, CNRS, t. 84, p. 283.)

À Paris, entre-temps, la décision prise aux îles par Sonthonax avait provoqué une avancée décisive du débat sur l'abolition de l'esclavage. Réticente encore en juin 1793 face aux demandes d'une délégation noire conduite par Chaumette, la Convention abolit du moins la traite négrière entre juillet et septembre. Le 16 pluviôse an II (4 février 1794) elle accueille trois députés de Saint-Domingue et dans un mouvement enthousiaste vote définitivement l'abolition de l'esclavage aux colonies (voir encadré, p. 106).

Le débat n'est cependant pas clos, même si la Constitution de l'an III confirme que « nul ne peut se vendre ni être vendu ». Il reprend en 1795 à la suite des attaques des planteurs contre les commissaires Sonthonax et Polverel, et encore en 1797 quand le royaliste Vaublanc développe un violent réquisitoire esclavagiste. Mais jusqu'à la fin de la Révolution, le décret du 16 pluviôse an II ne sera pas remis en question. C'est Bonaparte, époux de la créole Joséphine de Beauharnais, qui rétablira l'ancien ordre esclavagiste. Il durera jusqu'en 1848.

Entre-temps, au fil des conquêtes et reconquêtes, les Anglais se sont emparés de la Martinique, de Sainte-Lucie, de Tobago et des comptoirs de l'Inde. Mais en brumaire an VIII demeuraient les colonies françaises, Saint-Domingue, la Guadeloupe, la Guyane et l'île de France, ainsi que l'île Bourbon devenue île de la Réunion. Composant à Saint-Domingue avec le pouvoir noir de Toussaint-Louverture, la Révolution avait transigé avec les colons de l'océan Indien, en acceptant le maintien de l'esclavage. De cette histoire complexe et tourmentée des colonies en Révolution, il reste le souvenir de quelques grandes figures, Toussaint-Louverture et Sonthonax, et plus encore peut-être de ce décret du 16 pluviôse an II qui demeure l'une des grandes anticipations de la Révolution française.

Chapitre 4

Une nouvelle société

SOMMAIRE

1. Population et démographie

▲*Avec 28 600 000 habitants en 1790*, suivant les estimations actuelles des démographes, exploitant (en les corrigeant) les données incertaines des dénombrements de l'époque, la France était, après l'Empire russe, le pays le plus peuplé d'Europe, et ce poids démographique doit être pris en compte pour comprendre, en particulier, l'intensité de l'effort de guerre qu'elle a eu à soutenir. Cette forte population était pour une bonne part le résultat d'une croissance séculaire, qui l'avait fait progresser, à partir de la fin du XVIIe siècle, depuis le niveau d'une vingtaine de millions auquel elle avait plafonné durant l'âge classique. Certes, cette croissance était inférieure à celle d'autres pays — Europe centrale ou orientale — où le nombre des hommes avait explosé durant cette période. Mais elle avait été marquée, durant la seconde moitié du siècle, et surtout entre 1750 et 1770, par les reculs de la mortalité, liés au recul des disettes et des épidémies, alors que la natalité restait stable. Elle était aussi inégale, profitant surtout au Nord-Est et au Midi, de l'Aquitaine aux Alpes, alors qu'un grand Ouest, englobant le Massif armoricain et les pays de la Loire, voyait sa population régresser.

▲ *Cette population était très majoritairement rurale :* le taux d'urbanisation était de l'ordre de 16 %. Cinq sixièmes de la population vivaient donc à la campagne, dont à peu près 75 % de paysans proprement dits. Sa ventilation spatiale fait apparaître l'importance des villes dans la France du Nord et du Nord-Est, mais aussi dans une partie de l'Ouest et dans la région lyonnaise, puis un couloir continu, de la vallée de la Garonne au bas Languedoc et à la Provence, individualisant le réseau urbain méridional. En contrepoint, apparaît un large vide au sud de la Loire, couvrant la majeure partie du Massif central et une partie de l'Ouest. Sont pauvres en villes également la zone intra-alpine et le Piémont pyrénéen. Paris, avec 550 000 à 600 000 habitants, est après Londres la plus grande capitale européenne. Mais peu de cités atteignent ou frôlent les 100 000 habitants (Lyon, Marseille) ou dépassent même les 50 000 (Bordeaux, Nantes, Rouen). La France atlantique des activités portuaires domine, même si des centres industriels tiennent leur place (Lille, Amiens, Troyes, Nîmes). Mais sur moins de quarante villes de plus de 30 000 habitants, prédominent encore les capitales régionales, dotées traditionnellement d'un pouvoir de commandement par la présence d'un parlement (Dijon, Toulouse, Rennes, Montpellier).

1.1. *L'impact de la Révolution*

Ce tableau, sans être bouleversé de fond en comble, va être profondément affecté par l'événement révolutionnaire. A-t-il représenté un coup d'arrêt ou, pis encore, une régression démographique ? En un mot, la Révolution a-t-elle été « populicide », comme on l'a écrit à l'époque et le fait encore aujourd'hui ? On peut tenter un bilan global, avant d'entrer dans l'analyse des modalités et des comportements collectifs : malgré leur caractère parfois hypothétique, les calculs des démographes actuels y autorisent. À l'issue de la décennie révolutionnaire, la population française s'est sans doute accrue d'un demi-million d'habitants. Est-ce beaucoup, est-ce peu ? Beaucoup sans doute, si l'on tient compte des ponctions qu'elle a eu à subir. En premier lieu, les pertes militaires : l'immense effort de guerre, des premières levées de volontaires à la levée en masse, puis à la conscription directoriale, se chiffre en pertes de vies humaines à près d'un demi-million (480 000). Il est plus difficile d'évaluer ce qui revient, à l'intérieur des frontières, au fait révolutionnaire lui-même : violences spontanées, poids de la Terreur, guerre civile principalement dans l'Ouest, mais aussi de façon plus diffuse dans le Midi. Aussi a-t-on pu — idée controversée, nous l'avions souligné — risquer pour l'époque révolutionnaire le terme anachronique de « génocide franco-français ». Si l'on tente de raisonner sereinement en évitant de noircir ou de blanchir abusivement le tableau, on connaît, d'après les études classiques de Donald Greer, le poids de la Terreur légale : les exécutions dues aux tribunaux révolutionnaires s'élèvent de 35 000 à 40 000 condamnations à la peine capitale, très inégalement réparties, dont 90 % sur les théâtres de la guerre intérieure, les frontières et à Paris. Mais trente-sept départements eurent moins de dix condamnations. Ce bilan ne couvre, certes, qu'une partie des pertes « civiles » imputables à la Révolution. Il y eut des massacres lors des violences au jour le jour des premières années à Paris et en province (offensives ou répressives), des exécutions sommaires et massives en 1793 à Lyon ou à Toulon, des massacres encore dans les épisodes de la Terreur blanche telle qu'elle sévit dans le Midi de l'an III à l'an V et au-delà. Le plus lourd tribut fut payé incontestablement par l'Ouest insurgé et principalement par la Vendée militaire au fil d'une guerre cruelle. Tenons-nous au bilan déjà fort lourd de 128 000 morts dans les deux camps, autour duquel se rallient les analystes les plus sérieux.

D'où vient alors le reste de ce déficit d'un demi-million en 1801 que l'on peut avancer ? Les autres foyers de la guerre civile et de la chouannerie n'en fournissent pas le solde ; mais sans doute convient-il de ne pas oublier la ponction opérée par l'émigration — en 1800 la liste des émigrés s'élevait encore à 145 000 personnes — pour une part définitive.

1.2. *Comportements démographiques*

Malgré cette ponction grave et lourde, la Révolution française n'a pas altéré les caractères d'une démographie en expansion : il semble que la mortalité « normale » ait reculé. La France de l'Ouest a eu tendance à poursuivre son recul tandis que le Bassin parisien, le Nord et le Sud-Est accentuent leur progression : mais il s'agit d'un très grand Ouest, prolongé jusqu'au centre du pays, dont la régression n'est imputable que pour partie aux faits de guerre civile.

▲ *En effet, la Révolution française, de façon moins spectaculaire, peut se définir comme un grand brassage et un remue-ménage de populations.* On en perçoit aisément les aspects les plus visibles dans les déplacements des bataillons de volontaires ou des armées révolutionnaires de l'intérieur, comme dans ceux de la population sur la frontière du Nord et du Nord-Est (en Alsace). Pister les migrations internes s'avère plus difficile, même si parfois on les « prend sur le fait », comme ces communautés de l'Ouest se repliant vers l'intérieur… La Révolution a désorganisé momentanément certains circuits des migrations saisonnières ou du travail (le tour de France des Compagnons), mais elle a aussi créé des pôles d'attraction. Il en va ainsi de Toulon, vidé comme un œuf au lendemain de la reconquête sur les Anglais, repeuplé et au-delà par les ouvriers venus de la France entière travailler à l'« arsenal de la République ». Ce qui amène à nuancer dans le temps court le bilan que l'on a cru pouvoir tirer d'une désurbanisation du pays durant la période, au demeurant limitée — de 16 à 15 % de la population globale. Certaines villes situées entre Paris et le Nord ou l'Ouest insurgé se sont gonflées un temps ; dans d'autres régions, ainsi dans le Midi (Montauban), elles ont stagné et régressé. Les fluctuations de la population parisienne, positives au début de la période, négatives ensuite, reflètent cette respiration contrastée.

▲ *En profondeur, les attitudes démographiques ont également changé.* La Révolution voit débuter une fièvre des mariages dès la fin de 1792 qui culminera en 1793 et 1794, plus tard encore parfois. La guerre et les levées d'hommes auxquelles les hommes mariés ne sont point assujettis y sont pour quelque chose : puissant stimulant ! Mais le mouvement avait commencé plus tôt. La nouvelle législation révolutionnaire, la levée des contraintes religieuses canoniques sur le mariage y ont certainement contribué, plus que l'hypothétique relâchement des mœurs parfois invoqué : mais il est incontestable que les mentalités ont changé. L'union libre du sans-culotte, évoquée par Albert Soboul, dans le Paris de l'an II ne semble pas un trait généralisé ; elle se pratiquait et se pratiquera encore plus dans les classes populaires urbaines au XIXe siècle. Au demeurant, l'idéologie révolutionnaire, volontiers vertueuse et familiste, prône les vertus conjugales. Mais par l'instauration du divorce en 1792, le nouveau régime semble donner raison à ceux qui y ont vu un tournant — jugé nocif — dans l'histoire de la famille.

▲ *Sur la base d'une législation libérale, qui admet le divorce par consentement mutuel*, un mouvement sensible s'inscrit surtout de 1793 à 1795 : deux cents divorces par an à Rouen durant ces deux années, une centaine dans les suivantes. À Paris, à Lyon, à Marseille, on a pu mesurer l'ampleur de cette flambée. Elle épongea d'abord tout un reliquat de ménages désunis de longue date ou mal assortis, d'où son importance. Les facilités légales, offertes par la législation de 1792, furent restreintes dès le Directoire ; en outre, le Code civil supprimant, entre autres, le divorce par consentement mutuel multiplia les obstacles, ramenant la pratique au niveau très bas qui sera celui du XIXe siècle.

D'autres questions se posent qui ne sont plus du domaine exclusif de la démographie, mais intéressent aussi les mentalités. Ainsi, on peut se demander si la Révolution a modifié les attitudes devant la vie au niveau de la natalité en accélérant la diffusion de la contraception — sous ses formes élémentaires d'alors, déjà dénoncées par les prélats sous le nom de « funestes secrets » — qui n'était pas inconnue des milieux même modestes en certaines provinces dès les années 1770. En Languedoc, E. Le Roy-Ladurie avait cru pouvoir identifier un tournant sensible durant la décennie révolutionnaire, qu'il a modulé par la suite en le déplaçant à la période du Premier Empire. Mais, même s'il n'y a pas corrélation immédiate entre l'événement révolutionnaire et le « relâchement des mœurs », on s'accorde aujourd'hui à reconnaître que la période a aidé à une diffusion élargie de la pratique.

Cet élément complémentaire au bilan nuancé d'une période qui ne fut pas la grande débâcle qu'y voient certains, mais qui demeure un point d'inflexion sensible dans l'histoire démographique de la France, n'est pas négligeable.

2. Une économie en Révolution

2.1. *Une expansion cassée ?*

L'histoire économique de la Révolution confronte à un paradoxe. Au même titre que la démographie, elle est technicienne : elle parle de courbes, de chiffres, de techniques financières complexes. À ce titre, malgré les travaux du début du siècle, on peut dire qu'elle ne s'est affirmée — brillamment — qu'avec la thèse d'Ernest Labrousse sur *La Crise de l'économie française à la veille de la Révolution* qui prend en compte les mouvements conjoncturels d'une économie d'« ancien style », dominée par le monde rural, dans le temps court d'une convulsion brève, mais replacée aussi dans le contexte d'une histoire des mouvements de longue durée et de l'essor du « glorieux XVIIIe siècle », marqué par la lente montée des prix, de la rente et du profit bourgeois. Il reste à étudier en profondeur l'impact du moment révolutionnaire sur les structures mêmes de la production dans les domaines agricole, industriel (le textile, alors prédominant, la sidérurgie), commercial et bancaire : les travaux les plus récents s'y attachent.

Cette approche précise, qui doit ruser avec les difficultés de sources d'une époque encore largement préstatistique, dévoile un autre aspect, sinon inévitablement polémique, du moins problématique : à travers son bilan économique, c'est la Révolution tout entière qui comparaît au banc des accusés, de manière moins frontale que lorsqu'on traite de la Terreur, mais toutefois directe. La Révolution a-t-elle cassé l'essor économique français, s'achevant dans le chaos d'un fiasco financier, d'un paysage dévasté et, pis encore, hypothéquant durablement le développement du pays ? On est tenté de regarder à côté, de comparer avec l'Angleterre qui, sans Révolution, poursuit sa révolution industrielle, prenant une avance décisive sur la France, affirmant son « décollage » — son *take off* — en cours depuis des décennies. En un mot, la Révolution a-t-elle brisé le *take off* de l'économie française et compromis définitivement ses chances de rattraper sa rivale ? On peut s'interroger, sans contester la légitimité de ces approches comparatives, sur cette démarche même qui distribue les prix comme à un concours. N'y a-t-il pas une voie française spécifique qui mérite d'être étudiée pour elle-même ? Et si l'on accepte de jouer le jeu, peut-on dire que la France, dans les dernières décennies de l'Ancien Régime, était en train de rattraper l'Angleterre ou de l'égaler dans cette course à la modernisation ?

Les chercheurs actuels (D. Woronoff) conviennent, à la suite de E. Labrousse, que l'économie française avait fait, singulièrement dans la seconde moitié du siècle, un grand bond en avant : en témoignent l'explosion démographique, mais aussi les progrès du grand commerce, l'essor de l'industrie dans certains secteurs comme le coton, surtout depuis 1760, les innovations dans la sidérurgie (première coulée de fonte au coke au Creusot en 1785). Mais ces chercheurs sont également sensibles aux lourdeurs et aux retards, particulièrement dans un monde rural où l'extension générale des surfaces cultivées commence à peine, en certaines régions (la Normandie), à s'accompagner d'une transformation en profondeur des techniques et des rendements. Si le mouvement d'expansion (phase A des économistes), caractérisé par une hausse lente et bénéfique des prix et du profit initiée dans les années 1730, se poursuit jusqu'en 1817, enjambant l'événement révolutionnaire, il est sujet à des modulations internes. C'est un « intercycle de contraction » qui s'inscrit en 1778 et 1787 dans la courbe des prix, la mévente de la viticulture, les difficultés de l'industrie textile, et la Révolution héritera dc ce climat maussade. La France n'avait-elle pas déjà perdu la partie avant 1789, ce qui relativise le rôle de l'événement révolutionnaire ?

En revanche, il ne convient pas d'en minimiser l'impact. Les mouvements naturels de la conjoncture économique vont se trouver contrariés durant une décennie par les retombées de l'événement politique. En premier lieu, la guerre qui, à partir de 1792, va bouleverser tous les circuits économiques des échanges internationaux, imposer un effort et une ponction considérable sur les forces vives de la nation, la mise en place d'une économie de guerre dirigiste, perturbe durablement les mécanismes de la production.

Mais la Révolution n'avait pas attendu 1792 pour s'engager dans une politique économique et financière de grande conséquence pour l'avenir. Sans même se risquer, comme le font certains, jusqu'à voir dans le recours à une guerre expansionniste une fuite en avant devant les difficultés intérieures, on doit évaluer l'impact des deux mesures, au demeurant intimement liées, que sont la nationalisation des biens du clergé — gigantesque expropriation — et l'aventure de l'assignat qui, en déclenchant les mécanismes d'une inflation galopante, allait infléchir toute l'histoire économique de la période. Est-il besoin de rappeler — s'il s'agit de répartir les responsabilités — que cette double mesure s'inscrit dans l'héritage de l'Ancien Régime et de la crise financière qui avait hâté sa chute. « Bienheureux déficit, tu seras le trésor de la nation » avait dit Mirabeau : encore fallait-il trouver ce trésor.

À l'intersection des mouvements d'une conjoncture largement rythmée, dans cette économie agraire, par ceux des récoltes — disette et flambée des prix agricoles de 1788-1789 qui affectent toute l'économie, amélioration en 1790-1791, compromise par la guerre et l'inflation à partir de 1792, nouvelle crise agricole en 1795-1796, suivie d'une « embellie » (D. Woronoff) entre 1797 et 1799, à nouveau mauvaise récolte à la veille de brumaire — et d'une autre conjoncture, celle-ci politique, l'économie de la décennie révolutionnaire n'offre pas un tableau tout d'une pièce, mais l'image d'une lutte incessante des acteurs pour se hisser, comme on disait à l'époque, « à la hauteur des circonstances ».

2.2. *Libéralisme ou taxation ?*

Confrontés à cette conjoncture, de quel outillage idéologique disposaient ces hommes ou, plus simplement, y a-t-il une économie politique de la Révolution française ? Il serait trop simple de la résumer en un seul mot, liberté, et d'en conclure que tous les décideurs du temps sont convertis au libéralisme économique, même si la liberté d'entreprendre apparaît, on l'a vu, comme complémentaire des valeurs proclamées de « propriété » et de « sûreté ». Dans la classe politique et dans les milieux d'affaires du temps, on s'accorde sans doute à considérer que dans sa version absolutiste, l'ancien régime de dirigisme économique, d'héritage colbertiste, réglementant la production de façon tatillonne, usant du privilège pour soutenir les manufactures d'État, a fait son temps. De même dénonce-t-on l'archaïsme des barrières — péages, octrois et douanes intérieures.

Est-il légitime d'opposer terme à terme à ce courant répandu dans les élites un autre modèle d'économie morale, fondé sur une lecture différente de la philosophie du droit naturel, telle qu'elle a été formulée de Locke à Mably, et plaçant au cœur des droits naturels de l'homme le droit à l'existence, avec tout ce qu'il comporte de restrictions pour l'exercice d'une liberté d'entreprendre qui s'arrête là où la satisfaction de ses besoins est menacée ?

Ce discours se rencontre du moins avec celui que formulent à leur manière, autant dans leurs pratiques que dans leurs déclarations, les groupes populaires, à la campagne comme à la ville. La libre circulation est crainte, car elle dégarnit les marchés, le libre prix refusé au nom de la taxation des denrées au juste prix, qui les mettent à portée de l'indigent. Ses revendications répondent à des besoins objectifs, mais s'inscrivent dans tout un imaginaire où le thème de l'accapareur ou du complot de famine tient sa place, et aussi dans toute une tradition de luttes des communautés paysannes pour l'égalitarisme, la défense et les pratiques collectives. Sous sa double expression, urbaine et rurale, cette puissante exigence populaire va s'imposer à travers les luttes sociales, amenant la classe politique à composer, voire à donner partiellement raison à cette revendication.

Peut-on penser alors qu'il y a eu une rencontre effective entre une élite gagnée à la philosophie du droit naturel et la revendication spontanée, puis éveillée des masses ? On ne saurait l'affirmer sans nuances. Quant à conclure que la Révolution, au lieu de s'engager dans la voie de la transformation capitaliste de la société, eût pu choisir l'alternative de cette économie morale, où se rejoignaient la philosophie du droit naturel et la revendication populaire, cela appartient à une reconstruction rétrospective de l'histoire.

2.3. *Les étapes d'une politique*

Suivre sur le terrain les étapes de la politique économique de la Révolution amène à distinguer plusieurs moments. Malgré la pression populaire, le vent souffle initialement en faveur du courant libéral : dès l'été 1789, la libre circulation des grains est proclamée. Au demeurant, certaines mesures sont populaires et propres à faire l'unanimité, comme celles qui suppriment dès 1790 les octrois et péages, et les Parisiens se réjouissent de la destruction des barrières aux portes de la capitale. Sont moins populaires, on s'en doute, d'autres textes où l'on affecte de ne voir que les conséquences de la nuit du 4 août abolissant les privilèges. C'est dans cette période de la Constituante qu'ont été votés les textes fondamentaux régissant la liberté d'entreprise : le 2 mars 1791, la loi dite d'« Allarde », du nom de son rapporteur, supprime les corporations, les manufactures privilégiées et la réglementation de la production. Première étape dont l'esprit et les modalités sont précisés, le 14 juin, par la loi Le Chapelier (voir encadré, p. 116) proscrivant toute « coalition » ou association tant des compagnons que des maîtres et leur interdisant de « prendre des arrêtés ou délibérations sur leurs prétendus intérêts communs ». Cette dernière mesure, on s'en doute, pèse essentiellement sur les salariés. La liberté d'association fait les frais de la proclamation de la liberté du travail.

Mais la persistance de l'inquiétude en ce qui concerne les subsistances, explosant en émeutes frumentaires sur les marchés, et sa remontée de 1791 à 1792, quand les taxations populaires prennent une ampleur spectaculaire dans les plaines de grande culture, alors même qu'à Paris les troubles du sucre et du café visent les épiceries de 1792 à 1793, témoignent du divorce avec une classe politique attachée au principe de la libre circulation. Par la voix de ses porte-parole, tel Roland, le parti girondin s'en fera le défenseur, même s'il doit transiger sous la pression de la crise de l'été 1792, en promulguant des premières mesures autoritaires pour l'approvisionnement des marchés.

▲ *Le Maximum.* Après la chute de la Gironde, la pression populaire dont les enragés expriment les revendications (voir encadré, p. 116) et, plus encore, la nécessité de soutenir l'effort de guerre amènent la Montagne à se convertir aux principes d'une économie dirigée, sous contrôle de l'État. Le Maximum des prix du grain et du pain, puis de toutes les marchandises, est établi par étapes : en mai 1793 il est fixé localement par les autorités des départements, en septembre le Maximum général s'applique uniformément à toute la République ; le 19, il est étendu à l'ensemble des prix et des salaires, ces derniers sur la base d'un taux de 150 % par rapport à 1789.

Cette politique de contrôle s'inscrit dans le cadre d'une législation sociale dont l'esprit, on l'a vu, a été annoncé par la Constitution de 1793, définissant le devoir de venir en aide aux plus démunis et d'assurer le droit de tous à la subsistance. C'est là l'expression d'un idéal de démocratie sociale dont les lois de ventôse an II tenteront de donner une première application au printemps 1794.

La doctrine des « enragés » (fin juin 1793)

Délégués du peuple français,

« Cent fois cette enceinte sacrée a retenti des crimes des égoïstes et des fripons ; toujours vous nous avez promis de frapper les sangsues du peuple. L'acte constitutionnel va être présenté à la sanction du souverain : y avez-vous proscrit l'agiotage ? Non. Avez-vous prononcé la peine de mort contre les accapareurs ? Non. Avez-vous déterminé en quoi consiste la vente de l'argent monnoyé ? Non. Eh bien ! Nous déclarons que vous n'avez pas tout fait pour le bonheur du peuple.

« La liberté n'est qu'un vain fantôme quand une classe d'hommes peut affamer l'autre impunément. L'égalité n'est qu'un vain fantôme quand le riche, par le monopole, exerce le droit de vie et de mort sur son semblable. La république n'est qu'un vain fantôme quand la contre-révolution s'opère, de jour en jour, par le prix des denrées, auquel les trois quarts des citoyens ne peuvent atteindre sans verser des larmes.

« Cependant, ce n'est qu'en arrêtant le brigandage du négociant, qu'il faut bien distinguer du commerce ; ce n'est qu'en mettant les comestibles à la portée des sans-culottes, que vous les attacherez à la Révolution et que vous les rallierez autour des lois constitutionnelles.

« Eh quoi ! Parce que des mandataires infidèles, les *hommes d'État,* ont appelé sur notre malheureuse partie les fléaux de la guerre étrangère, faut-il que le riche nous en déclare une plus terrible encore au dedans ? Parce que trois cents mille Français, traîtreusement sacrifiés ont péri par le fer homicide des esclaves des rois, faut-il que ceux qui gardaient leurs foyers soient réduits à dévorer des cailloux ? Faut-il que les veuves de ceux qui sont morts pour la cause de la liberté paient, au prix de l'or, jusques au coton dont elles ont besoin pour essuyer leurs larmes ? Faut-il qu'elles paient, au prix de l'or, le lait et le miel qui servent de nourriture à leurs enfants ? »

(*Source :* cité par M. DOMMANGET, *Jacques Roux le curé rouge,* Paris, 1948.)

La loi Le Chapelier (14-17 juin 1791)

(Extrait)

« ARTICLE PREMIER — L'anéantissement de toutes espèces de corporations de citoyens du même état et profession étant l'une des bases fondamentales de la Constitution française, il est défendu de les rétablir de fait, sous quelque prétexte et sous quelque forme que ce soit.

« ART 2. — Les citoyens d'un même état ou profession, les entrepreneurs, ceux qui ont boutique ouverte, les ouvriers et compagnons d'un art quelconque, ne pourront lorsqu'ils se trouveront ensemble, se nommer ni président, ni secrétaires, ni syndics, tenir des registres, prendre des arrêtés ou délibérations, former des règlements sur leurs prétendus intérêts communs.

« ART 3. — Il est interdit à tous corps administratifs ou municipaux de recevoir aucune adresse ou pétition sous la dénomination d'un état ou profession, d'y faire aucune réponse ; et il leur est enjoint de déclarer nulles les délibérations qui pourraient être prises de cette manière, et de veiller soigneusement à ce qu'il ne leur soit donné aucune suite ni exécution. [...] »

(*Source :* DUVERGIER, *Collection complète des lois, décrets, ordonnances,* t. III, Paris, Guyot et Scribe, 1834, p. 22.)

Les mesures qui accompagnent le Maximum — réquisitions forcées et contrôle — s'intègrent dans un dispositif général qui a pour but d'assurer l'approvisionnement correct des villes ; il y parviendra tant bien que mal jusqu'au printemps de l'an II. Une attention particulière est portée à tout ce qui concerne l'effort de guerre : organisation d'ateliers pour subvenir à l'équipement des troupes, à la production de salpêtre nécessaire à la fabrication de la poudre, contrôle des industries sidérurgiques indispensables pour l'armement par différents systèmes (la régie ou le système de l'« entreprise »), et même nationalisation des poudreries.

▲ *Thermidor voit le retour à une déréglementation* dont la suppression du Maximum, devenu odieux aux salariés comme aux producteurs, est le symbole. Le Directoire préfère sous-traiter à des entreprises et des compagnies qui en tirent bon profit le soin de soutenir l'effort de guerre. Le retour à la libre entreprise s'opère dans un climat d'anarchie dont les plus pauvres font les frais. Les réalités de la situation imposent de transiger et de procéder par étapes. On tente ainsi d'imposer aux cultivateurs le respect de la discipline d'approvisionnement des marchés urbains, pour éviter la spéculation et l'économie de troc qui tend à s'établir. Revers grinçant de l'idéal de vertu et de solidarité de l'an II, c'est bien un système d'économie parallèle qui tend alors à s'instaurer. Il n'avait pas été inconnu dans les années précédentes, quand la dénonciation des accaparements et du mauvais vouloir des gros laboureurs en soulignait les méfaits. L'effondrement de la monnaie-papier dont on mesurera sous peu l'ampleur accentue la tendance : de région à région — vins du Val de Loire contre blés de la Beauce —, de particulier à particulier — paysans et gens des villes —, la liberté retrouvée profite à ceux qui ont, au détriment de ceux qui n'ont rien à échanger.

2.4. *L'aventure de l'assignat*

Dans l'aventure collective de cette économie en révolution, où les principes se trouvent affrontés aux réalités, la crise financière a été évoquée comme l'un des éléments majeurs d'un fiasco économique, entraînant la condamnation globale d'une expérience menée par des apprentis sorciers sous le signe de l'improvisation. En portant atteinte aux équilibres de l'Ancien Régime — des équilibres par ailleurs bien mal en point ! —, en mettant la main sur le patrimoine du clergé, mais pour le dilapider stérilement, en se lançant dans l'aventure mal maîtrisée de la substitution de la monnaie-papier à la monnaie métallique, on a, dit-on, pris le risque des dérapages incontrôlés aboutissant au gâchis final d'une économie sinistrée. On ne saurait nier l'évidence, même s'il apparaît excessif de juger uniquement sous l'angle des problèmes financiers une aventure collective dont les retombées sociales et économiques dépassent amplement ce cadre et si, au jeu des responsabilités, on passe bien lestement sur celles de l'Ancien Régime finissant. Mais il convient, sans préjugé, de suivre l'enchaînement des faits et d'en mesurer les conséquences.

▲ *À défaut d'avoir des finances saines, la France de 1789 avait une monnaie forte, la livre tournois*, stabilisée depuis les années 20 du siècle. Le numéraire ne manquait pas, même si la monnaie fiduciaire restait peu répandue, malgré la création, à la fin de l'Ancien Régime, d'une caisse d'escompte pour les papiers de commerce : à la différence de l'Angleterre, la France ne disposait pas d'une grande banque centrale.

Le problème crucial venait des finances de l'État, lié au système fiscal lui-même, engendrant un déficit chronique. Il avait pris dans les dernières décennies, et singulièrement depuis la guerre d'Amérique, véritable gouffre, des proportions considérables puisque le seul service de la dette absorbait 50 % des revenus annuels. Pourquoi ne pas — comme le suggérait le banquier Lecoulteux, sous le couvert de la sagesse bourgeoise — faire ce que font les familles en ce cas : aliéner une partie du patrimoine ? Le 2 novembre 1789, Talleyrand propose à l'Assemblée la nationalisation des biens du clergé, pactole estimé à deux milliards de livres.

▲ *Sous sa forme initiale, le système garde une réelle prudence : une caisse de l'extraordinaire émet des billets, les assignats*, sortes d'obligations gagées sur les biens nationaux, portant intérêt à 5 %. Admises en paiement de ces biens, détruites à mesure des rentrées, elles financent les avances que la caisse fait à l'État pour renflouer ses finances. Quatre cents millions d'assignats ont été mis ainsi.

Mais les besoins commandent : ce papier se place mal, la vente des biens nationaux demande des délais, mise en place et rentrée des nouveaux impôts substitués à ceux de l'Ancien Régime sont affaire de longue haleine. En décidant le 29 septembre 1790 une nouvelle émission de 800 millions de livres en coupures de petite valeur, sans intérêts, et en décrétant le cours forcé, l'Assemblée transforme l'assignat en une véritable monnaie, dont l'émission continue va servir à couvrir les dépenses courantes de l'État. Contrôlé au début — 900 millions en 1791, 600 millions en 1792 —, le fonctionnement de la planche à billets s'emballe en 1793 sous la pression de besoins nouveaux : près de 4 milliards sont en circulation au mois d'août 1793. Cette inflation monétaire ne pouvait manquer d'entraîner une dévaluation. Par rapport au numéraire, le billet de 100 livres n'était plus échangé à l'été 1792 qu'à 80 % de sa valeur, à 50 % au début de 1793 et à 30 % l'été de la même année. La mauvaise monnaie chasse la bonne et le numéraire se cache, avec toutes les conséquences sociales que cela comporte. Dans cette spirale inflationniste, tout n'était pas encore perdu, alors même que la mise en vente des biens de seconde origine — ceux des émigrés — offrait une nouvelle source de revenus, comme les impositions de 1793 sur les nouveaux pays annexés. Le gouvernement de Salut public, qui joindra à ces rentrées les dépouilles de l'argenterie des églises, a tenté d'enrayer le mouvement, en ralentissant les émissions ; il est parvenu momentanément à quelque résultat, puisque le taux d'échange de l'assignat est remonté de 30 à 50 %.

Dépréciation de l'assignat à Paris (1792-1794)

(Source : Marc Bouloiseau, *La République jacobine*, Paris, Seuil, 1971.)

▲ *Après Thermidor, c'est la débâcle, alors même que les contraintes se relâchent : 11 milliards d'assignats sont en circulation à l'été 1795.* Les tentatives d'assainissement — paiement d'une partie des impôts en nature, emprunt forcé en l'an IV — sont de peu d'effet et, contraint de reconnaître la réalité de l'inflation en juin 1795, on établit un cours officiel de l'assignat. Lorsque, à bout de course, on se décide le 19 février 1796 à mettre fin à l'expérience, 34 milliards d'assignats sont en circulation. Le Directoire a tenté de le remplacer par une autre monnaie : le mandat territorial papier-monnaie, également à cours forcé. Mais cette nouvelle tentative a fait long feu : échangeables à un taux trop bas contre les assignats sans valeur (30 pour 1), les mandats territoriaux sont entraînés dans le même discrédit que leurs prédécesseurs. L'opération est plus brève encore : en février 1797 le mandat territorial est démonétisé.

▲ *Le retour à la monnaie métallique* et l'effondrement des prix consécutif à la fin du phénomène inflationniste entraînent un marasme durable. De ce tournant, les finances de l'État se tirent « au mieux », c'est-à-dire plutôt mal que bien : se débarrassant de la dette par la « banqueroute des deux tiers » (9 vendémiaire an VI, 30 septembre 1797), catastrophique pour les petits rentiers, faisant fonds sur les rentrées extraordinaires provenant du pillage et des contributions des pays conquis, cependant semble-t-il que les rentrées fiscales commencent à s'améliorer dans un pays qui s'accoutume à l'impôt. Mais la situation redevient difficile, voire tragique en 1799.

La politique financière de la Révolution se solde ainsi par un fiasco incontestable, dont les retombées immédiates ont été lourdes, tant sur le plan économique que social. Peut-être convient-il cependant d'aller au-delà de ce constat. La Révolution a assuré sa survie ; la vente des biens nationaux, quel qu'en soit le bilan, a opéré une transformation en profondeur dont on ne saurait dire qu'elle a été un échec. Comme le faisait remarquer Georges Lefebvre, une déroute financière peut cacher une réussite sociale dans le long terme.

2.5. *Tableau de l'économie française de l'après-Révolution*

Un état au vrai de l'économie française à l'issue de cette décennie apparaît très contrasté. Les indices de la production, là où l'on peut les confronter avec ceux de 1789, témoignent d'une croissance momentanément interrompue, retrouvant au mieux, lors de l'« embellie » directoriale, les chiffres initiaux. Encore convient-il de moduler.

▲ *Dans le domaine agricole*, la politique volontariste de l'an II a poussé à une mise en valeur à tout prix de l'espace cultivable. De nouvelles cultures ont progressé, ainsi la pomme de terre. Ce fut parfois au détriment de l'innovation dans le domaine des cultures fourragères et de l'élevage, affecté par les réquisitions. L'outillage agricole, faute de renouvellement, reste archaïque, à l'image de la société rurale dans maintes régions. L'occupation des communaux, mais aussi la mise en coupe réglée des forêts peuvent être appréciées différemment, selon que l'on considère leur portée sociale ou leur rentabilité économique.

▲ *Dans l'industrie*, les contrastes sont plus nets encore : le textile, principale branche de la production, a souffert du marasme économique de la toilerie (ainsi dans l'Ouest) comme de la draperie du Nord et du Midi languedocien. Mais l'essor du coton, par où se fait l'innovation, n'en est que plus remarquable dans les régions où les fabriques sont implantées : Paris, Rouen, l'Alsace, la région lilloise. Coupé de l'extérieur, le marché français se consolide. Des circuits nouveaux d'approvisionnement suppléent à la défection des anciens, les manufacturiers ont profité de l'aubaine que représentait la mise à disposition des anciennes maisons religieuses pour s'établir ; ils ont poursuivi l'effort de modernisation technologique par la diffusion de nouvelles machines. Oberkampf à Jouy-en-Josas, Richard et Lenoir qui s'établissent à Paris dans un ancien couvent témoignent de l'aptitude des manufacturiers à s'adapter aux nouvelles circonstances.

La situation est loin d'être aussi florissante dans la sidérurgie ou les mines. Nombre d'entreprises extractives ou de forges étaient aux mains de privilégiés, noblesse ou abbayes. Changeant de mains ou séquestrées, elles ont été l'objet d'une attention particulière dans le cadre de l'économie de guerre. Le système de la régie ou de l'entreprise, les confiant en fermage à des gestionnaires sous la surveillance de l'État, leur a permis de remplir leur mission en l'an II, avant que le Directoire ne procède à leur vente. Dans ces conditions difficiles, l'innovation marque le pas : ainsi au Creusot, qui reste la vitrine technologique isolée d'une modernisation à venir. La multiplication des petits ateliers — dans le centre de la France ou les régions de montagnes — n'a pas favorisé le progrès technique. Et malgré les réquisitions et les coupes autoritaires, le manque de bois, combustible qui demeure essentiel, se fait sentir.

▲ *Le grand commerce*, élément vital du dynamisme économique du siècle, a sans nul doute le plus souffert de l'interruption des grands échanges maritimes. Le tournant ici, tel qu'on peut l'apprécier par les entrées de navires dans un grand port comme Marseille, n'est pas 1789 mais bien 1793, quand se font sentir les conséquences de la guerre et du blocus anglais. Sur l'Atlantique, la révolte et la perte des colonies ont porté un coup redoutable aux grands ports. Cette atteinte n'était pas sans appel : à Marseille, un commerce de cabotage méditerranéen, par l'intermédiaire des neutres (gênois) relaie partiellement les échanges traditionnels ; de même Bordeaux soutient une partie de son activité par le recours aux navires américains ou nordiques. Il n'en reste pas moins que, pour le monde du grand négoce traditionnel, la période représente un tournant irréversible.

Éclipse du grand négoce et des affaires ? Là encore, il convient de nuancer. Dans ce monde complexe des gens d'affaires et des manieurs d'argent, tous ne se portent pas perdants à la fin de la période. La Révolution a guillotiné les fermiers généraux, mais elle a relativement ménagé ses banquiers, même si on les a regardés avec suspicion en l'an II et si on a fermé la Bourse (réouverte sous le Directoire). Les grandes familles de la haute banque parisienne — les Perrégaux, Hottinger, Delessert — souvent d'origine protestante (genevoise ou suisse), déjà fortement implantées à la fin de l'Ancien Régime, ont su traverser la période. Après Thermidor, la reprise du mouvement des affaires de 1796 à 1799 les voit prospérer. Ce retour des capitalistes se concrétise par la création d'instituts de crédit : la Caisse des comptes courants, associant la haute banque et le grand négoce, la Caisse d'escompte du Commerce, la Banque territoriale qui prospecte le marché ouvert à la spéculation foncière par la vente des biens nationaux. Si les besoins d'argent d'un État aux abois font de ces puissances des intermédiaires nécessaires, la banque profite également de la reprise des courants commerciaux dans l'espace français, et le cercle fermé des hommes d'affaires s'élargit d'apports nouveaux venus de province (Lyon, Rouen, Montpellier, Grenoble) comme de Suisse ou de Belgique. Ce développement reste incomplet sans doute par rapport à l'Angleterre, et il ne touche guère encore la France profonde. Il est fragile également car, à côté des dynasties consolidées qui ont su prendre leur part du gâteau, les nouveaux riches, fournisseurs, munitionnaires, marchands d'argent et spéculateurs en tout genre, bâtissent des fortunes parfois immenses, souvent éphémères à l'époque du Directoire.

Cet aspect spéculatif de l'économie révolutionnaire ne doit pas être oublié. Dans la durée s'inscrivent cependant des mutations plus profondes, dont le changement de la géographie de l'économie française est sans doute le plus significatif. La France atlantique recule et accuse le contrecoup de la crise du grand commerce qui frappe les milieux urbains, comme celle de ses industries traditionnelles. Mais la France de l'Est progresse et l'on a pu parler d'un « axe rhénan » qui témoignerait par son dynamisme économique d'une amorce de reconversion des espaces économiques vers l'Europe continentale, évolution que la période impériale accentuera. Dans ce nouvel espace, les territoires annexés — Belgique, Rhénanie — où la sidérurgie prospère, tiennent leur place. Enfin Paris, qui concentre les affaires et aussi les industries nouvelles les plus dynamiques dans le textile ou la chimie, s'affirme également comme une place industrielle dont l'importance ne fera que se confirmer.

Temps de troubles, d'expérimentations aussi avec leur part d'échecs, la Révolution française ne laisse pas, dans le domaine économique, le paysage de ruines que l'on a parfois décrit. Elle a instauré dans sa législation les conditions d'une entrée dans la modernité du XIXe siècle et posé les bases d'une nouvelle société où la bourgeoisie libérale consolidera ses conquêtes. C'est cette nouvelle répartition des rôles qu'il convient maintenant d'envisager.

3. Société : la révolution paysanne

On doit principalement à Georges Lefebvre, dans son insistance à distinguer « les » révolutions, la conscience de la spécificité, voire l'autonomie, de la révolution paysanne : autonomie relative car on a vu de quel poids le monde rural a pu peser sur les destinées nationales, notamment pendant l'été 1789. Il n'en reste pas moins que les trois quarts des Français, qui appartiennent à la paysannerie, ont vécu la Révolution en fonction de leurs problèmes et suivant leurs stratégies propres. La communauté paysanne n'est pas un vain mot, même s'il faut éviter d'en faire un mythe. Inégalement soudée ou structurée suivant les régions, elle a ses buts de guerre collectifs, mais aussi ses tensions internes.

3.1. *Propriété, exploitation, prélèvement seigneurial*

▲ *On distinguera d'abord paysannerie propriétaire et paysannerie sans terre*, car si l'originalité de la France de 1789 est bien de laisser une part relativement importante du sol aux paysans — autour de 40 % à l'échelle nationale —, cela reflète des réalités régionales bien différentes : dans les plaines de grande culture du Bassin parisien et dans le Nord, la part paysanne est faible, de 20 à 30 %, parfois moins autour de Paris. Elle reste très médiocre dans l'Ouest, limitée dans le Centre par la grande propriété (Bourbonnais), qui se retrouve dans certains secteurs du Midi (bas Languedoc). Malgré tout, le contraste majeur est Nord-Sud, même si la part paysanne s'accroît dans le Nord-Est, de la Lorraine et l'Alsace à la Franche-Comté, c'est du Sud-Ouest au Massif central, mais aussi aux autres massifs montagneux, Pyrénées et Alpes, du Dauphiné à la Provence, que s'étendent les régions de forte, voire très forte, propriété paysanne.

La part paysanne n'est cependant point exclusive même en ces lieux. À côté de la répartition de la propriété, il convient de prendre en compte celle de l'exploitation des terres (appartenant aux privilégiés ou aux bourgeois) qui sont, en faire valoir indirect, louées aux paysans suivant des modalités différentes : le fermage, rente fixe sur la durée d'un bail de 3, 6 ou 9 ans, en argent ou en nature, est le fait des régions de grande culture de la France septentrionale des grosses exploitations. Le métayage ou bail à part de fruit — sur la base d'un partage égal de la récolte, cependant parfois plus défavorable au paysan — caractérise des aires d'agriculture plus modestes, voire pauvres, dans la France centrale et la majeure partie du Sud-Ouest aquitain. Dans l'Ouest, le fermage coexiste avec des formes de métayage variées, telles que le domaine congéable, où la rente du propriétaire est alourdie d'éléments qui tiennent au système seigneurial.

▲ *L'inégale lourdeur du prélèvement féodal* est la troisième composante, non la moindre, qui régit ces équilibres. Le poids du champart, fraction de la récolte prélevée sur le champ, peut varier de 1/3, cas exceptionnel, à 1/30e. Le taux global de ces droits, inférieur à 2 % du revenu paysan en Île-de-France, dépasse 10 % dans le Toulousain. C'est dire que le sort des paysans est très inégal d'un lieu à l'autre et à l'intérieur même de la société paysanne.

3.2. *Les revendications paysannes*

▲ *Les luttes paysannes ne se résument pas à cet essentiel combat pour le pain* qui anime toutes les émeutes concernant les subsistances. En 1789, le discours collectif des cahiers de doléances met l'accent sur la dénonciation du prélèvement seigneurial et du système féodal ; on y associe parfois la dîme, détournée de sa vocation première. Moins évidents d'emblée, d'autres contentieux apparaissent que Georges Lefebvre a présentés dans ses *Questions agraires sous la Terreur*. Dans les plaines de grande culture de la France septentrionale, c'est le problème des grosses fermes, entendons de la concentration des exploitations telle qu'elle est alors pratiquée à l'initiative des gros propriétaires (nobles, abbayes) ou des gros exploitants, aggravant la faim de terre des petits laboureurs. Ailleurs, à la frontière surtout de la grande culture et de la petite exploitation, soit dans le Centre et le Sud-Ouest, là même où le métayage est particulièrement implanté, on dénonce les pratiques des « fermiers généraux », ces intermédiaires (paysans ou non) auxquels de gros propriétaires confient contre le paiement d'une somme fixe la perception de leurs rentes, mais aussi souvent de leurs redevances seigneuriales, et qui pressurent le paysan. Le problème des communaux — terres collectives non appropriées individuellement — friches, landes, mais aussi forêts, cristallise une partie des luttes paysannes, surtout là où ces terres sont importantes. On en dénonce l'accaparement des seigneurs, souvent par partages imposés à la communauté (en vertu du droit de triage ou de cantonnement) à la fin de l'Ancien Régime. On hésite entre la défense de la jouissance collective et la revendication d'un partage — égalitaire ou suivant la propriété — de ces terres convoitées. Ici les intérêts divergent. L'individualisme agraire des paysans ou des propriétaires aisés, qui souhaitent enclore leurs terres pour les soustraire au poids des servitudes collectives (vaine pâture) et y remplacer la jachère par des cultures fourragères par exemple, se heurte à de vives oppositions.

▲ *Les problèmes de la commercialisation et de la distribution* offrent enfin un dernier point d'achoppement, et non des moindres : paysannerie venderesse et marchands ou intermédiaires d'un côté, ensemble des classes consommatrices de l'autre s'affrontent à la ville comme à la campagne. Tout un courant de pensée libérale s'inspire du discours physiocratique sur le « laisser-faire, laisser-passer » en prônant, à la suite de Turgot, la libre circulation des grains. À la base, d'autres discours et d'autres pratiques prévalent. Le petit peuple des villes et des campagnes réclame non seulement le strict respect du contrôle pour éviter tout « accaparement », mais la taxe du prix du grain et du pain, à un prix qui le rende abordable au pauvre, et s'alarme du blé circulant : charrettes sur la route, péniches sur les rivières.

3.3. *Luttes agraires*

L'histoire agraire de la Révolution est une histoire de luttes et de conquêtes, souvent à force ouverte. Cela n'allait pas de soi : on a parfois opposé aux « fureurs paysannes » du XVIIe siècle le calme relatif d'un XVIIIe siècle assagi où les soulèvements populaires régressent en nombre et en intensité et où la guerre des Farines (1774) prend allure d'événement isolé. C'est sous-estimer l'importance d'une mobilisation paysanne atomisée peut-être et moins spectaculaire, mais constante, à partir de laquelle on comprend mieux les explosions du printemps 1789 à l'automne 1792.

▲ *Une respiration se dessine* en ces années, la législation agraire de la Révolution répondant, parfois avec retard, aux sollicitations renouvelées de la mobilisation collective. La révolution paysanne anticipe sur celle des villes : dès mars et avril 1789, durant la préparation des États généraux, des provinces se soulèvent (Cambrésis et Picardie au Nord, basse Provence au Sud). Une autre flambée s'inscrit en juillet ranimant des foyers dans le Nord, en allumant dans le Bocage normand, en haute Alsace et en Franche-Comté, en Mâconnais aussi (la révolte y est violente du vignoble à l'arrière-côte) et en Dauphiné. L'inquiétude sur les subsistances, plus diffuse, affecte alors villes et campagnes au cœur de la crise de l'été et s'associe aux mouvements antinobiliaires. Dans ce cadre, la Grande Peur, dont on traitera plus loin, assure son originalité, tout en s'inscrivant dans un contexte qui l'explique : la crainte du brigand, dans une France parcourue par des troupes d'errants, comme celle du « complot de famine ». En tout cas, ses retombées directes, sous la forme des décrets du 5 et 11 août 1789, bouleversent profondément le paysage social par l'abolition proclamée de la « féodalité ». On en sait les limites : distinction opérée par les juristes entre droits personnels abolis sans rachat et droits réels déclarés rachetables, à des conditions qui rendaient cette opération sinon irréalisable ou, du moins, très onéreuse pour les municipalités. La réponse collective se manifeste par cette série de « jacqueries » (5 ou 6), selon l'expression de Taine qui les a le premier décomptées, avant l'actuelle mise au point de Ado. Elles s'enchaînent de 1790 à 1792, quasiment sans interruption, à partir du Limousin, du Quercy et du Périgord, pour se diffuser en tache d'huile, dirait-on, vers le Centre-Ouest (les Charentes), le Midi aquitain dans son ensemble, la majeure partie du Massif central et, à partir de l'hiver 1791-1792, la Provence, le Comtat et le bas Dauphiné. Mais la France septentrionale n'est pas épargnée.

Ces manifestations se traduisent par la réticence (résistance passive au paiement des redevances et de la dîme), par le refus de payer ou par des expressions symboliques (la plantation des « mais » revendicatifs qui deviendront les arbres de la Liberté). Mais elles prennent aussi la forme d'actions violentes contre les châteaux, leurs girouettes armoriées, les bois et les plantations, les étangs. La mobilisation paysanne culmine dans les deux poussées du printemps et de l'automne 1792, qui vont affecter le Nord comme le Sud du pays. Ce sont des émeutes de subsistances, aboutissant à la taxation forcée sur le marché du prix du grain et du pain, qui prennent au printemps 1792 dans les plaines autour de Paris, Beauce, Brie, Hurepoix, l'allure d'expéditions itinérantes des campagnes vers les villes, tournant mal parfois, ainsi à Étampes, en mars, où le maire Simonneau est massacré par les émeutiers. Ces mouvements des plaines de grande culture culminent à l'automne de la même année. C'est alors que l'on a vu dans une aire encore élargie, de la plaine aux confins du bocage entre Seine et Loire, se déplacer sur de grandes distances, de marché à marché, des dizaines de milliers de paysans pour taxer le grain dans les villes. Le mouvement des taxateurs, qui s'épuise finalement dans le Nord, n'est pas sans équivalent au Sud : du Vivarais au Languedoc, de la Provence au Bas-Dauphiné brûlent les châteaux. Le style d'expéditions est différent, moins spectaculaire peut-être, mais plus brutal dans l'hostilité antinobiliaire. (Voir cartes, p. 126.)

▲ *Dans ce contexte en conjonction avec les avancées politiques du mouvement révolutionnaire urbain on ne s'étonne pas que les principales mesures législatives* — et les plus avancées — aient été prises entre août 1792 et septembre 1793 dans ce domaine. La Constituante et, jusqu'alors, la Législative n'avaient manifesté aucun empressement : arc-boutée sur les deux principes

Troubles de subsistances (1789-1793)

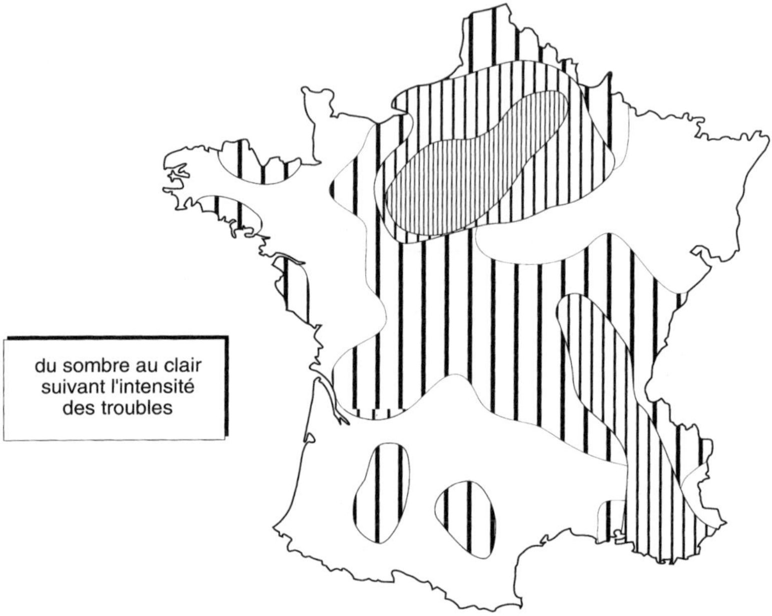

Troubles antiféodaux (1789-1793)

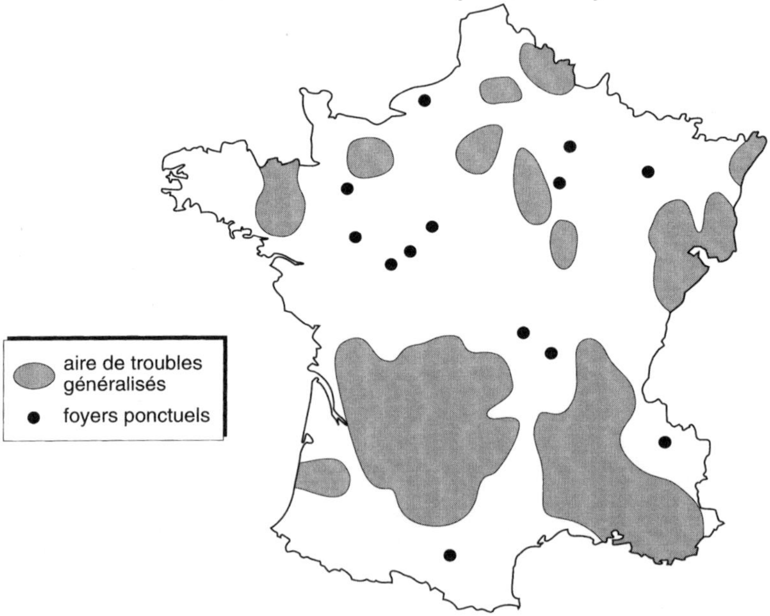

de liberté (22 août 1789 et proclamation de la liberté du commerce des grains) et de propriété (répression des mouvements antiféodaux du Sud-Ouest et encore le 8 décembre 1792, peine de mort décrétée contre les propagateurs de la loi agraire, c'est-à-dire du partage), appuyée sur la loi martiale décrétée dès octobre 1789 contre les attroupements, la nouvelle légalité bourgeoise ne transigeait pas. Les barrières craquent une première fois le 25 août 1792, avec l'annulation de fait de nombre de ces droits contestés et, décisivement, le 17 juillet 1793 qui abolit définitivement et sans rachat tous les droits tenant à la féodalité et éteint les procédures en cours. En ce qui concerne la taxe des grains, à la suite de la crise de l'été 1792, un décret fut pris le 16 septembre 1792, imposant aux communes une quantité de blé à livrer aux marchés, mais elle fut médiocrement appliquée. Le 4 mai 1793, répondant à la demande des sans-culottes, la première loi du Maximum était promulguée, étape vers le Maximum général des salaires et des prix (promulgué lui le 29 septembre de la même année).

La question des communaux s'imposait du fait du mouvement général de reprise par les paysans, depuis 1789, des terrains usurpés par les seigneurs ou considérés comme tels. Le 28 août 1792, un décret reconnaissant aux communes la propriété de leurs terres communales, leur laissait également la possibilité de les partager. Une fraction seulement d'entre elles y procédèrent durant la Révolution.

3.4. *La vente des biens nationaux*

Le bouleversement le plus profond apporté aux équilibres du monde rural reste le gigantesque transfert de propriété qu'a représenté la vente des biens nationaux. Les biens du clergé avaient été mis à la disposition de la nation le 2 novembre 1789 ; le 14 mai 1790, un texte législatif réglait les modalités de la vente. Le séquestre, en 1792, des biens des émigrés conduisit à leur aliénation à partir du 3 juin 1793 ; ils devinrent alors les biens de seconde origine. En l'an IV, une nouvelle législation fut encore adoptée. Il s'agissait d'une entreprise considérable si l'on considère que le clergé possédait 6 à 10 % du terroir national. Il est plus difficile d'estimer avec précision le patrimoine collectif des émigrés. Au total cependant, c'est 15 à 16 % des terres, un sixième, qui changèrent de mains. Sans entrer dans le détail des modalités de l'opération ni des discussions auxquelles elle donna lieu, il nous faut rappeler les modifications importantes. En 1791, l'adjudication se faisait dans le district pour des ventes payables en douze annuités. Des lots importants, domaines et corps de ferme, s'enlevèrent rapidement : en 1791, souvent, plus de la moitié voire des 2/3 des ventes d'un district étaient réalisées. Elles avaient profité à des acheteurs aisés surtout bourgeois, quelques gros paysans, et éventuellement anciens privilégiés. La législation de 1793 prévoyait au contraire le morcellement en petits lots ; en plus d'un lieu, ce fut l'heure des petits paysans dont la part relative se gonfla, mais pour un flux de ventes sensiblement plus modestes. En l'an IV on liquide : il reste encore de belles pièces, notamment dans les biens de seconde origine, mais on est revenu à des adjudications globales, payables en trois ans. C'est un groupe restreint de notables ou d'administrateurs et de spéculateurs qui se réserve ces bons coups. Au total, la petite paysannerie, qui pourtant a tenté d'accéder à l'aubaine en pratiquant les achats collectifs ou sous un prête-nom, n'a eu des conditions favorables qu'en l'an II. Cela explique la modestie des gains paysans dans l'ensemble. Si l'on considère la carte des ventes, patchwork discontinu mais expressif, on constate la faible part des achats paysans autour de Paris et au cœur du Bassin parisien, mais aussi à proximité des villes (Bordeaux, Toulouse, Montpellier, Rouen, Aix...) et assez généralement dans tout l'Ouest et également le Centre (Cher, Vienne). La participation paysanne se renforce dans certaines régions : en Bourgogne et dans le Nord. Au total, la petite paysannerie n'a généralement retiré que des miettes d'un partage qui s'est fait pour l'essentiel entre les gros paysans, là où ils en avaient les moyens, les bourgeoisies locales et encore celles des villes voisines renforçant leur emprise, et parfois les gros spéculateurs, de la capitale notamment, dans le Bassin parisien et au-delà, groupés éventuellement en « bandes noires » (Vaucluse). Ce qui ne veut pas dire qu'il ne soit, finalement, rien revenu aux petits ; largement écartés des acquisitions directes, ils ont pu bénéficier de reventes accompagnées de morcellements et de la mobilité du marché foncier qui accompagna ce vaste mouvement d'aliénations. En Beauce, le nombre des propriétaires sur les matrices cadastrales s'est accru d'un tiers, souvent de cotes modestes. (Voir carte, p. 129.)

3.5. *Un bilan global*

Malgré l'emprise bourgeoise et la place des gros paysans, une petite et moyenne paysannerie sort consolidée pour près d'un siècle parfois (jusqu'à l'exode rural du XIXe), donnant à la société rurale française son caractère original. Si la propriété du clergé anéantie a fait principalement les frais de l'opération, la grande propriété nobiliaire (ou autre) n'a été que partiellement ébréchée par les ventes de seconde origine.

Ce n'est pourtant pas en termes triomphalistes que l'on peut dresser le bilan de la Révolution au village. Des gains sont indiscutables : la suppression du système féodal et du prélèvement seigneurial ou assimilé et l'allègement de l'impôt... Mais le problème des communaux est loin d'être réglé et ce contentieux se projette sur le siècle suivant. La frustration des paysans dans l'opération de vente des biens nationaux a été invoquée, d'après l'exemple de la Sarthe, comme l'une des raisons majeures du basculement dans la Contre-Révolution d'une partie des paysanneries de l'Ouest. Si cette explication socio-économique est aujourd'hui partiellement remise en cause, elle n'en garde pas moins une réelle valeur pour expliquer un aspect du changement des attitudes rurales face à la Révolution.

On ne peut qu'être frappé, en effet, après la montée de l'engagement paysan des quatre premières années, en écho à l'intervention active des masses qui accompagnent le mouvement révolutionnaire, par le désengagement, voire le

La part paysanne dans les achats de biens nationaux (1789-1799)

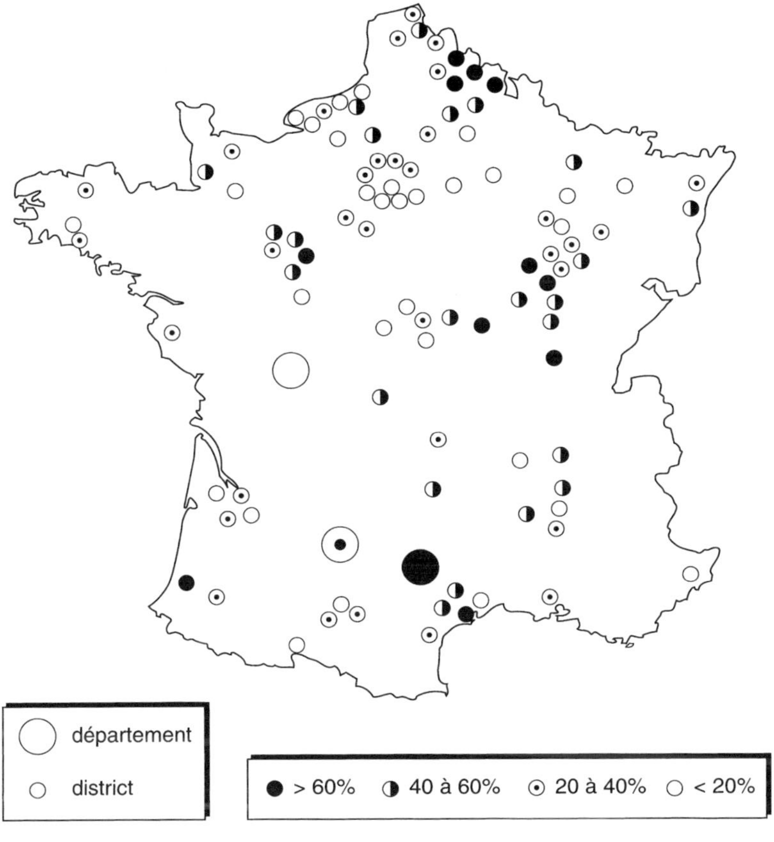

changement des comportements des ruraux passant dans le camp de l'anti- ou de la Contre-Révolution. Est-ce la suite du trouble introduit par le schisme religieux dès 1791, alourdi de façon traumatisante par la déchristianisation de l'an II ? Nous aborderons en son lieu ce problème. Est-ce le refus des nouvelles structures de l'État, par le biais renforcé des administrations aux mains des bourgeoisies urbaines, comme ce fut le cas dans l'Ouest ? Le poids des réquisitions, l'application du maximum et la Terreur au village ont sans doute contribué dans les plaines de grande culture au repli de la bourgeoisie rurale des gros paysans, pendant une brève période dépossédée de son hégémonie sur le pouvoir local. Mais elle s'est reconstituée rapidement sous le Directoire : ce que l'on a analysé récemment sous le terme de « fermocratie »

(G. Jessenne) en Artois témoigne de la consolidation des oligarchies villageoises. Cela ne se passe pas sans une période de flottement : au lendemain de la grande crise de l'an III « le grand hiver » pour les mendiants beaucerons, les bandes d'errants se multiplient dans la plaine. Pour les gros laboureurs enrichis par l'économie du troc instaurée dans les campagnes par la faillite du papier-monnaie, le danger demeure des brigands « chauffeurs » de pieds qui cherchent à savoir où ils cachent leur argent. Et pour les acheteurs de biens nationaux, le sort n'est pas plus enviable dans l'Ouest et le Midi. Qu'importe ; plus d'un pourrait dire comme la vieille paysanne de Michelet, bien plus tard : « Ah ! le bon temps ! »

4. Société : peuple urbain et bourgeoisie

S'il importait de se tourner, du fait même de son poids, vers l'immense peuple des campagnes, l'autre France, ce quart de la population qui n'est pas « occupée d'agriculture », ce sixième qui se concentre dans les villes, ne pouvait manquer de répercuter, avec plus de vivacité encore, les bouleversements sociaux issus de l'événement révolutionnaire. N'englobe-t-il pas les plus riches et les plus pauvres, les perdants (privilégiés, noblesse et clergé, mais aussi officiers royaux et pour une part rentiers), ainsi que les gagnants (une bourgeoisie ancienne ou nouvelle dont le statut a été revalorisé dans la nouvelle citoyenneté), comme il le fera dans le cadre du régime censitaire de la monarchie constitutionnelle et du Directoire. Les textes fondateurs sont là : mise à bas de la société d'ordres, suppression des titres et privilèges, des hiérarchies qui régissaient la cascade des honneurs ou des mépris, dissolution des « compagnies », des structures et des solidarités commandant le monde du travail — corporations, confréries, entreprises à privilèges…

4.1. *Le poids de la conjoncture*

À cette lame de fond se surimpose le poids de la conjoncture sociale née de la Révolution elle-même. Par certains aspects, elle résulte directement de la grande refonte que l'on vient de rappeler : l'émigration touche une frange limitée — tenons-nous comme ordre de grandeur aux 145 000 noms que compte en 1800 la liste des émigrés —, mais elle est sélective. Certes, on n'aura garde d'omettre, pour son poids numérique l'émigration plébéienne, celle des frontières du Nord et du Nord-Est, et secondairement du Midi, paysans et frontaliers ballottés au gré des circonstances. Toutefois, elle touche davantage un pourcentage significatif des ordres anciennement privilégiés, clergé et noblesse, même si dans ce dernier cas les stratégies familiales ont souvent imposé la dissociation de la structure, les vieux et les femmes restant en France pour veiller au patrimoine. L'émigration a des retombées indirectes sur une partie des activités urbaines : commerces de luxe ou d'entretien, bâtiment aussi, et plus largement tout ce qui touche à ce marché de consommation. De même, dans les villes de parlements ou dans les anciennes capitales administratives et religieuses, ressent-on le contrecoup de la destruction des organes de l'Ancien Régime. D'autres facteurs vont également agir sur les structures sociales, et d'abord la guerre, qui fait intrusion dans le champ de la France révolutionnaire à partir de 1792. Elle aussi déplace les hommes, plus massivement encore que l'émigration, jetant un million de soldats aux frontières durant la période, une aventure, on l'a vu, dont beaucoup ne reviendront pas.

▲ *Les crises économiques* apportent leur contribution, de cette crise larvée liée à l'aventure de l'assignat et de l'inflation qu'elle entraîne, particulièrement sensible dans certains groupes (petit peuple ou rentiers), mais aussi les poussées paroxystiques dont la dureté restera gravée dans la mémoire collective en 1789 et 1790, et plus encore peut-être en l'an III et l'an IV.

Il convient cependant de reconnaître que, dans ses structures d'ensemble, la société n'est pas bouleversée de fond en comble. Le monde de l'échoppe et de la boutique et des petits producteurs indépendants conserve, malgré les lois Le Chapelier et d'Allarde, ses modes de vie et de production ; l'univers des bourgeois et rentiers, affecté momentanément, résiste. Beaucoup ont laissé passer l'orage, pendant la décennie révolutionnaire, sans être affectés en profondeur dans le rythme de la vie quotidienne. Si l'on tente de dresser un bilan de ce qui change et de ce qui se perpétue, il apparaît très inégalement modulé suivant les groupes sociaux.

4.2. *Le « petit peuple »*

▲ *Le peuple, le « petit peuple », constitue à la base généralement la moitié ou presque des sociétés urbaines*, si l'on y inclut les diverses branches du salariat : journaliers et gagne-deniers, prolétariat indifférencié et flottant, qui a cependant (si l'on peut dire) son aristocratie dans le groupe fermé des portefaix, jusqu'aux salariés des différents corps de métiers, le tout venant des travailleurs de force du bâtiment, souvent montés par troupes du Limousin pour trouver de l'ouvrage sur les grands chantiers parisiens ; ouvriers et ouvrières du textile travaillant parfois en entreprises concentrées, mais plus souvent en chambres ou en ateliers ; compagnons des anciens métiers corporés (cordonniers et tailleurs, les plus nombreux) ; petits métiers de la rue pour lesquels la distinction serait fallacieuse entre salariés et maîtres (porteurs d'eau, petites marchandes) ; domestiques enfin, plèbe très majoritairement féminine, importante en effectifs si l'on considère que dans une ville d'Ancien Régime elle constituait plus près de 10 % que de 5 % de la population.

Sur fond de misères et de difficultés communes, leurs destinées sont diverses. L'émigration aristocratique, la réduction du train de vie bourgeois ont fait momentanément tomber de moitié dans certaines villes les effectifs de la domesticité. Les compagnons de l'échoppe et de la boutique ainsi que leurs maîtres accusent le coup de la crise des métiers de luxe, à Lyon comme dans la capitale. Une production de masse, dans des ateliers souvent importants, pallie partiellement cette crise de l'emploi en 1793-1794, pour répondre à la demande des armées, en souliers, en uniformes et équipements divers. Mais la Révolution, dès ses débuts, a connu des mouvements sociaux de type moderne : flambées de grèves en 1790 et 1791, au temps même où les lois d'Allarde et Le Chapelier proscrivent ces coalitions, dans les corps de métiers les plus structurés (charpentiers, maçons, et aussi dans l'habillement). Le Directoire, à nouveau, devra affronter des mouvements de ce genre. La condition de ces travailleurs est plus que jamais précaire : rétribués à la journée, ils souffrent de la rareté des petites coupures, du « billon », et de l'inflation de l'assignat. En témoignent à Paris les demandes des patrons pour être approvisionnés en petits assignats, qui nous livrent un tableau de la concentration déjà poussée de l'emploi en certaines branches d'activité. Particulièrement précaire est la situation de la main-d'œuvre féminine — blanchisseuses, couturières, fileuses et toute la gamme des métiers du textile.

Le flux et le reflux, suivant les moments et les saisons, de cette main-d'œuvre souvent venue de la campagne que la ville attire et rejette, mais aussi sa mobilité dans la cité, liée à la précarité du logement rendent compte de cette difficulté de vivre. N'ont-ils rien gagné ? Les salaires se sont partout élevés, parfois en réponse à la raréfaction de la main-d'œuvre consécutive aux levées d'hommes. Mais cet accroissement est sans cesse remis en cause par le mouvement des prix, la cherté, la disette qui sont le lot commun. La lutte pour la subsistance quotidienne avait mobilisé les masses lors de la crise de 1789 ; après une relative relaxation, les troubles reprennent en 1792 et 1793, focalisés parfois sur certaines marchandises : le savon qui manque aux blanchisseuses, le sucre et le café dont la révolte des colonies, mais aussi l'accaparement privent un peuple parisien qui en a pris l'habitude. En tout temps, le pain cher et rare provoque les queues à la porte des boulangeries. Il y eut des séquences plus favorables que d'autres : en l'an II, jusqu'à une certaine date, la sévère politique de réquisition pour pouvoir aux besoins des villes et l'application de la loi du maximum ont réussi à assurer un approvisionnement correct au temps du pain de l'égalité. Mais la déréglementation thermidorienne, coïncidant avec une nouvelle crise de subsistances et le froid d'un hiver, fit de l'an III le moment sans doute le plus dur pour les classes populaires ; et la crise reviendra en 1798…

▲ *La frontière est floue entre ce monde et celui des petits producteurs indépendants de l'échoppe et de la boutique* qui inclut de 35 à 40 % en moyenne des effectifs urbains, là où l'on peut les dénombrer. L'unité de production individuelle — maître, compagnons, apprentis — reste la norme la plus courante, malgré les formes de concentration dont certaines villes comme Paris donnent l'exemple, tant dans des ateliers ou manufactures que par recours à une main-d'œuvre à domicile. Toute une hiérarchie se dessine, des cordonniers et des tailleurs, les plus nombreux, du savetier, isolé dans son échoppe, aux gros entrepreneurs prospères. Pour les premiers, le sort n'est guère différent du petit peuple, soumis aux mêmes contraintes de la vie quotidienne. D'autres tirent mieux leur épingle du jeu : dans les villes gonflées momentanément par des provenances extérieures, on assiste à une multiplication des commerces d'alimentation, boulangers ou bouchers. La conjoncture est favorable à certaines branches : le grand remue-ménage des transactions immobilières liées à la vente des biens nationaux favorise la percée de maîtres-maçons qui deviennent entrepreneurs. Et si les métiers du textile ou des industries de luxe connaissent des fortunes diverses, à cause de la perte des marchés traditionnels, les besoins de l'industrie de guerre ont favorisé d'autres patrons.

4.3. *Une nouvelle bourgeoisie ?*

Les modifications les plus profondes affectent visiblement certaines branches de ce que l'on rangerait aujourd'hui dans le secteur tertiaire ou même au-delà, puisque le bourgeois oisif, vivant de ses rentes en province ou de ses loyers à Paris, constituait une rubrique non négligeable en nombre dans la ville d'Ancien Régime — de 2 à 5 % ? — et encore moins en influence sociale. Pour cette catégorie, le bilan de la Révolution française apparaît ambigu. Le « bourgeois » (avec ce que le titre représentait comme privilèges dans beaucoup de villes) disparaît du vocabulaire social : présent encore sur les listes des citoyens actifs de 1790, il cède alors la place au « rentier », principalement à Paris, et au « propriétaire » en tout lieu. Il y a là plus qu'une mutation sémantique, car le propriétaire de 1800 n'est pas simplement l'héritier du bourgeois d'Ancien Régime, constituant une catégorie où viendront se fondre de nouveaux apports venus, on le verra, des anciennes classes privilégiées. En cette période indécise, les destinées du groupe sont contradictoires. On a, dès l'époque, mis l'accent sur le déclassement et la misère du rentier : c'est là à vrai dire presque une originalité parisienne que ce groupe vivant des rentes constituées sur l'État ou l'Hôtel de Ville, car en province on préférait investir en terres. Les petits rentiers ont été frappés directement par l'inflation du signe monétaire, victimes directes de la débâcle de l'assignat, puis du mandat territorial, de la banqueroute des deux tiers, comme de la difficile rentrée de leurs fonds. Mais le tableau ne doit pas être généralisé. En province, peut-être plus qu'à Paris, si la crise est sensible — ainsi dans la réduction de la domesticité — des mécanismes de compensation ont joué : on a acheté des biens nationaux ; la rente foncière, même si elle a disparu sous certains aspects (les créances hypothécaires déclarées rachetables et « liquidées » en l'an III), s'est consolidée sous ses formes classiques et l'image balzacienne du père Grandet, rentier du sol et un peu usurier, répond à un type social, celui d'une bourgeoisie qui a adopté un temps un profil bas, mais à continué à prospérer.

▲ *La suppression de la vénalité des charges* et par là même du groupe des officiers royaux — anoblis, roturiers parfois en voie d'anoblissement par la charge — connaît une atteinte irréversible ; une filière se ferme. Atteinte aussi la « petite robe », comme on disait, cette foule de procureurs et d'avocats (le terme disparaîtra même pour faire place au « défenseur officieux ») qui gravitait autour des justices royales et seigneuriales, gérant souvent les affaires des privilégiés ; auxiliaires, en somme, d'un appareil de pouvoir qui au niveau de l'administration royale frappait au contraire par la modestie de ses effectifs. Que sont devenus non seulement les parlementaires mais ces dizaines de conseillers-secrétaires du roi que comptait en 1789 toute ville même modeste ? Pour ceux qui étaient au plus haut niveau, intégrés déjà dans le monde nobiliaire, à travers la caste parlementaire, il y eut attaque directe : magistrats des cours de parlements comme fermiers généraux payèrent leur tribut à la Terreur et nombre d'entre eux émigrèrent. Pour quelques-uns qui s'intégrèrent dans le nouveau système, beaucoup se replièrent sur la gestion de leur fortune foncière, souvent considérable, rejoignant la nouvelle aristocratie des propriétaires où on les trouvera en bonne place sous l'Empire. Les robins et également les membres de ce que l'on appellera les professions libérales — médecins, architectes, gens du livre — ont été beaucoup plus sensibles à une reconversion que les circonstances semblaient appeler. C'est là un gigantesque appel d'air, pourrait-on penser, si l'on considère avec J. Godechot l'offre massive que représentaient 40 000 municipalités, 540 conseils de districts et 83 administrations de départements, mais aussi bien la justice restructurée. Ils y ont trouvé leur place dès le début de la Révolution et on les voit au sommet dans les assemblées.

▲ *La Révolution a-t-elle donné naissance, comme on l'a parfois avancé, à une nouvelle bureaucratie*, posant les bases de l'évolution du XIXe siècle ? Le système qu'elle a institué ne doit pas être confondu avec celui que le Consulat puis l'Empire mettront en place ; le principe électif, à tous les niveaux et dans tous les domaines, même religieux, fait l'originalité de la période. Pour s'en tenir aux faits de société, il est incontestable qu'elle a contribué à la naissance d'une nouvelle couche de petits et grands notables, investis dans la politique locale, constitués en réseaux d'influence, aptes à surmonter les turbulences et les changements de cap : une classe politique autant qu'une classe sociale. On a insisté, exploitant le thème de l'arrivisme révolutionnaire, sur les glissements qui se sont opérés, du militantisme à la stabilisation, au sein des bureaux des comités et des ministères parisiens et des administrations provinciales, comme moyen de promotion sociale d'une petite bourgeoisie sortie du rang. L'étude en cours du personnel des grandes administrations confirme, mais en même temps réduit à ses justes proportions, le phénomène bureaucratique sous la Révolution. Le temps peut-être a manqué ? Une filière cependant sera de plus longue durée et de plus grand avenir : la professionnalisation de l'armée des volontaires de 1792, dans l'évolution que l'on peut suivre jusqu'au Directoire, assure la promotion de cadres qui entreront de plain-pied au rang des notabilités de l'Empire, voire de la monarchie censitaire.

4.4. *Les nouveaux riches : gagnants et perdants*

On glisse au monde des nouveaux riches, promus par la Révolution ; thème classique, lorsqu'on aborde la société du Directoire où ce groupe se montre sans contraintes. Dans le cadre de la « fête directoriale », les contrastes s'affichent, de la misère du petit peuple et des rentiers à l'opulence de ceux que l'on montre du doigt : manieurs d'argent et profiteurs, munitionnaires et fournisseurs d'armées, financiers enrichis de la détresse et des expédients du Trésor public. Ouvrard ou Hamelin deviennent des personnages emblématiques, symboles de ces fortunes vite faites, renforcées parfois par la spéculation sur les biens nationaux, vite défaites aussi en un temps où l'argent change de mains rapidement. Cette réalité indéniable ne doit pas masquer cependant les avantages acquis par une bourgeoisie consolidée. Ce ne sont point des inconnus, ni des nouveaux venus que ces grands banquiers — Perrégaux, Lecoulteux-Canteleu, Laffon-Ladébat — dont on suit l'activité dans les sphères financières proches de l'État.

▲ *Le groupe des grands marchands et des entrepreneurs* a connu des fortunes diverses, dans le temps et dans l'espace. À Nantes, à Bordeaux, à Marseille, les négociants enrichis par le grand commerce ont parfois payé un lourd tribut à la répression du mouvement fédéraliste, mais leurs affaires ont aussi pâti du marasme du grand commerce transocéanique. L'heure de « l'oligarchie mercantile » dont parlait Danton semble passée. Industriels et entrepreneurs auraient-ils mieux sauvé la mise ? Défavorable à certains, la conjoncture a été bénéfique à d'autres qui ont su s'adapter aux circonstances. Le parcours sans faute d'un Oberkampf dans sa manufacture d'indiennes de Jouy-en-Josas ou de Claude Périer à Vizille, diversifiant ses activités de la manufacture à la banque, illustre la solidité de dynasties bourgeoises, cependant que d'autres, dans le coton (Richard et Lenoir à Paris) ou dans les forges, initient des carrières durables.

À cette redistribution des rôles, il faut des perdants. Si l'on a pu juger que les gains sont loin d'être uniformes dans la bourgeoisie et *a fortiori* dans les groupes populaires, c'est évidemment chez les anciens privilégiés, clergé et noblesse, que l'on s'attend à trouver ces pertes. De l'ordre du clergé, de son pouvoir et de ses richesses, il ne reste plus rien. Le groupe humain qu'il constituait a été dispersé par l'émigration et parfois l'élimination physique (3 000 morts), puis par l'impact de la déchristianisation et les abdications de prêtrises. Enfin ce clergé a vieilli : il lui faudra des décennies pour se reconstituer.

▲ *La noblesse offre un tableau plus contrasté.* Elle a elle aussi été touchée sélectivement par l'émigration et les exécutions. À la fin de la période, les familles démembrées par l'émigration, le repli prudent de beaucoup sur leurs demeures et châteaux campagnards témoignent d'une classe fragilisée et encore sous le choc. Outre la place et le rang, elle a été atteinte dans sa richesse par la destruction complète des revenus qu'elle tirait du prélèvement seigneurial. Cette part difficile à estimer, variable suivant les seigneuries et les patrimoines, pouvait cependant s'élever aisément à 20 ou 30 %. Puis elle a été touchée en tant que propriétaire. La vente des biens nationaux de seconde origine l'a ébranlée dans sa richesse foncière, alors qu'elle n'avait pas toujours boudé dans les premiers temps de la Révolution les achats de biens du clergé. Là encore, le bilan est beaucoup plus difficile à établir que pour le clergé qui a été exproprié totalement. Que représentaient les biens des émigrés sur la propriété globale de la noblesse ? Encore tous n'ont-ils pas été vendus et la législation plus complaisante de l'époque directoriale autorisait des transactions avec les familles restées sur place. Par ailleurs, des rachats par l'intermédiaire d'hommes de paille ont parfois limité les dégâts. Quoi qu'il en soit, si l'on estime à 16 % la part du terroir français qui a changé de mains au titre des ventes des biens nationaux de première et seconde origine, on peut supputer qu'un quart de la fortune foncière de la noblesse a été aliéné, ce qui n'est pas rien. Atteinte, l'aristocratie française n'est pas abattue. Dans la nouvelle classe de la richesse foncière, qui a encore un très bel avenir devant elle, pendant plus d'un demi-siècle la noblesse gardera une place distinguée.

Chapitre 5

Un homme nouveau : mentalités, religions, culture

SOMMAIRE

1. De la peur à l'espérance

Georges Lefebvre a décrit la mentalité révolutionnaire comme étant partagée entre les deux pulsions contradictoires de l'espérance et de la peur.

Cette formule paraît simplificatrice, certes, mais elle peut servir de guide pour pénétrer dans ce monde nouveau que la Révolution a voulu faire naître.

1.1. *Au début, la peur...*

La peur n'est pas le seul moteur des réactions populaires, mais elle prend sa place dès les premiers épisodes, au cœur de l'été 1789. La Grande Peur est la dernière panique importante qu'ait connue la société paysanne traditionnelle et sans doute la plus spectaculaire. Elle n'était pas sans antécédents et l'on a pu évoquer à son propos le cortège des peurs ancestrales — peur du loup, de la peste, du sorcier, du bohémien — remplacées alors par celle du brigand. Dans la seconde quinzaine de juillet, comme en écho, a-t-on dit, à la chute de la Bastille, a éclaté en divers points du royaume le bruit de l'arrivée de brigands imaginaires, qui pillent et brûlent les récoltes. On parle parfois d'Anglais sur le littoral, d'impériaux ou de Piémontais ailleurs. La nouvelle se propage de village en village, à partir de six épicentres, sur les trois quarts du territoire français, suivant les couloirs de circulation. Elle suscite la réaction des communautés qui courent aux armes, marchent au-devant de cette menace vaine, quitte à contribuer à propager l'alarme. Détrompés, les paysans se portent bien souvent sur le château voisin, où ils se font livrer les titres du prélèvement seigneurial pour les brûler. Mouvement peu sanglant — on ne dénombre que cinq victimes dans toute la France —, mais violent et spectaculaire, la Grande Peur est aux origines de l'abolition de la féodalité dans la nuit du 4 août. (Voir carte p. 139.)

C'est encore Georges Lefebvre qui a analysé le phénomène dans un essai célèbre et en a reconstitué le cheminement et les modes de propagation, distinguant les paniques originelles et les relais. Il s'est interrogé sur les origines mêmes de cette rumeur, a montré comment elle s'est enracinée dans un contexte précis, celui de la crise de subsistances et de la disette, jetant sur les routes des bandes d'errants, redoutés des paysans et des communautés. Réaction panique d'ancien style, propagée oralement, la Grande Peur a été suivie dans le cours de la période d'autres peurs localisées, dans le Bassin parisien en 1790 et encore en 1791, à l'annonce de la fuite à Varennes ; en Champagne ou aux portes de Paris, on s'est alors mobilisé sur le faux bruit d'une invasion. Malgré quelques récidives localisées, la peur disparaît ensuite, mais non la rumeur.

▲ *Dans un monde où la nouvelle circule lentement et mal, naissent les bruits les plus alarmants, tournant généralement autour du complot.* L'Ancien Régime finissant avait connu le « complot de famine », fomenté par les grands, disait-on, pour affamer le peuple. À partir de 1789, c'est le complot aristocratique qui est invoqué, celui des princes et des nobles contre la Révolution. On dénonce les accaparements, le projet d'affamer le peuple. Le thème reviendra sous des formes diverses, au fil des mouvements populaires des années suivantes. Ainsi, lors des soulèvements paysans du printemps et de l'automne 1792 dans les plaines de grande culture, voit-on évoquer un

La Grande Peur (juillet 1789)

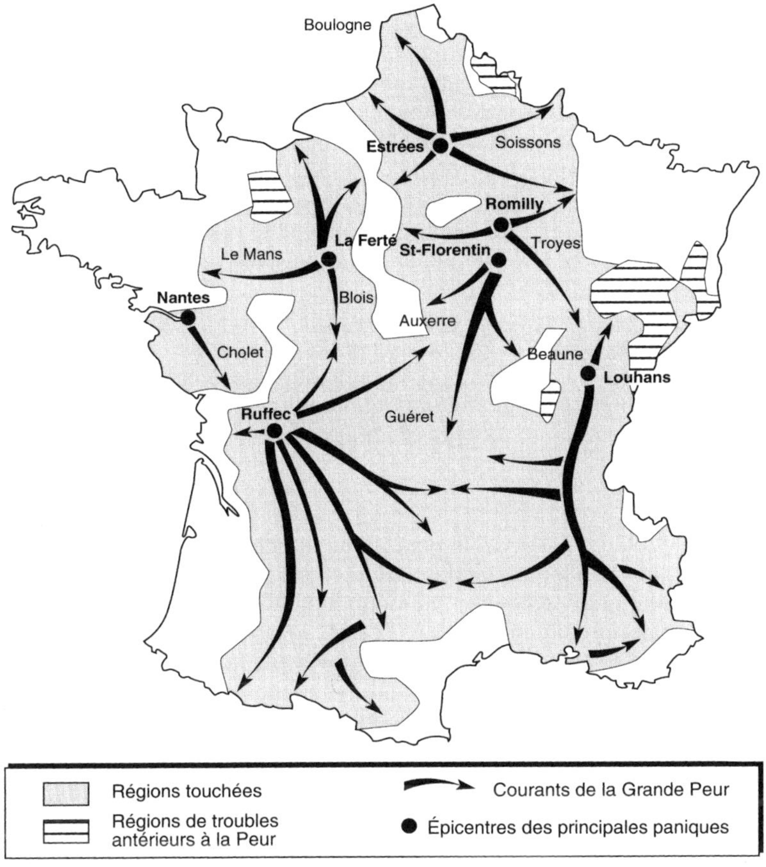

complot alimenté par les contre-révolutionnaires ou par le duc d'Orléans, voire par les « anarchistes ». On dénonce dans tous les cas l'argent distribué, les faux avis, les émissaires… La suite de la Révolution connaîtra, après la déclaration de guerre, le « complot de l'étranger », soudoyé par l'argent de Pitt, et l'accusation s'attachera successivement aux girondins, aux indulgents et aux hébertistes. Le Directoire retournera l'accusation de complot contre les « anarchistes » au temps de la conspiration des Égaux en l'an IV et le thème se retrouvera lors du coup d'État de brumaire.

▲ *Les massacres de septembre en 1792* peuvent être rangés sous la rubrique des retombées de la peur et de la crainte du complot. Au lendemain de la chute de la monarchie, l'invasion menace, les Prussiens sont en Champagne. Dans Paris, la crainte des menées contre-révolutionnaires et, comme on dira plus tard, du « coup de poignard dans le dos » suscite une mobilisation contre les prisons où sont détenus aristocrates et prêtres réfractaires. À partir du 2 septembre, des groupes se portent d'une prison à l'autre à la Force, à l'Abbaye, à la Salpétrière : on y massacre après un simulacre de jugement de 1 000 à 1 500 personnes, dont 300 prêtres, parmi nombre de prisonniers de droit commun. D'autres massacres ont eu lieu à la même époque en province, ainsi à Versailles. Comme la Grande Peur, mais pour des raisons différentes, les journées de septembre interrogent : l'origine de la peur est ici bien identifiable, mais on reste frappé du caractère pour une part aveugle du massacre et de sa sauvagerie. Les autorités débordées ou à demi complices ont laissé faire, quitte à se rejeter ensuite mutuellement la responsabilité, ce qui ne clarifie pas le problème. Les études récentes ont mis en évidence chez les acteurs — artisans, boutiquiers et bourgeois — la volonté d'exercice d'une justice populaire directe, sans intermédiaire. Les massacres de septembre font déboucher la peur sur la violence collective, en faisant jouer les mécanismes de ce que G. Lefebvre définissait comme la volonté punitive, pour lui l'un des ressorts d'une activité révolutionnaire plus généralement défensive qu'agressive.

1.2. *La violence*

Reste que la violence est, avec la peur, l'une des composantes de cette mentalité révolutionnaire. Comme celle-ci, elle plonge de profondes racines dans l'héritage de l'Ancien Régime : violence répressive d'État contre violences populaires, violence au quotidien dans le Paris populaire qu'évoquent des chroniqueurs comme Sébastien Mercier ou Restif de la Bretonne. Du printemps à l'automne 1789, les séquences de violence se sont enchaînées à Paris. La bourgeoisie constituante a voulu briser cet engrenage en votant la loi martiale en octobre 1789 et en hâtant la constitution des gardes nationales. La violence populaire n'est pas arrêtée pour autant : elle resurgit de façon larvée ou ouverte sur les théâtres de la lutte paysanne (Limousin, Périgord) en 1790, avec âpreté dans les foyers des affrontements méridionaux, ces points chauds que sont Nîmes, Montauban, Avignon, Marseille, Arles ou Toulon... Les affrontements sanglants y culminent sans discontinuer en juin et juillet 1792, quand les villes provençales connaissent leurs « pendeurs » qui à Marseille, Aix ou Toulon s'attaquent de nuit aux aristocrates ou aux administrateurs modérés.

On peut, à partir de l'analyse de ces flambées, tenter de décrire le système même de la violence révolutionnaire. Rarement crapuleuse — même s'il y a pillage à Paris le 12 juillet 1789 ou lors des troubles de 1793 —, elle s'exprime plutôt dans les émeutes de subsistance par la vente forcée à prix taxé. Elle se tourne parfois contre les édifices, mise à sac de la fabrique Réveillon au printemps 1789, en gestes de vandalisme. Touchant les personnes, une sauvagerie où se dévoilent des pulsions sadiques (ainsi dans les massacres de Septembre) se rencontre avec un souci de justice directe, élémentairement formulé. La violence sécrète un imaginaire, celui de la lanterne au coin des rues à laquelle on pend les aristocrates, et que l'on voit sur les images poursuivre ses futures victimes, jusqu'à ce que la guillotine prenne le relais.

On a pu écrire que la Terreur avait mis fin à la peur, comme elle a, dans une certaine mesure, mis fin à l'exercice de la violence spontanée, avant que celle-ci, ayant changé de camp, ne revienne sous une autre forme dans les massacres de la réaction thermidorienne de l'an III à l'an V. Paradoxale en apparence, la formule s'explique si l'on considère les jeux dialectiques du combat révolutionnaire. La bourgeoisie a admis et somme toute cautionné la violence populaire quand elle lui a été nécessaire et l'on sait la réflexion de Barnave au sujet du meurtre de Bertier de Sauvigny : « Le sang versé était-il donc si pur ? » Certains des leaders les plus engagés, comme Marat, ont élaboré une théorie de la violence nécessaire : « C'est des feux de la subversion que naît la liberté » écrit *L'Ami du Peuple*, qui en vient à demander des dizaines, voire des centaines, des milliers de têtes. Mais ce maximalisme ne répond pas, on s'en doute, à l'aspiration de la classe politique à mettre fin à la Révolution.

En prenant le contrôle de la violence populaire spontanée, par l'élaboration de la législation terroriste à partir de 1793, Robespierre et le parti montagnard posent les bases de ce qui sera défini comme ligne directrice par l'« Incorruptible » dans son discours du 5 nivôse an II : « Le gouvernement révolutionnaire doit aux bons citoyens toute protection nationale : il ne doit aux ennemis du peuple que la mort. »

1.3. *Foules révolutionnaires*

Après la peur et la violence, la foule serait-elle le troisième élément de cette trilogie de la dynamique révolutionnaire ? Le thème a passionné les historiens, depuis Michelet à l'époque romantique, jusqu'à Taine, et ceux qu'il a inspirés. Mais l'image de la foule révolutionnaire transmise par Taine procède d'une réduction anthropomorphique : la foule ou « l'homme ivre », tour à tour euphorique et massacrant ou même « le singe lubrique et méchant ». C'est Georges Lefebvre, dans une mise au point célèbre qui a posé les bases d'une analyse scientifique et sereine ; son programme a été suivi par Georges Rudé, historien des foules parisiennes. Utilisant tour à tour les sources documentaires de la répression (procès-verbaux d'enquêtes) ou de la gratification, l'auteur a analysé la composition des participants aux journées parisiennes, de la prérévolution à vendémiaire an III. Une typologie se dessine, qui permet de distinguer les journées à dominante de revendication socio-économique, telles les journées d'octobre 1789 ou les pillages des épiceries en 1793, des journées à motivation politique, même si le type mixte domine, joignant les deux éléments. De même peut-on suivre la maturation croissante de ces mouvements au degré de spontanéité de la journée révolutionnaire : le 14 juillet 1789, c'est sans organisation préalable véritable et sur la base d'une improvisation que l'événement prend tournure… Le 10 août 1792 et plus encore le 2 juin 1793, une préparation poussée, associant aux « bonnets de laine » les bataillons de la garde nationale, sur un projet préparé et annoncé, rend presque impropre le terme de foule. C'est le mouvement populaire organisé qui s'affirme ici. (Voir encadré ci-dessous.)

La sociologie des foules les présente comme majoritairement masculines — pour les 9/10e, bien que la participation féminine s'accentue dans les journées de revendications économiques (les 5 et 6 octobre 1789). La moyenne d'âge des émeutiers s'inscrit, à Paris comme à Marseille, autour de la trentaine ; les participants sont mariés et pères de famille. À Paris, les trois quarts en moyenne savent signer leur nom, ce qui n'étonne pas de la part d'une majorité de producteurs indépendants, de l'atelier et de la boutique, dans un ensemble où la part des salariés — du quart au tiers — ne se gonfle au-delà de la moitié qu'exceptionnellement (émeute Réveillon au faubourg Saint-Antoine, printemps 1789). Si l'on ajoute que le pourcentage des repris de justice, marqués à l'épaule, est généralement infime, que la part des chômeurs ne dépasse pas le cinquième et que ceux qui logent en garnis sont moins du quart, il ne reste plus grand-chose de l'image fantastique, forgée par Taine, d'une tourbe misérable, qu'il nourrissait de ses fantasmes des lendemains de la Commune de 1871.

Insurgés et émeutiers parisiens de 1775-1795
(Âge, sexe, alphabétisation, origine, casier judiciaire, etc.)

	(1)	(2)		(3)	(4)	(5)	(6)	(7)	(8)
Émeutes, etc.	*Arrestations*	*Salariés*	*Chômeurs*	*Femmes*	*Âge moyen*	*Sachant lire (%)*	*Déjà condamnés (%)*	*Nés en province (%)*	*Logés en garnis (%)*
1. Guerre des Farines 1775	139	102	18	14	30	33	15	80	37*
2. Émeutes de 1787-1788	55	28	?	1	23	60	?	31	10
3. Émeutes Réveillon	68	52	8	1	29	62	13	66	25
4. Barrières	77	26	?	9	?	?	?	?	?
5. Affaire Saint-Lazare	37	33	–	13	–	–	–	–	–
6. Bastille	662	149	–	1	34	–	–	63	10
7. Champ-de-Mars	248	128	44	13	31	80	2-3	72	20
8. 10 août 1792	123	51	–	3	38	–	–	–	–
9. Pilages épiceries 1792-1793	58	35	–	7	30	–	–	–	17
10. Prairial an III	186	46	–	20	36	85	–	72	–
11. Vendémiaire an IV	30	1	–	0	44	100	–	–	–

* 46 % dans le cas de ceux qui résidaient à Paris

(*Source* : Georges Rudé, *La Foule dans la Révolution française*, Paris, Maspéro, 1983.)

Si elle est généralement de recrutement plus populaire et plus variable dans sa composition, la foule révolutionnaire se rapproche tendanciellement, au fil des mois, des contours de ce qui va devenir la sans-culotterie.

1.4. *Le sans-culotte : un homme nouveau*

Du peuple au sans-culotte, en qui va s'incarner pour un temps l'image de l'homme nouveau que propose la Révolution, un portrait s'élabore par touches successives. À la veille des États généraux quand Mirabeau évoque l'« agrégat inconstitué de peuples désunis », le terme s'emploie encore souvent au pluriel. Évoquant les ministres, on chante : « Quoi ces êtres détestables / des peuples trop misérables / voudraient toujours disposer [...]. » Le peuple se définit lui-même par référence au roi-père, dont il est le sujet. La rupture de l'été 1789 le voit s'affirmer en tant que personne collective et autonome (« Paris gardé par le peuple »). Peuple de frères, substituant au rapport vertical de l'assujettissement les relations fraternelles : c'est l'heure de l'unanimisme et de la réconciliation qui durera au moins jusqu'à la fête de la Fédération, en juillet 1790. Mais déjà, l'image du monde à l'envers, où le paysan sur les estampes chevauche gaillardement ses anciens oppresseurs, le noble et le prélat, introduit une distinction qui s'inscrira dans la dichotomie patriote-aristocrate. Début d'une escalade, qui rangera dans le camp des exclus le noble, le réfractaire, le suspect enfin, défini en 1793 comme celui « qui n'a pas fait acte d'adhésion formelle à la Révolution ». Entre 1791 et 1792, la notion de peuple se restreint et s'élargit tout à la fois. Là où la bourgeoisie constituante, par une lecture restrictive, avait réservé la citoyenneté active à la partie la plus aisée de la population, les citoyens passifs accéderont à l'été 1792 aux assemblées sectionnaires, avant de recevoir la plénitude de la citoyenneté grâce au suffrage universel lors des élections à la Convention. Mais simultanément, la notion même de peuple tend à se focaliser sur les plus pauvres, les plus démunis, ceux que Marat décrit comme la partie « la plus intéressante et la plus délaissée ». Définition restrictive qu'accompagne une série de gestes significatifs : le costume, le tutoiement, l'usage du terme de « citoyen ». Certes, l'après-Thermidor, avec le triomphe des « honnêtes gens » reviendra à une autre lecture condescendante, voire méprisante (« Peuple imbécile, peuple bête... », chante un couplet royaliste) du bon peuple, assortie de la crainte de la « populace » ; mais c'est bien au cœur de la période, entre 1792 et 1794, que le peuple ainsi défini s'est reconnu dans le portrait du sans-culotte.

▲ *La sans-culotterie*, telle qu'elle a été étudiée à Paris par Albert Soboul, comme dans certains sites de province, s'affirme au cours de l'année 1792. On peut suivre sur les courbes de fréquentation des assemblées des sections, auparavant organes électoraux réservés aux citoyens actifs, les étapes d'une respiration globale : entre juin et août 1792, puis à nouveau de l'hiver à l'été 1793 quand le mouvement se structure et s'élargit. Entre ces poussées s'inscrivent des séquences où la mobilisation collective reflue, se replie sur des cadres permanents et des militants actifs. Quelle proportion de la population masculine adulte a été touchée ? De 8 à 9 % dans la capitale selon A. Soboul, chiffre variable selon les sections. À Marseille, si l'on peut estimer du quart à la moitié le nombre de ceux qui ont fait acte de présence, un dixième seulement peuvent être considérés comme de véritables militants, ce qui aboutit à un ordre de grandeur comparable.

La sociologie du groupe conduit également à des équilibres voisins à Paris et en province :

	Bourgeoisie	Producteurs indépendants « L'échoppe et la boutique »	Salariés
Paris	18 %	57 %	20 %
Marseille	30 %	50 %	20 %

Les proportions ont varié dans le temps, elles doivent être modulées aussi en raison de la hiérarchie et des fonctions assumées : aux postes de responsabilité, la part de la bourgeoisie (cadres et professions libérales) s'accroît sensiblement au détriment du salariat et des artisans.

Un profil assez net se dessine cependant : la sans-culotterie n'est pas une classe. C'est un « mixte », une rencontre historique, dont le noyau dur est constitué plus ou moins pour moitié par les producteurs indépendants, maîtres de l'artisanat et de la boutique, même si une partie de la bourgeoisie et une minorité de salariés les rejoignent. Les sans-culottes sont des hommes faits, dont l'âge moyen est de quarante à quarante-cinq ans ; ils sont mariés dans 80 % des cas et le plus souvent pères de famille. Sans être une révolution de vieux — cet âge moyen correspond à celui de la population adulte des villes — le moment ne met pas en valeur une pression juvénile. Il est vrai qu'en 1793, nombre de jeunes sont à l'armée. Les « jeunes gens » de la bourgeoisie se révéleront plus tard, mais dans l'autre camp, lors de la réaction thermidorienne. Ces traits expliquent en grande partie les comportements et la mentalité du sans-culotte. Tel que l'a décrit l'historien anglais Richard Cobb, dans un portrait peu flatteur, le sans-culotte se caractérise certes par le dévouement et la conviction à la cause, par une culture élémentaire qui n'exclut pas la crédulité, une certaine dose de conformisme qui lui fait prendre les virages de la marche révolutionnaire, mais aussi par une violence dans l'expression comme dans les attitudes, ne débouchant qu'exceptionnellement toutefois sur des comportements sanguinaires. Personnage contradictoire, le sans-culotte associe à ses yeux un exclusivisme teinté de xénophobie à une réelle générosité et au sens de la solidarité. En état de tension perpétuelle, le sans-culotte est sujet à la lassitude et au découragement, prêt à retrouver son foyer et le cabaret qu'il fréquente une fois l'exaltation retombée.

L'analyse plus pénétrante — connotée de sympathie — d'Albert Soboul permet de dépasser cette psychologie un peu courte. Dans l'univers mental du sans-culotte, il insiste sur l'aspiration à l'égalité telle qu'elle s'exprime par le tutoiement, par le costume — le gilet ou carmagnole, les pantalons, le port du bonnet et de la cocarde. Cet esprit égalitaire s'exprime dans la revendication du droit à la vie et aux subsistances pour tous, sans aller jusqu'à remettre en cause le principe même de la propriété qui doit avoir pour limite la satisfaction des besoins de chacun. Solidarité, assistance, goût de la fraternisation n'excluent pas un vif sentiment d'indépendance à défendre : le sabre et la pique forment l'arsenal du sans-culotte. En famille, il prône les vertus domestiques, même s'il est parfois libéré des contraintes traditionnelles : l'union libre du sans-culotte parisien correspond à un trait de ces sociétés urbaines. Mais il garde des aspects d'archaïsme et parfois un solide fond de phallocratie traditionnelle. Dans les assemblées de sa section, il affirme son aspiration aux pratiques de la démocratie directe : là où est le sans-culotte avec sa pique, là est le souverain. Il est attaché au scrutin public, défiant des menées contre-révolutionnaires, le scrutin épuratoire est fait pour purger des mauvais éléments. Dans leurs traits communs, comme dans leurs divergences, ces deux portraits permettent de cerner un peu mieux une réalité complexe, au gré des tempéraments : le vitrier parisien Ménétra, qui nous a laissé un précieux *Journal de ma vie*, reflète ainsi dans ses limites et ses contradictions, comme dans un engagement non mesuré, la mentalité de ces petits producteurs et leur apprentissage de la politique au service de la Révolution.

2. Religion et Révolution

Le conflit entre Religion et Révolution pouvait-il être évité ? On touche là un des problèmes majeurs de l'histoire de ces dix ans.

2.1. *La France religieuse en 1789*

▲ *La France était-elle entièrement chrétienne en 1789 ?* Elle en avait les apparences, renforcées par le monopole de la religion catholique et par l'association intime de son Église à l'État monarchique. Sacré à Reims, le roi était bien le protecteur de la « fille aînée de l'Église » et le clergé était dans la hiérarchie des honneurs le premier ordre privilégié. Depuis la révocation de l'édit de Nantes, un siècle plus tôt, les protestants considérés comme de « nouveaux convertis » n'avaient pas le droit de célébrer leur culte, et si depuis le milieu du siècle les persécutions violentes avaient cessé, il faut attendre 1787 pour que la monarchie éclairée leur accorde par l'édit de Tolérance le droit à l'état civil et au culte privé. Les juifs — moins de 100 000 — en communautés dans le Nord-Est (ashkénazes) et le Midi (séfarades à Bordeaux ou dans le Comtat) étaient réduits à un statut inférieur et une surveillance à laquelle n'échappaient que quelques privilégiés. La grande masse catholique du peuple accomplissait avec une unanimité, en apparence sans accroc, les grands gestes « saisonniers » de l'existence — baptême, mariage, sépulture chrétienne — que les prêtres notaient sur les registres paroissiaux, seul état civil officiel. C'était là une des attributions de l'Église, qui assurait par ailleurs une action caritative et d'assistance et tenait une place essentielle dans l'enseignement, des collèges aux petites écoles. La pastorale conquérante poursuivie durant tout l'âge classique portait ses fruits : un clergé plus instruit, de bonnes mœurs, justifiait l'image du « bon prêtre » qui prévalait alors. Sans être effacé, le souvenir des luttes internes, comme la querelle janséniste qui avait déchiré l'Église jusqu'au milieu du siècle, tendait alors à s'estomper.

▲ *Derrière cette apparence d'unanimité, des failles se décèlent cependant.* Au sommet, dans les élites des Lumières, la religion est malmenée. Le mot d'ordre voltairien « Écrasons l'infâme » a cheminé. On s'attaque à l'institution ecclésiale elle-même, au clergé pour ses richesses, ses privilèges, son « parasitisme » (notamment celui des ordres religieux) et surtout pour son intolérance en un temps qui a vibré à l'évocation des affaires Calas et Sirven, protestants injustement condamnés. On s'attaque aussi à la religion révélée, ses mystères, sa « superstition », au nom d'une religion naturelle qui n'a pas besoin de dogmes et dont le discours rousseauiste du *Vicaire savoyard* donne le modèle. Va-t-on jusqu'à l'irréligion complète ? Plusieurs discours coexistent, le déisme étant, sous diverses formes, le plus répandu, allant d'un respect lointain au Dieu horloger de Voltaire à l'effusion de l'ordre du sentiment de Jean-Jacques Rousseau. Minoritaire, un courant matérialiste a marqué le groupe des Encyclopédistes autour de Diderot, Helvétius, D'Holbach ou La Mettrie. Au total, pour autant qu'on en puisse juger, c'est vers une religion naturelle aux dogmes épurés que penchent, dans la noblesse comme dans la bourgeoisie, les élites éclairées de l'Ancien Régime finissant.

Qu'en est-il au niveau des masses urbaines ou rurales ? Le débat est ouvert pour savoir si l'on peut parler, dans la seconde partie du XVIIIe siècle, d'une déchristianisation commencée. Réservant le terme, il reste incontestable qu'un certain nombre d'indices convergents se font jour. On peut parler d'évolution profane ou de sécularisation lorsque l'on suit, comme on l'a fait en Provence, l'histoire des confréries religieuses telles que celle des pénitents méridionaux. Un déclin numérique et surtout la désertion des élites qui trouvent dans les loges maçonniques un cadre de sociabilité plus adapté accompagnent une évolution interne qui voit régresser les gestes de la dévotion baroque méridionale. Un même bilan peut être dressé à partir de ce que nous disent, dans la même région, les testaments où la profusion des invocations, des clauses de piété et des gestes charitables reculent très fortement à partir des décennies 1750-1770 pour faire place à un silence qui ressemble beaucoup à de l'indifférence dans la bourgeoisie, mais aussi dans une partie des classes populaires urbaines et dans une partie des campagnes. Derrière l'apparente unanimité des attitudes, des tempéraments régionaux se dessinent, opposant des régions de fort attachement à la religion — l'Ouest, le Nord-Est — à des aires d'indifférence, comme le Bassin parisien. Ce que d'autres analyses (le nombre des vocations et la densité de l'encadrement religieux, la diffusion de la littérature dévote ou profane) confirment par ailleurs. C'est sur un terrain préparé qu'éclatera la crise révolutionnaire.

2.2. *Naissance d'un conflit : le schisme constitutionnel*

Initialement, rien cependant ne pouvait laisser prévoir cette crise. Les cahiers de doléances du tiers état manifestaient le souci des paroissiens à l'égard de l'exercice du culte et de la revalorisation du statut de leurs curés ; ils se plaignaient du détournement de la dîme et aussi de la richesse et de la puissance de certaines abbayes, de l'absentéisme des prélats, parfois, en ville, du parasitisme de certains ordres religieux. Les cahiers du clergé dénonçaient la propagande philosophique et l'édit de Tolérance. Mais aux élections des députés de l'ordre du clergé, l'influence de la hiérarchie avait été efficacement combattue par le bas clergé des paroisses, qui constituait la grande majorité de la représentation de l'ordre, prêt à rejoindre les positions du tiers état. « Ce sont ces foutus curés qui ont fait la Révolution » a dit un aristocrate mécontent ; et de fait, dans les mois décisifs qui précèdent le 14 juillet, le ralliement du bas clergé comme de quelques prélats libéraux n'a pas peu contribué à la victoire du Tiers — ce que l'on note avec satisfaction.

▲ *Une atmosphère de lune de miel marque donc les premiers temps de la Révolution* : le clergé participe aux fêtes civiques et y aura sa place jusqu'en 1792 et parfois 1793. D'entrée, toutefois, un certain nombre de problèmes sont apparus : la Déclaration des droits proclamant la liberté des opinions « même religieuses » témoigne de la prudence des constituants, mais aussi des oppositions rencontrées. La suppression de l'ordre du clergé, conséquence de l'abolition des privilèges, et surtout l'abolition de la dîme rencontrèrent des réticences, de la part même de Sieyès. Liberté du culte pour tous et égalité des droits civiques ? Il faudra attendre 1791 pour que les offensives répétées des défenseurs des juifs, tel l'abbé Grégoire, obtiennent gain de cause. Le statut de la religion catholique était en question ; lorsqu'en 1790 un religieux, dom Gerle, demanda que le catholicisme fût déclaré « religion d'État », sa motion fut écartée, mais souleva dans le Midi — région de contacts confessionnels — un vaste mouvement d'approbation. L'application des nouveaux principes pouvait paraître une intervention indiscrète dans le domaine spirituel : ainsi lorsqu'elle supprime les vœux perpétuels et la clôture des couvents, parce qu'ils sont attentatoires à la liberté individuelle. L'inventaire des maisons religieuses, l'application de la mesure qui conduisit certaines d'entre elles (essentiellement dans les ordres masculins) à se vider de leurs occupants furent salués avec satisfaction par tout un courant patriotique anticlérical, qui rêvait, au moins en images, de marier moines et nonnes et de les faire entrer dans la vie active. Mais un courant hostile se structure très vite, surtout dans certaines régions. À Nîmes et à Montauban, où une bourgeoisie patriote et réformée s'affronte à une plèbe catholique, le sang coule au printemps 1790, ainsi lors de la « bagarre de Nîmes » qui réveille la vieille fracture religieuse.

▲ *C'est dire que malgré le ralliement initial d'une bonne partie du bas clergé, il existait bien d'entrée entre la Révolution et ses principes et l'Église les éléments d'un malentendu profond.* Les constituants, dans leur très grande majorité, n'étaient pas irréligieux ni même véritablement anticléricaux, mais ils avaient été formés dans une mentalité gallicane, hostile à Rome et surtout il ne faut pas négliger que le concept moderne de séparation de l'Église et de l'État leur était aussi étranger, dans les conditions mêmes du temps, qu'à leurs adversaires : cela explique leur intervention dans ce domaine. Ce qui a véritablement déclenché la crise, jusqu'alors larvée, est l'enchaînement provoqué par la mise à la disposition de la nation des biens du clergé sur proposition de Talleyrand le 2 novembre 1789. Considérée par eux comme légitime, vivement contestée par la hiérarchie dont les éléments les plus éclairés proposent en vain une mesure transactionnelle, cette décision répondait non seulement à une urgence financière, mais à une politique globale. Elle sanctionnait la disparition de l'ordre du clergé, privant les desservants de leurs ressources propres ; elle imposait en compensation de salarier les prêtres et d'en faire des fonctionnaires publics. Par là, elle s'intégrait dans le vaste remaniement général de l'espace administratif, judiciaire, financier... et religieux, auquel procédait alors l'Assemblée. (Voir encadré ci-dessous.)

▲ *Commencée à la fin de mai 1790, la discussion sur la refonte du clergé aboutit le 12 juillet au vote d'une Constitution civile*, sanctionnée dix jours plus tard par le roi. S'interdisant de toucher au spirituel, les constituants refondaient la carte ecclésiastique du pays, établissant un diocèse par département. Ils instauraient un clergé salarié de fonctionnaires publics — évêques, curés, vicaires, élus par les corps électoraux. Les prérogatives de la papauté étaient remises en question, puisque les évêques, sacrés par un métropolitain, se contentaient d'en informer le Saint-Père. Il y avait là les germes d'un conflit inévitable non seulement avec Rome, mais avec la grande majorité des évêques en place qui se considéraient comme légitimement établis dans leurs anciens diocèses. Le statut financier des curés était amélioré, celui des évêques restait confortable, quoique sans commune mesure avec leurs revenus antérieurs, parfois immenses. Le principe même de l'élection, l'ampleur du bouleversement opéré, l'atteinte aux droits du souverain pontife ne pouvaient manquer de diviser profondément le clergé : ce qui apparut lorsque l'Assemblée imposa, le 3 janvier 1791, aux prêtres fonctionnaires publics l'obligation d'un serment à la Constitution civile du clergé.

La mise à la disposition de la nation des biens du clergé

Discours de Talleyrand (10 octobre 1789)

« Quelque sainte que puisse être la nature d'un bien possédé sous la loi, la loi ne peut maintenir que ce qui a été accordé par les fondateurs. Nous savons tous que la partie de ces biens, nécessaires à la subsistance des bénéficiers, est la seule qui leur ▶

appartienne ; le reste est la propriété des temples et des pauvres. Si la nation assure cette subsistance, la propriété des bénéficiers n'est point attaquée ; si elle prend le reste à sa charge, si elle ne puise dans cette source abondante que pour soulager l'État dans sa détresse, l'intention des fondateurs est remplie, la justice n'est pas violée.

La nation peut donc, premièrement, s'approprier les biens des communautés religieuses à supprimer, en assurant la subsistance des individus qui les composent ; secondement, s'emparer des bénéfices sans fonctions ; troisièmement, réduire, dans une portion quelconque, les revenus actuels des titulaires, en se chargeant des obligations dont ces biens ont été frappés dans le principe.

La nation deviendra propriétaire de la totalité des fonds du clergé et des dîmes, dont cet ordre a fait le sacrifice ; elle assurera au clergé les deux tiers des revenus de ces biens. Le produit des fonds monte à 70 millions au moins ; celui des dîmes à 80, ce qui fait 150 millions ; et pour les deux tiers, 100 millions, qui par les bonifications nécessaires, par les vacances, etc., peuvent se réduire par la suite à 85 ou 80 millions. Ces 100 millions seront assurés au clergé par privilège spécial ; chaque titulaire sera payé par quartier, et d'avance, au lieu de son domicile, et la nation se chargera de toutes les dettes de l'ordre [...]. »

(*Source* : Archives parlementaires, 1re série, Paris imprimerie nationale, t. IX, p. 398.)

Le malaise fut entretenu par l'attitude plus qu'équivoque du pape Pie VI. Alors que certains prélats, Boisgelin, Champion de Cicé, s'efforçaient de trouver une solution de compromis, le souverain pontife, très hostile à la Révolution, fit longuement attendre sa réponse, laissant le clergé français dans l'incertitude. Elle vint enfin sous la forme du bref *Quod Aliquantum*, le 10 mars 1791 : c'était une condamnation radicale non seulement de la Constitution civile du clergé, mais de la Révolution tout entière et de sa philosophie attentatoire à l'ordre divin. Ce verdict sans appel souleva à Paris une vive poussée anticléricale. À cette date, la formation du clergé constitutionnel était déjà en cours : la quasi-totalité des prélats en place s'y montrèrent hostiles, quatre évêques seulement prêtèrent le serment et seul Talleyrand accepta de sacrer les nouveaux évêques élus. Le clergé des paroisses se divisa. Le bilan précis du serment constitutionnel sanctionne la division du corps ecclésial en deux camps : 52 % de prêtres constitutionnels qui ont prêté le serment contre 48 % qui l'ont refusé. Mais ce bilan masque de très grosses inégalités : entre curés et vicaires (ces derniers plus réticents), entre campagnes et villes (les milieux urbains sauf Paris, mieux organisés pour résister au serment), entre clercs fonctionnaires publics (curés, congrégations enseignantes) et ceux pour qui le serment n'était pas une obligation.

L'impact de ce qui apparaît d'entrée comme un schisme dans l'Église de France s'inscrit très lisiblement ; on peut en juger dans la carte des attitudes collectives : plusieurs France se dessinent. Le serment a été majoritairement, voire massivement, prêté dans la majeure partie du Bassin parisien, jusqu'au centre de la France, mais aussi suivant un axe qui, de la Bourgogne au Lyonnais, plonge vers le Sud-Est jusqu'à la région alpine et la Provence.

Les attitudes sont beaucoup plus contrastées dans le Sud-Ouest, mais les régions du refus s'inscrivent dans un grand Ouest armoricain, dans le Nord et le Nord-Est, enfin dans le sud et de sud-est du Massif central. Géographie d'autant plus nette qu'elle recoupe très largement les aires qui seront encore, au XXe siècle, celles de fidélité religieuse et celles du détachement de la pratique. (Voir carte p. 151.)

2.3. *Montée de l'anticléricalisme*

De 1791 à 1793, le schisme a créé une situation qui ne peut que s'aggraver sous la pression des événements politiques, puis de l'état de guerre. Sur le terrain, en province, le conflit est vif dans les régions partagées ou réfractaires. Le clergé constitutionnel parvient parfois difficilement à compléter ses effectifs en puisant dans les anciens ordres religieux. L'installation des nouveaux évêques se fait difficilement, face à la résistance des anciens et des populations. Dans les villages, les prêtres constitutionnels doivent parfois être installés par la force et sont mal vus, sinon persécutés. À l'inverse, le sort des réfractaires n'est pas enviable. Un anticléricalisme populaire, dont l'estampe se fait le reflet, se manifeste, surtout à Paris où les dévotes qui vont à la messe du prêtre réfractaire sont fessées par les patriotes.

Deux cultes concurrents divisant les fidèles, pouvait-on aboutir à un compromis ? On l'a cru un temps ; en avril 1791 le département de Paris par un arrêté sur la liberté religieuse autorisait le culte privé des non-conformistes, mesure étendue à la France par un décret du 7 mai. Mal vécues par les uns et les autres — le clergé constitutionnel se sentait désavoué par cette concurrence —, ces mesures furent peu durables. La Législative, dans un climat alourdi où l'émigration des prêtres amène de plus en plus à identifier le réfractaire à l'aristocrate, impose le 29 novembre 1791 à tous, jureurs et non-jureurs, de prêter un nouveau serment, sous peine d'être placés sous la surveillance des autorités. Le veto royal n'empêche pas sa mise en application dans nombre de départements. En mai 1792, au lendemain de la déclaration de guerre, on décrète la déportation hors de France de tout insermenté dénoncé par vingt citoyens. L'escalade conduit le 26 août à l'obligation pour tout réfractaire de se déporter lui-même, les vieillards et les infirmes étant détenus au chef-lieu du département. Arrestations et déportations massives se multiplient : 25 000 prêtres au total ont quitté la France et se sont dispersés dans toute l'Europe : l'Espagne, la Suisse, les États italiens et allemands, l'Angleterre aussi, qui ne leur fera pas le plus mauvais accueil. Dans les États catholiques — Espagne, États du pape —, ils sont en effet en butte à une suspicion qui touche tout ce qui vient de France. Malgré la mise en place de structures d'accueil, à la diligence des évêques émigrés et des autorités, une vie misérable, errante aussi, au rythme des conquêtes françaises, est le lot de beaucoup d'entre eux.

Moins enviable encore est le sort de ceux qui sont restés en France : pendant l'été 1792, dans le contexte de la grande panique créée par l'invasion des

Les assermentés de 1791

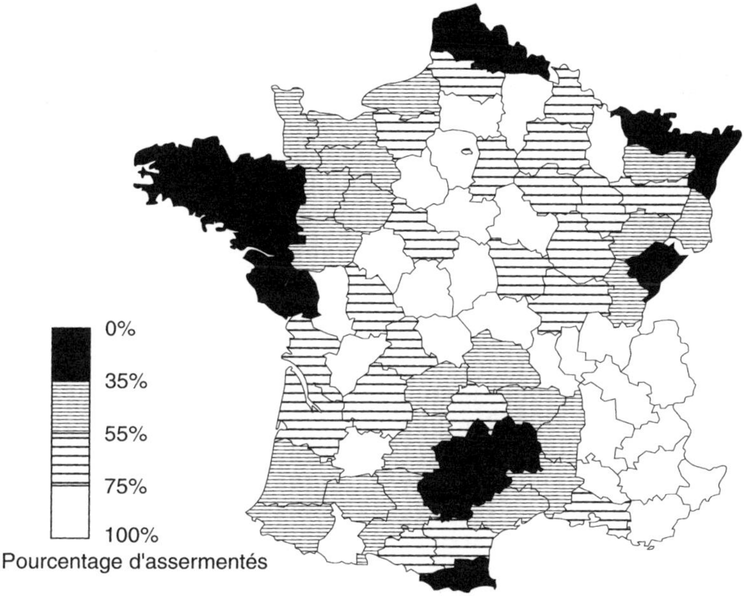

L'intensité de la déchristianisation de l'an II

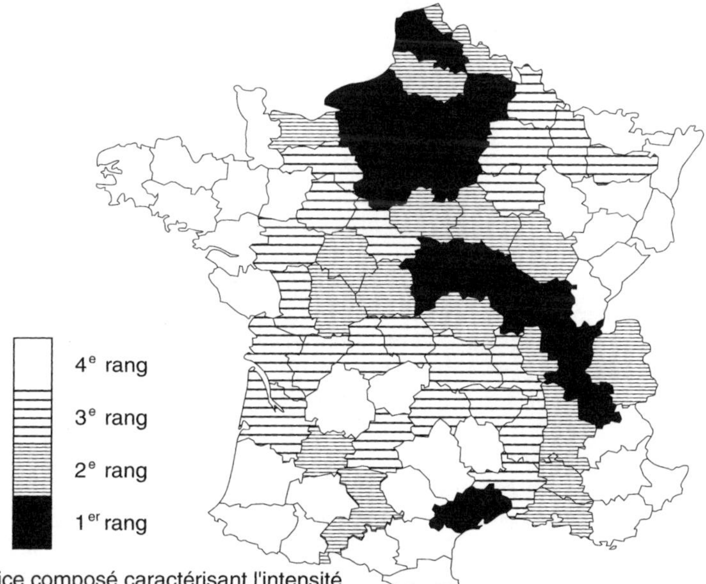

Indice composé caractérisant l'intensité
du mouvement de déchristianisation
(classement par rang du sombre au clair suivant l'intensité décroissante)

frontières, les massacres des prisons parisiennes touchent à partir du 2 septembre des centaines d'ecclésiastiques (300 à la Force et à l'Abbaye) qui deviennent autant de martyrs de la foi. La province n'est pas épargnée en plus d'un lieu (Meaux) par cette flambée violente.

La Révolution avait été, par la force des choses, entraînée à des positions de plus en plus anticléricales ; cependant, jusqu'en 1793, elle n'avait pas été antireligieuse. Pour comprendre la flambée déchristianisatrice qui s'inscrit de l'hiver 1793 au printemps 1794, il convient de s'interroger fût-ce brièvement sur ce que pensaient les acteurs, éminents ou anonymes. Il serait caricatural de figer les positions, en affirmant que les girondins sont plus irréligieux que les montagnards, car dans le milieu qui entoure Danton, des esprits forts se rencontrent, alors que Robespierre et ses amis se retrouvent dans un déisme qui est, pour eux, la caution d'une République vertueuse. Dans le groupe des hébertistes un anticléricalisme virulent pousse parfois la critique de la religion révélée à ses ultimes conséquences. Doit-on faire pour cela de la campagne déchristianisatrice une machine de guerre, sorte de dérivatif ou de fuite en avant de cette fraction d'un mouvement populaire en quête de mots d'ordre mobilisateurs ? L'accusation a été formulée dès l'époque, lorsque Robespierre et d'autres ont dénoncé l'athéisme militant au mieux comme une provocation dangereuse, au pire comme un complot. Toute une tradition historiographique a repris cette explication, sans doute un peu sommaire, pour rendre compte d'un mouvement d'une telle ampleur.

2.4. *La déchristianisation de l'an II*

Qu'est-ce en effet que la déchristianisation de l'an II telle qu'elle se développe à partir de brumaire à l'automne 1793 ? Ce n'est pas une initiative du gouvernement de Salut public ni de la Convention : Danton l'a dénoncée l'un des premiers et surtout Robespierre qui y voit le danger de détourner les masses de leur adhésion à la Révolution. Après en avoir suivi les premières manifestations avec faveur, la Convention votera le 7 frimaire un décret garantissant la liberté des cultes, mais en laissant toutefois le champ libre aux initiatives locales. Est-elle alors un mouvement spontané, dans le climat d'anticléricalisme qui vient d'être évoqué ? Il est vrai que ce sont des communautés villageoises proches de Paris (Ris et Mennecy) qui prennent l'initiative de fermer les églises et d'en apporter les « dépouilles » à l'Assemblée, et que c'est dans le centre de la France que s'inscrit l'épicentre du mouvement. Mais l'ampleur des résistances rencontrées témoigne qu'il ne s'agit pas d'un mouvement de masse généralisé. C'est dans une fraction politisée du courant révolutionnaire, dont les cordeliers sont représentatifs, que la déchristianisation trouve ses promoteurs et ses activistes, soutenus par l'action des armées révolutionnaires et de certains représentants en mission — Fouché, Laplanche dans le Centre, Lequinio dans l'Ouest, Albitte dans les Alpes). Telle quelle, l'onde déchristianisatrice se déploie dans l'espace français en six mois, de brumaire à germinal an II, à partir d'un épicentre, région parisienne et centre de la France. Elle gagne le Nord et le Nord-Est en premier avec des succès inégaux, se propage vigoureusement vers le Sud-Est, de la Bourgogne à Lyon, Alpes et Provence et au Languedoc, mais trouve aussi d'autres relais dans le Sud-Ouest, des Charentes à la vallée de la Garonne. Certaines aires sont moins affectées en profondeur que d'autres : le Nord-Est, l'Ouest, le sud du Massif central, même si elles connaissent les actions maximalistes de groupes convaincus.

▲ *Il est commode de distinguer deux aspects dans cette campagne :* l'un destructeur, la table rase faite des religions en place, est compensé par l'autre, la tentative de mettre en place un nouveau culte civique, celui de la Raison. Dans le premier on rangera la fermeture des églises, presque totale au printemps de l'an II, la confiscation de leur argenterie, envoyée à la Convention, comme la descente de leurs cloches pour fondre des canons. La destruction des objets sacrés « hochets du fanatisme et de la superstition » a en plus d'un point alimenté des autodafés : elle a justifié l'accusation de vandalisme, un néologisme forgé par Grégoire pour désigner ces pratiques. Les mascarades qui accompagnent ces destructions, processions burlesques de sans-culottes revêtus d'ornements sacerdotaux, furent pratiquées en tout lieu. Mais on s'attaque aussi au corps vivant de l'Église : les prêtres sont amenés à abdiquer leurs fonctions et à se défroquer. Spontané dans un dixième peut-être des cas, le geste est bien plus souvent imposé : il touche sans doute 20 000 clercs, chiffre considérable. Le mariage des prêtres, parfois spontané lui aussi — il a débuté plus tôt et se poursuivra plus tard —, souvent forcé, affecte entre 5 000 et 6 000 curés ou religieux. Une part importante du clergé constitutionnel, directement exposé, se trouve ainsi anéantie. L'abdication en brumaire an II à Paris de l'évêque Gobel et de ses vicaires épiscopaux a été l'un des épisodes les plus spectaculaires de cette campagne. (Voir encadré, p. 154.)

▲ *On tente de reconstruire :* les églises désaffectées deviennent « temples de la Raison », où l'on célèbre par des hymnes et des discours de nouvelles liturgies civiques. Des cortèges promènent dans la ville les déesses Raison, vivantes incarnations de la nouvelle divinité. On y a vu des actrices ou des filles de mauvaise vie : ce sont plus souvent les épouses ou les filles de notables jacobins qui tiennent ce rôle. Toute une pédagogie se déploie : « apôtres civiques » ou « missionnaires patriotes », souvent appuyés par les contingents des armées révolutionnaires ou des clubistes, répandent la bonne parole. Peut-on parler d'une religion révolutionnaire ? Le culte de la Raison s'élabore sur une base souvent incertaine, puisqu'il est fondé sur le refus de tout dogme. Mais d'autres formes de religiosité spontanée apparaissent, notamment à travers le culte des martyrs de la Liberté, victimes des ennemis de la Révolution. Marat, Le Peletier et Chalier sont ainsi célébrés dans toute la France et à Paris des femmes patriotes psalmodient les litanies du cœur de Marat « Ô Cor Jesu, o cor Marat ». Dans l'Ouest républicain, les villageois vouent un culte aux martyrs — jeunes filles le plus souvent — victimes des chouans : sainte Pataude ou telle autre que l'on a vu s'élever au ciel avec des ailes tricolores.

On mesure par là que l'épisode déchristianisateur a pu rencontrer un écho favorable dans des campagnes où la mascarade et l'autodafé apparaissent comme la revanche d'une ancienne culture populaire réprimée par la discipline religieuse.

▲ *Il reste que la déchristianisation, très inégalement reçue, a suscité dans tout le pays de vives résistances :* résistance passive des femmes surtout, mais souvent aussi des paroissiens qui se réunissent dans les églises pour célébrer des « messes blanches » sans prêtres, manifestations de prophétisme dans des régions montagneuses — Alpes ou Pyrénées —, soulèvements parfois armés dans le Sud-Est, en Corrèze, dans la Nièvre et jusqu'aux portes de Paris dans la Vendée briarde. Ces réactions de « chrétiens sans Église », souvent encore mal connues, ne doivent pas être minimisées, car elles ont pesé lourdement dans le passage de maintes campagnes à l'anti- et parfois à la Contre-Révolution.

Ce n'est pas uniquement cette crainte qui justifie le projet de Robespierre de donner un coup d'arrêt à la déchristianisation en proclamant, dans son célèbre rapport du 18 floréal an II, l'existence de l'Être suprême et la croyance en l'immortalité de l'âme (voir encadré ci-dessous). Dans une République régie par la vertu, il lui est inconcevable que « les bons et les méchants disparaissent de la terre » sans qu'une sanction ne vienne récompenser les mérites. L'immortalité de l'âme, exigence de l'ordre de l'éthique, suppose elle-même l'existence d'un principe suprême qui en est le garant. La morale personnelle de l'« Incorruptible » se rencontre ici avec sa morale civique ou sociale. Concept qui ne lui est pas propre : dans les discours du culte de la Raison, la référence à l'Être suprême est fréquente. On comprend mieux dès lors que le passage de l'un à l'autre, théâtralisé en termes d'exorcisme de l'athéisme, n'ait pas été vécu partout en termes de tournant radical. Le culte de l'Être suprême a été largement reçu, si l'on en juge par le flot des adresses comme par l'ampleur des célébrations dans toute la France le 20 prairial an II. La manifestation la plus éclatante en fut la grande scénographie parisienne réglée par David, à la fois triomphe de Robespierre et annonce de sa chute.

Arrêté déchristianisateur de Fouché dans la Nièvre

Au nom du peuple français

« Le représentant du peuple près les départements du Centre et de l'Ouest,

« Considérant que le peuple français ne peut reconnaître d'autres signes privilégiés que ceux de la loi, de la justice et de la liberté ; d'autre culte que celui de la morale universelle ; d'autre dogme que celui de sa souveraineté et de sa toute-puissance ;

« Considérant que si, au moment où la République vient de déclarer solennellement qu'elle accorde une protection égale à l'exercice des cultes de toutes les religions, il était permis à tous les sectaires d'établir sur les places publiques, sur les ▶

routes et dans les rues, les enseignes de leurs sectes particulières, d'y célébrer leurs cérémonies religieuses, il s'ensuivrait de la confusion et du désordre dans la société, arrête ce qui suit :

« Article premier. Tous les cultes des diverses religions ne pourront être exercés que dans leurs temples respectifs.

« Art. 2. La République ne reconnaissant point de culte dominant ou privilégié, toutes les enseignes religieuses qui se trouvent sur les routes, sur les places et généralement sur tous les lieux publics, seront anéanties.

« Art. 3. Il est défendu, sous peine de réclusion, à tous les ministres, à tous les prêtres de paraître ailleurs que dans leurs temples avec leurs costumes religieux.

« Art. 4. Dans chaque municipalité, tous les citoyens morts, de quelque secte qu'ils soient, seront conduits, vingt-quatre heures après le décès, et quarante-huit en cas de mort subite, au lieu destiné pour la sépulture commune, couverts d'un voile funèbre, sur lequel sera peint le Sommeil, accompagnés d'un officier public, entourés de leurs amis vêtus de deuil, et d'un détachement de leurs frères d'armes.

« Art. 5. Le lieu commun où leurs cendres reposeront sera isolé de toute habitation, planté d'arbres sous l'ombre desquels s'élèvera une statue représentant le Sommeil. Tous les autres signes seront détruits.

« Art. 6. On lira sur la porte de ce champ, consacré par un respect religieux aux mânes des morts, cette inscription : "La mort et un sommeil éternel." [...]

« *Nevers, 19e jour du premier mois de l'an second de la République.*

FOUCHÉ. »

(*Source :* cité par LOUIS MADELIN, *Fouché (1759-1820)*, Paris, Plon, 1903.)

Robespierre et le culte de l'Être suprême

(Convention nationale 7 mai 1794, 18 floréal an II)

« [...] L'idée de l'Être suprême et de l'immortalité de l'âme est un rappel continuel à la justice ; elle est donc sociale et républicaine. La Nature a mis dans l'homme le sentiment du plaisir et de la douleur qui le force à fuir les objets physiques qui lui sont nuisibles, et à chercher ceux qui lui conviennent. Le chef-d'œuvre de la société serait de créer en lui, pour les choses morales, un instinct rapide qui, sans le secours tardif du raisonnement, le portât à faire le bien et à éviter le mal ; car la raison particulière de chaque homme, égarée par ses passions, n'est souvent qu'un sophiste qui plaide leur cause, et l'autorité de l'homme peut toujours être attaquée par l'amour-propre de l'homme. Or, ce qui produit ou remplace cet instinct précieux, ce qui supplée à l'insuffisance de l'autorité humaine, est le sentiment religieux qu'imprime dans les âmes l'idée d'une sanction donnée aux préceptes de la morale par une puissance supérieure à l'homme.

« Vous ne conclurez pas de là sans doute qu'il faille tromper les hommes pour les instruire, mais seulement que vous êtes heureux de vivre dans un siècle et dans un pays dont les lumières ne vous laissent d'autre tâche à remplir que de rappeler les hommes à la nature et à la vérité.

« Vous vous garderez bien de briser le lien sacré qui les unit à l'auteur de leur être. Il suffit même que cette union ait régné chez un peuple, pour qu'il soit dangereux de la détruire. Car les motifs des devoirs et les bases de la moralité s'étant nécessairement liés à cette idée, l'effacer c'est démoraliser le peuple. Il résulte du même principe qu'on ne doit jamais attaquer un culte établi qu'avec prudence et avec une certaine délicatesse, de peur qu'un changement subit et violent ne paraisse une atteinte portée à la morale, et une dispense de la probité même. Au reste, celui qui peut remplacer la Divinité dans le système de vie sociale est à mes yeux un prodige de génie ; celui qui, sans l'avoir remplacée, ne songe qu'à la bannir de l'esprit des hommes, me paraît un prodige de stupidité ou de perversité... »

(*Source :* Archives parlementaires, 2e série, Paris, CNRS, t. 90, p. 132 et sq.)

2.5. *La politique religieuse du Directoire*

On s'est demandé si le Directoire a eu une politique religieuse. La question peut être posée pour l'ensemble de la période post-thermidorienne qui témoigne d'une réelle unité... dans l'hésitation. Le noyau initial des thermidoriens n'était certes pas favorable à la religion : on dénombre encore quelques manifestations attardées de déchristianisation. Mais l'optique qui semble prévaloir initialement est celle du désengagement : en fait les frais une Église constitutionnelle que l'on considère comme moribonde, puisque l'on décide dans les tout derniers jours de l'an II que « la République ne subventionne plus aucun culte ». Cette mesure peut apparaître comme une anticipation sur la séparation de l'Église et de l'État telle qu'elle fut établie en ventôse an III par un décret établissant la liberté des cultes et leur célébration dans les églises non aliénées sous réserve d'un serment d'obéissance aux lois. Ce n'était en fait, dans l'atmosphère de réaction générale de l'an III, que se plier à une conjoncture dans laquelle s'esquissait la reprise du culte, alors même que les prêtres réfractaires amorçaient un retour qui s'amplifiera les années suivantes.

▲ *Mais au vrai, les hommes au pouvoir, thermidoriens et directoriaux, n'avaient rien relâché de leur vigilance à l'égard des prêtres réfractaires, en qui ils voyaient non sans raison des agents de la Contre-Révolution.* En fructidor an III, puis en brumaire an IV, ils ont réitéré les mesures répressives qui rendaient passibles de la mort les réfractaires émigrés rentrés. Au gré des fluctuations du contexte politique, on oscilla de la tolérance à la répression. En l'an V, lorsqu'une droite royaliste à peine voilée dominait les conseils, on rapporta la législation sur les prêtres réfractaires, mais le coup d'État du 18 fructidor amena le retour des persécutions. On imposa aux prêtres « non conformistes » un serment de haine à la royauté et à l'anarchie que la plupart refusèrent. Surtout reprit la chasse aux émigrés rentrés. Cette politique trouva son apogée en l'an VI durant la dernière poussée jacobine. Plutôt qu'aux exécutions, elle recourut à la déportation vers la Guyane (la « guillotine sèche ») et plus encore, faute de pouvoir y procéder, à l'entassement sur les pontons de Rochefort (1 800 prêtres étaient en instance de déportation en janvier 1789), où ils moururent par centaines.

Cette politique, inégalement suivie par les autorités locales, masque mal un échec. Commencé en l'an III, le retour des prêtres émigrés s'accentua en l'an V. Une Église se reconstituait, tantôt clandestine et tantôt tolérée. Elle se donnait des structures sous l'impulsion des évêques émigrés et, plus encore, de leurs grands vicaires ou émissaires, dont Linsolas, dans le diocèse de Lyon fournit l'exemple. Cette Église reconstituée avait le dynamisme de la reconquête : elle imposait aux constitutionnels repentis rétractations et pénitences. Elle manifestait son intransigeance à l'égard des serments de soumission de l'an III et de l'an V que certains, plus sensibles aux réalités nouvelles comme M. Émery, supérieur du séminaire de Saint-Sulpice, engageaient à prêter. Ce clergé de combat pouvait s'appuyer sur un vif regain de la pratique religieuse. À Paris, les oratoires privés se multipliaient par centaines ; en province, bien souvent, avec la complicité bienveillante des autorités, les paroissiens retrouvaient leurs anciens prêtres, les anciennes pratiques de la messe dominicale, désertant le décadi et défendant la sonnerie de leurs cloches.

▲ *Tout cela ne pouvait que desservir l'Église constitutionnelle*, malgré l'énergie de ceux — Grégoire, Le Coz — qui ont œuvré à sa reconstruction. Un journal, *Les Annales de la religion*, s'est fait à partir de 1796 l'organe de leur courant et leur point de ralliement. Ils avaient à lutter contre les empiétements des réfractaires, à défendre leurs lieux de culte, à rassembler leurs troupes décimées par les abdications, manifestant auprès des réconciliés une exigence qui n'avait rien à envier à celle de leurs adversaires. Mais il leur fallait compter aussi avec le mauvais gré d'un gouvernement dont l'anticléricalisme restait vif et qui n'avait plus que faire de ces compagnons de route encombrants. Ce n'est pas sans réticences qu'il autorisa le 15 août 1797 (thermidor an V) la tenue d'un concile national à Paris. Mais ce courant exigeant, fidèle à la foi et à une Révolution qui se détournait de lui, n'avait guère de chances de succès, en un temps où les fidèles retournaient en nombre à la messe des réfractaires…

Les hommes du Directoire, en répudiant le culte de l'Être suprême, n'avaient pas tous renoncé au projet d'une religion civique ou, à tout le moins, d'un cadre qui permît de rassembler autour des nouvelles valeurs de la République des Français qu'il fallait soustraire au retour de la superstition. En l'an IV, comme en l'an VI, ils ont tenté de structurer le cycle des fêtes civiques, comme ils ont tenté aussi sans grand succès de ranimer le culte décadaire. Des initiatives privées renforcèrent ce courant : le libraire Chemin, qui publiait en janvier 1797 un *Manuel des théoanthropophiles*, reçut un accueil favorable du milieu des idéologues, représentants de la philosophie officielle et de certains politiques, en particulier du directeur La Révellière-Lépeaux. La « théophilanthropie » (terme qui fut adopté) était une religion sans l'être, prônant les vertus morales, sociales et civiques. Elle organisa en janvier 1797 ses premières cérémonies, où les hymnes alternaient avec les prédications civiques. L'initiative connut un certain succès à Paris et dans certains centres provinciaux (Yonne) mais, à la fin de la période, elle avait fait long feu.

Faut-il en rester sur cet échec et conclure à la stérilité, voire à la nocivité, d'une expérience révolutionnaire qui a divisé la France durablement ? Le rétablissement de la religion sous le Consulat compte au rang de ce que Maurice Agulhon appelle des « restaurations bien reçues ». Reste que rien ne sera plus comme avant. Révélateur et accélérateur, l'épisode révolutionnaire a fait apparaître un paysage religieux contrasté, modifié en profondeur et dont les traits se reconnaissent encore aujourd'hui.

3. Fêtes et symboles : la cité idéale

La fête tient, dans l'univers de la Révolution française, une place privilégiée. Elle est le lieu où s'exprime une mentalité naissante, où se proclament les nouvelles valeurs, où s'exerce une pédagogie civique : en quelque sorte, le miroir que la Révolution se tend à elle-même pour y observer l'image de la cité idéale. Longtemps mal considérée par une historiographie qui n'y voyait que débordements anarchiques ou, au contraire, froides cérémonies officielles, elle suscite aujourd'hui l'intérêt des historiens attentifs à suivre les étapes du « transfert de sacralité » (M. Ozouf) dont elle a été le cadre.

3.1. *Évolution de la fête révolutionnaire*

▲ *Dans les premiers mois de la période, la fête se cherche et se coule encore dans les cadres de la tradition.* C'est une joyeuse entrée d'un nouveau genre que les Parisiens réservent à Louis XVI lorsqu'ils le reçoivent à l'hôtel de ville le 17 juillet 1789. La religion reste présente ainsi dans la célébration des morts de la Bastille à la cathédrale de Paris, comme elle le sera pour les obsèques de Mirabeau. Mais, par contraste, jaillit la liesse sauvage qui suit les journées révolutionnaires, farandole improvisée des Provençaux après la prise des forts Saint-Jean et Saint-Nicolas, les « Bastilles » marseillaises. Un rituel se met progressivement en place dont la célébration de la fête de la Fédération à Paris au Champ-de-Mars, le 14 juillet 1790, fournit l'exemple achevé. Fête à poste fixe, sur le vaste terre-plein entouré de gradins aménagé autour de l'Autel de la patrie, où la messe est célébrée et le serment prêté : rencontre de deux rituels, civique et religieux, encore indissociés. Au cours de l'année 1791, le cérémonial sa structure, mais en même temps l'unanimité se brise. À quelques semaines d'intervalle, au printemps, David règle la scénographie du cortège qui célèbre la réhabilitation par les patriotes avancés des Suisses de Châteauvieux injustement condamnés, et les autorités modérées, de leur côté, la mémoire du maire d'Étampes, Simonneau, « martyr de la loi », massacré sur le marché par les taxateurs.

▲ *Un tournant s'inscrit en 1793 dans l'histoire de la fête.* On peut l'illustrer en évoquant la célébration, le 10 août, du premier anniversaire de la chute de la royauté, qui s'associe avec la réception par les délégations des départements du nouvel acte constitutionnel, sous le signe de l'unité et de l'indivisibilité de la République. Liturgie purement civique, païenne aussi, puisque l'on a élevé sur les ruines de la Bastille une gigantesque statue de style égyptien, figurant la Nature qui presse ses seins pour en faire couler l'eau de la régénération, fontaine où s'abreuvent les corps constitués. Au cours de l'hiver et au printemps de l'an II, la flambée de la déchristianisation a suscité un grand nombre de fêtes qui illustrent ces nouveaux rituels. Mais le retour d'une culture populaire carnavalesque — celle du monde à l'envers — qui s'exprime dans l'autodafé des dépouilles de la « superstition », comme dans les mascarades où les sans-culottes défilent affublés des ornements sacerdotaux, en fait exploser les cadres. Le cortège burlesque de l'âne mitré se retrouve dans la région parisienne, dans le centre de la France et se diffuse aux provinces les plus lointaines.

Le défoulement collectif de la période déchristianisatrice n'a qu'un temps : l'instauration du culte de l'Être suprême en est à la fois l'aboutissement et la négation. Dans son discours du 18 floréal an II, Robespierre a non seulement fait reconnaître la croyance en celui-ci et à l'immortalité de l'âme, mais proposé tout un cycle de fêtes civiques et morales. L'expression spectaculaire de ce nouveau cours s'illustre dans la célébration, le 20 prairial an II, de la fête de l'Être suprême à Paris et dans toute la France.

▲ *On a vu dans le 20 prairial l'apothéose de Robespierre*, mais aussi le présage de sa chute : toutefois si Thermidor met fin au culte de l'Être suprême, il n'y a pas de rupture entre le cycle des fêtes civiques qu'avait proposé l'« Incorruptible » et l'organisation, à l'époque directoriale, d'un système construit de fêtes, structuré en l'an IV, complété ensuite. Tout un calendrier se met en place, sous différentes rubriques. La Révolution met en forme sa propre histoire, on célèbre le 14 Juillet, le 10 Août, le 21 Janvier mais aussi le 9 Thermidor et le 1er Vendémiaire, naissance de la République. En l'an VI, on y adjoindra le 30 Ventôse, fête de la Souveraineté du peuple, et le 18 Fructidor. Les fêtes anniversaires se doublent de fêtes morales : celle de la Jeunesse, des Époux, de la Vieillesse, de la Reconnaissance et de l'Agriculture… Du printemps à l'été, tout un cycle rythme ainsi la vie collective. La petite monnaie de ces grandes célébrations, ce sont les fêtes décadaires, remplaçant le dimanche, marquées par des lectures et des hymnes. On doit reconnaître qu'elles sont inégalement et, au fil du temps, de plus en plus médiocrement suivies. Toutefois, l'idée reçue d'une fête directoriale désertée, rassemblant au mieux les autorités, mérite d'être révisée à la lumière des études récentes. La fête a connu des périodes fastes, entrecoupées de reculs lors des périodes de réaction violente. La poussée jacobine de l'an VI lui a donné momentanément une nouvelle jeunesse. Mais il est vrai qu'elle est agonisante quand Brumaire met un coup d'arrêt définitif à ce cycle.

À l'intérieur de ce cadre, la fête a changé. D'esprit tout d'abord : Cabanis, qui rédige un *Essai sur les fêtes nationales* en 1791, y voit l'expression d'une spontanéité collective, alors que La Révellière-Lépeaux qui reprend cet exercice sous le Directoire, insiste sur une manipulation précise des masses, dans le cadre d'une pédagogie directive. Entre ces limites chronologiques, on peut suivre les étapes d'une invention progressive, des improvisations spontanées à l'organisation des rituels célébratoires, en passant par l'explosion sauvage de l'an II.

À ce titre, la fête apparaît comme partie intégrante, même si elle est particulièrement riche, d'un système plus ample de symboles par où s'exprime un nouvel imaginaire, pétri d'images et de représentations, auquel la Révolution a donné naissance.

3.2. *La symbolique révolutionnaire*

▲ *Ce système s'est sans doute élaboré à partir d'improvisations et de créations « à chaud » :* Camille Desmoulins cueillant une feuille dans les jardins du Palais-Royal « invente » une cocarde vert d'espérance (qu'on abandonnera car elle rappelle la livrée du comte d'Artois !) … On insère entre le bleu et le rouge des couleurs de Paris, le blanc, symbole de la royauté : naît alors la cocarde tricolore (17 juillet 1789). Mais on mesure aussi l'importance de plusieurs héritages, dans le syncrétisme dont témoigne cette nouvelle symbolique. Les soixante drapeaux — véritable discours en images —, que l'on confectionne pour les districts parisiens tels qu'ils figureront à la fête de la Fédération, combinent l'héritage chrétien des bannières processionnelles, celui des drapeaux de l'armée royale, mais enrichis de toute une série de références, les unes puisées dans le dictionnaire de l'iconologie classique, d'autres inventées (la Bastille). Parmi les sources les plus évidentes, on a évoqué la symbolique maçonnique telle qu'elle se retrouve dans le triangle, l'équerre, le niveau, la balance et le compas ou dans l'œil de la surveillance, qui peut être celui de l'Être suprême. Mais si l'influence est indiscutable, on peut aussi parler de convergence dans le cadre d'un répertoire des Lumières largement banalisé. La référence antique est omniprésente : elle répond à une culture, une éthique et à la sensibilité d'une époque qui cherche à Athènes ou à Rome ses illustrations morales et civiques. C'est à l'Antiquité que l'on emprunte le bonnet de l'affranchi, devenu bonnet de la Liberté ou le faisceau du licteur. Mais aussi c'est d'après le modèle antique que l'on vêt et dévêt les allégories généralement féminines qui constituent comme une sorte de panthéon des valeurs nouvelles : Liberté, Égalité, Fraternité, Nature, Union… Le personnage d'Hercule, incarnation de la force populaire, s'imposera en l'an II à cette cohorte féminine, en une reprise en main un peu protectrice. À l'héritage judéo-chrétien on doit les Tables de la loi, sur lesquelles seront transcrites les déclarations des droits que l'on affiche ou que l'on porte en cérémonie dans les cortèges ; l'Autel de la patrie peut être aussi bien d'héritage chrétien que antique.

▲ *À cela s'ajouteront les emprunts à la culture populaire folklorisée*, dont l'arbre de la Liberté est l'exemple le plus représentatif, cependant que l'eau purificatrice de la régénération ou l'éclat du soleil renvoient à un code symbolique de tous les âges.

On conçoit, à partir de ce premier tour d'horizon, la multiplicité des formes que peut prendre ce nouveau langage et des supports qu'il peut adopter : une circulation des images et des symboles s'instaure, se prêtant à des associations ou des reconversions significatives.

▲*Ainsi en va-t-il pour la cocarde tricolore*, dont on a rappelé les origines. L'adoption de l'emblème tricolore s'impose dès 1789, aussi sur les drapeaux, où la disposition définitive des couleurs s'installe progressivement. La cocarde se diffuse jusqu'à ce que le port en devienne obligatoire, pour les hommes en juillet 1792, pour les femmes en septembre 1793, non sans conflits ni réticences dans certains milieux populaires (les dames de la Halle). Après Thermidor, on se bat pour la cocarde, tricolore chez les jacobins, blanche ou noire chez les royalistes. Le bonnet de la Liberté, connu dès 1790, popularisé en 1791 (fête des Suisses de Châteauvieux) se banalise chez les sans-culottes en 1792. Son port n'est pas obligatoire (Robespierre ne le porte pas), mais il est un signe d'adhésion marquée à la Révolution. Il devient symbole iconographique. Il s'insère aussi dans cette révolution du costume populaire, imitée un temps, qui impose le pantalon et le gilet ou carmagnole, pour constituer dans cette « civilisation des apparences » une véritable profession de foi révolutionnaire. Thermidor lui sera plus rapidement fatal encore qu'à la cocarde.

▲*L'arbre de la Liberté* passe pour avoir été « inventé » en mai 1790 par Norbert Pressac, curé de Saint-Gaudens en Poitou. En fait, l'apparition notable de ce nouveau symbole prend place dans les départements de la Dordogne, de la Corrèze ou du Lot en 1790. Ces « mais » de la Liberté sont encore le plus souvent des piquets ou arbres secs, que les paysans plantent aux abords du domaine seigneurial pour affirmer leur revendication d'une suppression sans rachat des droits féodaux. L'arbre de la Liberté se diffuse en tache d'huile autour de cet épicentre jusqu'à l'été 1792 et au-delà dans l'ensemble du pays. C'est désormais le symbole de l'unité et de l'adhésion collective à la Révolution. Devenue obligatoire et réglementée en l'an II, la pratique est évoquée par l'abbé Grégoire qui estime à 60 000 le nombre de ceux qui ont été plantés. Les territoires récemment annexés ou conquis sur la rive gauche du Rhin ont planté les leurs. Mais l'arbre de la Liberté connaît lui aussi des vicissitudes : après Thermidor il est fréquemment coupé par les contre-révolutionnaires dans les régions hostiles et les autorités doivent se battre pour le faire replanter. L'arbre de la Liberté est fréquemment associé à l'Autel de la patrie, parfois monumental (à Paris, au Champ-de-Mars), et parfois modeste construction destinée à accueillir les célébrations collectives.

▲*Un dernier exemple peut illustrer ce jeu des symboles et des images : la personnification des nouvelles valeurs de l'État, puis de la République, sous forme d'allégories féminines*. L'iconographie classique n'avait pas méconnu ce genre de transcriptions, appliquées aux vertus ou aux parties du monde. Par un mélange d'emprunts et d'invention de nouveaux codes, la gravure, la statuaire mais aussi le tableau vivant donnent un visage et un corps à ces entités abstraites, les complétant de leurs attributs distinctifs (animaux ou objets : le bonnet et la pique pour la Liberté, le niveau pour l'Égalité). Une hiérarchie s'établit en un palmarès où la Liberté l'emporte sensiblement sur l'Égalité et plus encore sur la Fraternité, nouvelle venue. On peut s'interroger à partir de l'aventure de la déesse Raison sur ce que les contemporains ont vu dans ces créations de l'imaginaire : probablement non de véritables « déesses », mais des emblèmes chargés de sens. Ils rentreront dans le néant après la Révolution. Mais le souvenir de « Marianne », figure de la République, inventée dès 1792 quelque part dans le Sud-Ouest, cheminera sourdement pour resurgir après 1848 et triompher sous la IIIe République. Ces emblèmes sont-ils la forme d'une nouvelle religion ? Non, mais des éléments d'une religiosité, de ce transfert de sacralité sur les valeurs civiques qui reste un trait marquant de l'époque.

4. Une révolution culturelle ?

La Révolution française est-elle une « révolution culturelle » ? Dépouillée même de ses connotations provocatrices qui renvoient à l'histoire contemporaine des révolutions du XXe siècle, l'expression tranche sur toute une tradition ancienne qui présentait la période non comme une rupture mais comme un vide, une parenthèse stérile dans l'histoire de la création littéraire et artistique, pis encore un moment où l'on n'aurait su que détruire, faute de pouvoir ou de savoir créer. Il ne s'agit pas ici de procéder à une « réhabilitation » mais, à la lumière des études récentes dans le domaine de l'histoire de la littérature, des arts, de la musique, de revisiter un moment à bien des égards exceptionnel.

4.1. *Détruire ou construire*

La Révolution a détruit, incontestablement, à commencer par l'armature institutionnelle de l'Ancien Régime dans le domaine de la culture : elle a supprimé les académies, bêtes noires pour toute une génération d'intellectuels et de créateurs marginalisés par le système (Marat) ou qui, parfois, avaient su s'y faire une place (David). Elle a bouleversé en profondeur le marché de l'art et de la culture, où la cour, l'aristocratie et l'Église disposaient d'un patronage très étendu ; les filières mêmes de la création s'en trouvent directement affectées. Une génération d'hommes de lettres ou d'artistes attachés à l'ancien monde parfois émigre, plus souvent rentre dans le silence. Des formes d'expression, l'opéra, le théâtre classique, les salons, un temps interrompus, se trouvent remises en cause. Puis la Révolution a détruit, matériellement parlant. Le réquisitoire traditionnel en associe l'image à celle du vandalisme : atteinte aux monuments religieux ou royaux et, à travers elle, de tout un patrimoine, saccagé ou volontairement mis à bas, et pas seulement durant la période paroxystique de l'an II.

S'en tenir à ce bilan négatif, c'est ne voir qu'un aspect de la question. La Révolution représente un immense appel d'air, une sollicitation gigantesque. Au cercle fermé des élites cultivées des Lumières, elle substitue l'exigence pédagogique de s'adresser à un public populaire, élargissant spectaculairement le cercle de ceux qui ont, d'une façon ou d'une autre, accès à la culture. Par là même, elle a été l'opportunité pour une foule de créateurs d'accéder à la parole : l'explosion de l'écrit, comme de créations graphiques (l'estampe) en témoigne. La quantité, dira-t-on, ne fait rien à l'affaire. Mais dans ce flux d'œuvres nouvelles qui affecte les conditions mêmes de la production (l'édition, l'imprimerie), s'imposent de nouvelles formes d'expression, celles mêmes que la tradition ultérieure a affecté de mépriser. L'art oratoire, la presse, l'image et la chanson, une musique différente sont autant d'innovations dont l'impact va bien au-delà de la décennie révolutionnaire et qui marqueront profondément le XIXe siècle. Répudiant le passé, les hommes de la Révolution ont conscience de travailler pour l'avenir. S'ils ont détruit, ils ont eu également le souci de s'approprier, au nom de la collectivité, un patrimoine artistique jusqu'alors réservé aux grands, et la création du musée est le revers positif du vandalisme révolutionnaire.

Une profusion d'écrits : c'est le premier trait qui mérite d'être relevé. Dès les épisodes de la prérévolution s'opère une libération de la parole dans le contexte de la campagne aux États généraux. Le trait s'accentue dès que la Déclaration des droits confirme, avec l'affirmation de la liberté d'expression, la fin du régime déjà inefficace de la censure royale. La littérature politique et polémique en sera la première bénéficiaire, mais le mouvement est général.

Dans ce contexte, l'activité éditoriale prospère, les presses se multiplient ; l'équipement souvent rustique, élémentaire, est à la portée de tous. L'écrit se diversifie, de la simple feuille volante au pamphlet ou à la feuille périodique. Des entreprises importantes ont alors pris naissance ou se sont affirmées (Didot), parmi quantité d'initiatives souvent éphémères, car l'impression est une activité qui peut être très rentable, mais non sans risques.

4.2. *L'activité littéraire*

L'activité proprement littéraire s'inscrit dans ce contexte général de politisation. Car c'est bien dans ce cadre que l'on peut apprécier l'essor de l'éloquence parlementaire : celle d'un Mirabeau à travers les grands discours, mis en forme après coup, celle orale et écrite de Barnave, celle enfin des rapports soignés et maîtrisés de Robespierre et de Saint-Just. Certains orateurs se sont acquis, à la tribune, une réputation méritée, tel Vergniaud dans le parti girondin.

▲ *Dans les registres classiques, la poésie* se met à l'unisson des circonstances. Non qu'une veine anacréontique de poésie légère disparaisse, mais elle est momentanément supplantée par la demande collective qui réclame des pièces civiques, des hymnes destinés à accompagner les célébrations collectives. Certaines plumes déjà exercées se sont mises au service de la Révolution :

Lebrun — dit Lebrun-Pindare sans doute un peu abusivement —, Dorat-Cubières l'auteur du *Voyage à la Bastille* célèbre aussi l'héroïsme des marins du *Vengeur*. Les deux frères Chénier, André, qui dénonce les excès de la Révolution dans les *Iambes* et sera guillotiné, et Marie-Joseph, qui la célèbre avec constance, sont les seuls ou presque dont la mémoire ait résisté à l'épreuve du temps, injustement sans doute.

▲ *Le théâtre connaît une période faste*. Les vieux monopoles sont ébréchés : la Comédie-Française deviendra en 1793 le Théâtre de l'Égalité, ouvert à tous, sans hiérarchie de places. Surtout les théâtres prolifèrent, au Palais-Royal ou ailleurs, et la province n'est pas en reste : à Rouen, à Marseille, à Bordeaux les troupes se multiplient. Les comédiens ont été libérés (comme les juifs !) de l'ostracisme qui pesait sur eux, plus d'un s'engage dans le mouvement révolutionnaire, comme Talma ou la comédienne Louise Fusil, actrice patriote. Le répertoire classique, un temps vu avec suspicion, des pièces nouvelles s'adaptent aux circonstances. Dans les premiers temps de la Révolution, le *Charles IX* de Marie-Joseph Chénier dénonçant les crimes de la royauté et de la religion eut un succès triomphal. À partir de 1792, le thème antique choisit des héros républicains mais l'actualité est mise en scène, du siège de Thionville à la reprise de Toulon. La pièce de Sylvain Maréchal *Le Jugement dernier des rois* est représentée à Paris, en province, aux armées. Avec la vogue du vaudeville, tout un répertoire se maintient en dehors des préoccupations du temps, cultivant la pastorale, la scène de genre, la comédie leste.

▲ *La nouvelle et le roman* — cette mode du second XVIIIe siècle — poursuit ses conquêtes. On y trouve l'effusion rousseauiste sous la plume de Bernardin de Saint-Pierre, dont *Paul et Virginie*, idylle sentimentale dans un cadre exotique, conquiert le public. C'est dans ce domaine surtout que l'évasion garde sa place, à moins que l'on ne voie dans la veine croissante du roman noir, venu d'Angleterre avec ses châteaux, ses revenants et ses intrigues mélodramatiques un reflet distancié d'une actualité fantasmée. Il inaugure une voie destinée à un grand avenir au XIXe siècle, dans cette bourgeoisie petite ou grande qui se familiarise à la culture de l'écrit. Les groupes populaires s'éveillent à une pratique « engagée » de la lecture à partir des almanachs républicains et de la littérature de pédagogie patriotique ; mais ils restent ouverts eux aussi à l'évasion sur le mode ancien, telle qu'ils la trouvent dans les petits livrets bleus de la littérature de colportage, fidèles aux thèmes séculaires de la culture populaire, même si le calendrier républicain et l'évocation de l'actualité mettent au goût du jour les anciens almanachs.

4.3. *Les arts graphiques*

La Révolution saisit les arts graphiques en plein renouvellement. En peinture, alors que Fragonard et Greuze achèvent leur carrière, symbolisant la fin d'une sensibilité, l'heure est au néo-classicisme, à l'école de Vien et de ses élèves.

David, qui s'est imposé en 1784 par son tableau du *Serment des Horaces*, illustre les canons du nouvel art : primauté du dessin sur la peinture, recours au thème antique comme moyen d'exprimer les nouvelles aspirations et les nouvelles valeurs d'un monde en quête d'exemples d'héroïsme et de vertu. Le grand art, celui des concours et des Salons, a donc fait sa « prérévolution ». C'est suivant l'expression classique « en habits de romains » (Marx) que s'exprimera tout un courant de la peinture révolutionnaire, sous la direction de David. Celui-ci peint *Les Licteurs rapportant à Brutus les corps de ses fils* ou, à la fin de la période, *L'Enlèvement des Sabines*, illustrations à l'antique du thème de l'inflexible justice ou de la réconciliation nationale, cependant que Topino-Lebrun, à travers le suicide de *Caius Gracchus* évoque la mort de Babeuf. L'allégorie révolutionnaire se dévêt elle aussi à l'antique : Regnault, le rival de David, dans sa composition *La Liberté ou la Mort*, présente l'image nue de l'homme nouveau révolutionnaire, entre celle de la liberté et le squelette de la mort.

▲ *L'événement révolutionnaire a certes sollicité plus directement les peintres* : c'est pour une toile sur la prise des Tuileries au 10 août que Berthaut sera distingué au Salon de 1793, et les victoires de l'armée d'Italie à partir de 1796 initient tout un courant de peinture de batailles qui culminera sous l'Empire. Mais à côté de ces thèmes qui mettent en scène le théâtre de la Révolution, les statistiques des « Salons » de l'époque nous révèlent la place modeste des grandes compositions néo-classiques (de 5 à 9 %) au regard du portrait qui progresse (25 à 30 %) et du paysage ou de la scène de genre. Et l'on découvre la place que tiennent les portraits dans la production davidienne sous la Révolution, en continuité avec la grande tradition française : la génération des élèves de David, Prudhon, Gérard ou Isabey, se partage entre l'allégorie et le portrait. Enfin le paysage ou la scène de genre tiennent une place inattendue dans cette production (25 %) : beaucoup de petits maîtres peignent, à la suite de Hubert Robert, des vues de Paris et éventuellement les scènes de la Révolution (Debucourt, Demachy, Boilly).

Si l'école française de peinture maintient ainsi son hégémonie européenne, une révolution véritable s'inscrit au niveau de l'estampe. Les graveurs français avaient au XVIIIe siècle une solide tradition, mais l'événement révolutionnaire détermine une demande collective et ouvre un marché considérable. L'estampe devient une arme de combat et un instrument pédagogique, sous diverses formes. L'allégorie illustre les figures de la Liberté, de l'Égalité et de la République ; la caricature dénonce, déforme et torture le corps grotesque de l'adversaire, aristocrate ou prêtre réfractaire. L'estampe accompagne les étapes de la dégradation de l'image royale, de la dévotion respectueuse des débuts à l'ultime étape où le roi devient un cochon. Caricatures pro- et contre-révolutionnaire rivalisent dans les premières années de la période, parfois à partir des planches que leur offrent les journaux *(Actes des apôtres, Révolutions de France et de Brabant)*. L'estampe ne se limite pas au double langage de l'allégorie et de la caricature : elle suit et illustre l'événement, ainsi sur les admirables planches gravées des *Tableaux historiques de la Révolution française*, dues à Prieur puis à Duplessis-Bertheaux et Swebach-Deffontaines, auxquelles font écho les illustrations gravées des *Révolutions de Paris.*

La révolution de l'image s'inscrit dans tout un contexte où d'autres supports des plus usuels sont mobilisés ; ainsi à Nevers et dans le centre de la France, assiettes et plats de faïence illustrent les thèmes de la nouvelle symbolique révolutionnaire.

▲ *Dans cet ensemble, la place de l'architecture peut paraître paradoxale* : la France compte à la veille de la Révolution une grande tradition et des architectes de talent. Soufflot, mort en 1780, a laissé presque achevée cette nouvelle église Sainte-Geneviève qui va devenir le Panthéon, mais Nicolas Ledoux (1736-1806), Étienne-Louis Boullée (1728-1799) et Charles de Wailly (1739-1798) ont déjà produit réalisations et projets, dans le style monumental et dépouillé qu'affectionne l'époque pour des monuments publics de grandes dimensions, porteurs dans leurs formes massives d'un message symbolique. Dans ce domaine, comme en peinture, on peut dire que parfois l'expression révolutionnaire a précédé la Révolution, au vu des esquisses de cénotaphes, de temples, de monuments publics, par lesquels les architectes visionnaires (Ledoux, Boullée, Lequeu) ont tenté d'exprimer leur rêve d'une cité idéale. Mais dans une décennie où l'urgence domine, on a peu construit en dur et les restructurations de l'espace parisien demeurent à l'état de projets. Au fond, il faut bien reconnaître aussi que la Révolution a surtout créé dans l'éphémère architectures, statues, décors d'un jour pour les grandes cérémonies civiques, dont David a bien souvent été, de 1791 à l'an VI, le scénariste et le concepteur. S'il ne nous reste que les images et parfois les plans de ces manifestations, il convient de ne pas oublier cet aspect de la création qui a beaucoup contribué à la naissance d'un nouvel imaginaire.

4.4. *La musique révolutionnaire*

Sans doute peut-on faire remarquer que cet « art d'abstraction » est peu fait pour répercuter immédiatement en profondeur l'impact d'un ébranlement collectif comme la Révolution. Mais les grands représentants de l'école française, Méhul, Cherubini, Gossec, Lesueur, ont fait plus que s'adapter aux circonstances : ils ont expérimenté un nouveau langage, qui s'épanouira après 1830 dans la musique romantique. Berlioz est leur digne héritier.

L'expression musicale semble à première vue se couler dans les filières que lui trace la tradition : musique liturgique ; musique d'opéra, qui connaît, on l'a vu, une faveur marquée, associant autour des thèmes civiques ou de la reconstitution d'événements révolutionnaires, comme l'*Offrande à la Patrie*, le chant, la danse et la parole. Si les concerts privés dans les salons aristocratiques ou bourgeois connaissent une éclipse dans les premières années de la période, le cadre de la vie mondaine du Directoire les fait réapparaître : Boieldieu, ses romances et ses pièces pour harpe répondent à la nouvelle sensibilité du moment.

Mais une sollicitation nouvelle, la plus vive, est imposée par la nécessité de répondre à la demande collective des fêtes et des cérémonials d'intérieur ou de plein air. Cela amène les compositeurs à recourir massivement aux cuivres, comme à manier des masses chorales considérables : quatre chœurs pour l'*Hymne à la Nature* de Gossec (1793) comme pour le chant du premier vendémiaire de Lesueur en l'an VIII. Le procédé conduit à une « conception stéréophonique de l'écriture musicale » (M. Biget) où se répondent chœurs et ensembles instrumentaux à vent.

De son côté la création populaire est au rendez-vous. On a beaucoup chanté sous la Révolution française. On compte par centaines les Parisiens et les Provinciaux qui ont apporté leur contribution, au moins par des couples que très souvent on interprète sur des timbres connus ou des airs notés, fournis par la tradition, l'opéra… ou la production hymnique officielle ou spontanée. Le *Ça ira* mais aussi *La Marseillaise* ou *Le Chant du Départ* ont ainsi été le support de multiples variations, pro- ou contre-révolutionnaires. C'est en 1793 et 1794 que la courbe ascendante des créations populaires atteint son point culminant, démentant l'idée reçue d'une population réduite au silence et comme frappée de terreur. L'apogée d'un effort pédagogique se concrétise alors par la naissance d'un Institut national de musique qui deviendra le Conservatoire.

4.5. *L'alphabétisation et la langue*

Dresser un bilan global de ces différents aspects culturels conduit à retrouver, à plus ample informé, la question initiale : peut-on parler de révolution culturelle ? Jusqu'à quelle profondeur la frontière traditionnelle entre masses et élites a-t-elle été remise en cause, non seulement par l'effort pédagogique venu d'en haut, mais par les apports mêmes de la spontanéité populaire ?

On ne saurait parler en tout cas de l'épisode révolutionnaire comme régression au niveau de l'alphabétisation populaire. C'est là un autre cliché qu'il convient de détruire. Les sondages opérés en 1789 et en 1815 à partir de l'aptitude à signer son acte de mariage témoignent que, dans ce quart de siècle, le niveau élémentaire d'instruction a généralement progressé, ce que confirment des approches monographiques. Malgré la désorganisation du système scolaire, doit-on y voir la conséquence de cet apprentissage sur le tas, qui se fait à partir des clubs, de la lecture individuelle de la presse, des feuilles volantes ou des almanachs ?

Des barrières sont tombées. Il y a débat relativement à celle de la langue. Dans une France où les langues nationales — les « patois », comme on dit alors sans s'embarrasser de périphrases — tiennent encore une place essentielle dans le Midi, en Bretagne, en Alsace, ailleurs encore, la politique des autorités oscille entre le réalisme — traduire les textes et les discours — et un idéal d'unification linguistique politiquement motivé : la Contre-Révolution parle alsacien ou bas breton, dira Barère. L'enquête menée par Grégoire à l'échelle nationale sur langues et patois apporte une moisson considérable de réponses de divers correspondants, mais témoigne aussi de cet idéal que l'on a dit centraliseur. N'y a-t-il pas quelque anachronisme à reprocher à la Révolution française de s'être ainsi attaquée aux « identités » régionales que l'on redécouvre aujourd'hui ? La révolution linguistique nous dit Renée Balibar ne consiste ni dans l'expansion du français parlé, cependant bien réelle (1/4 des Français en 1789, 3/4 en 1800) mais dans la création de la « langue civile », langue républicaine, dit-on, universelle dans la nation, qui apparaît comme la condition de la communication entre tous les citoyens.

N'exagérons pas cependant l'ampleur de cette unification culturelle dans un monde où les clivages sociaux ou régionaux restent immenses. Reste que la Révolution, par toutes les sollicitations qu'elle représente, par les ruptures qu'elle introduit demeure un moment essentiel pour la mise en place d'un nouvel imaginaire. « Nous sommes tous des ci-devant », écrit un journaliste sous le Directoire, exprimant ainsi que, pour tous, la césure révolutionnaire définissait sans retour un avant et un après. Cette rupture se retrouve également dans les rythmes de la vie quotidienne et dans les représentations collectives les plus intimes.

5. Retour aux mentalités : la Révolution dans le quotidien

Pour beaucoup de Français qui ont vécu sous la Révolution, la vie a-t-elle été changée en profondeur — au-delà des sollicitations du quotidien — la subsistance, les réquisitions, la suspicion un temps, la désorganisation des rythmes et des rites qui entraîne la crise religieuse, les peurs ou au contraire les nouvelles d'événements lointains, à Paris ou aux frontières ? La décennie révolutionnaire n'aurait-elle été qu'un souvenir plutôt désagréable, une parenthèse à l'intérieur de laquelle s'organise ce que l'historien britannique Richard Cobb a dénommé la « vie en marge » ?

5.1. *Les pauvres et les riches*

Pour tous, ou presque, la Révolution s'inscrit dans le quotidien, à des degrés divers suivant les lieux et les classes. Partout, dans les groupes populaires, peu ont pu échapper à la pression du problème des subsistances. La période s'ouvre sur la crise de l'année 1789 ; après une amélioration de 1790 à 1791, le souci de subvenir à ses besoins, aggravé par l'inflation comme par de nouvelles causes (la disette du sucre et du café liée aux problèmes coloniaux), reprend en 1792 et 1793 une importance vitale. Et les années finales, opposant l'opulence insolente des uns à la misère des autres, ne laissent pas sur le sentiment d'un retour partagé à des conditions de vie normales.

Cependant, la vie poursuit son cours. Les gouaches des frères Lesueur, chroniqueurs de la vie quotidienne, illustrent certes la soupe populaire au coin des rues en l'an III « et il n'y en avait point pour tous », mais aussi la famille du sans-culotte, dans ses moments de distraction : le départ pour la guinguette aux portes de Paris. Peintres de genre et aquarellistes illustrent les activités de la rue, ses sollicitations, anciennes et nouvelles, la rencontre au cabaret, chez Ramponneau à la Courtille. On ne saurait garder seulement de ces dix ans l'image uniformément grise, voire tragique, d'une période de contraintes et de peur généralisée.

Il y a ceux qui s'en tirent plutôt bien. Les premières années de la Révolution, graveurs et peintres de genre s'attardent dans les lieux où la vie parisienne bat son plein et que les descriptions d'un Restif de la Bretonne ou de Sébastien Mercier commentent, associant une vision moralisante à un voyeurisme parfois complaisant. Au Palais-Royal, aux Champs-Élysées déjà et sur les boulevards, une foule élégante se montre. Population mélangée : dans les cafés, au théâtre, prostituées et demi-mondaines se mêlent aux gens comme il faut. Les nouvelles modes féminines « à la patriote », « à la nation », diffusées par une presse spécialisée, se mettent au goût du jour. L'an II fait provisoirement disparaître ces évocations, un temps il est de bon ton de se déguiser en sans-culottes ou, du moins, d'affecter la sobriété. La « fête directoriale », ou ce que l'on décrit sous ce titre, exprime la réaction, dans le vêtement comme les façons de paraître, d'une classe aisée, souvent enrichie, qui s'est libérée de la peur, et plus particulièrement d'une classe d'âge qui alimente les troupes royalistes de la jeunesse dorée et s'exhibe en atours de muscadins et de merveilleuses. On marque la différence par des tics de langage (l'élision des « s »), par des tenues à l'élégance voyante : le pantalon ajusté et le haut collet des hommes, les coiffures et les robes des femmes, collant au corps et audacieusement décolletées. La libération du vêtement féminin des contraintes de la crinoline et du corset montre que, sur ce plan du moins, une révolution s'est bien opérée... La fête directoriale, foire aux vanités, dans un milieu de nouveaux riches et d'argent facile, dans un Paris où la prostitution et la folie du jeu s'étalent, témoigne d'une sensibilité de l'instant, dans une classe politique même qui a cessé de croire à ses valeurs — ne dénonce-t-on pas les orgies du « satrape » Barras ? — et qui semble se replier sur la jouissance immédiate.

Derrière ce masque éphémère, on peut tenter de mesurer ce qui a changé en profondeur dans les mentalités collectives au-delà de celles d'une étroite élite.

5.2. *La famille, la femme, l'enfant*

▲ *La famille s'est-elle modifiée* dans ses structures affectives ? L'étude démographique a découvert quelques indices dans ce sens. Un discours hostile dès alors a voulu voir dans l'épisode le grand tournant dans la dissolution des mœurs, la destructuration des hiérarchies et des solidarités. Pourtant peu d'époques ont autant investi sur le sentiment de la famille. « Il n'est plus de Bastilles, il n'est qu'une famille. » Le discours rousseauiste qui imprègne toute la période se charge d'une affectivité nouvelle. Aimer sous la Révolution ? Les principaux acteurs eux-mêmes, à travers leurs biographies contrastées, fournissent des exemples. L'appétit de vivre, une soif de jouissances qui n'exclut pas la générosité se rencontrent chez un Mirabeau, héritier du libertinage aristocratique, ou en version plébéienne chez Danton. Mais les couples exemplaires ne sont pas rares : Camille et Lucile Desmoulins, le couple Roland (et Buzot pour compléter un trio digne de *La Nouvelle Héloïse*), Marat et Simone Évrard... Chez d'autres, comme Robespierre, l'investissement total au service de la Révolution, dans l'amour de l'humanité, l'emporte sur les attachements. La Révolution façonne un idéal d'affection et de vertu domestique, qu'elle affirme en contrepoint des turpitudes, vraies ou inventées, qu'elle reporte sur l'Ancien Régime : l'image fantastique que l'on forge de Marie-Antoinette — « Messaline moderne », « louve autrichienne » — en est l'illustration.

▲ *Ce modèle se retrouve dans les classes populaires :* l'autoportrait que donne de lui-même le sans-culotte parisien, travaillant à la subsistance de sa femme et de ses enfants, en témoigne. Il déborde du cadre étroitement familial pour s'affirmer en termes de solidarité envers les plus démunis et d'aspiration à cette valeur nouvelle dont on a vu le cheminement : la fraternité. La fête, telle qu'on l'a évoquée, place une emphase particulière sur une image idéale de la famille à travers la symbolique des âges. À chacun son rôle, que le cycle directorial détaillera : les époux, l'homme sous les traits du producteur, mais plus encore, circonstances obligent, du guerrier, la femme comme mère, car l'époque investit sur la jeunesse qui est, bien avant la formule célèbre, son « bien le plus précieux », cependant qu'une place est réservée au vieillard, suivant le type spartiate, détenteur de la sagesse. Cet idéal proposé est-il, comme on l'a dit, mystificateur, occultant la réalité des rapports sociaux dans l'harmonie d'une cité idéale rêvée ? Les réalités sont plus nuancées, associant à des formes d'émancipation ou de promotion réelle l'inertie d'héritages de longue durée.

▲ *Ainsi en va-t-il pour la condition féminine.* Dans la Révolution vécue au jour le jour, l'intervention des femmes est loin d'être négligeable. On les trouve à l'initiative de la marche sur Versailles le 5 octobre 1789 ; on les retrouve en l'an III lors des journées de Germinal et de Prairial, mais aussi, entre-temps, dans les agitations populaires de 1792 et 1793 pour les subsistances. Elles ne se mobilisent pas que sur des motifs économiques : elles ont eu leur place dans les Sociétés fraternelles et elles assistent et parfois participent aux activités des clubs. Claire Lacombe, fondatrice de la Société des républicaines révolutionnaires en 1793, illustre cet engagement militant. D'autres ont exprimé dans leurs écrits, en termes de Déclaration des droits des femmes, cette revendication à une égalité politique avec les hommes : c'est le cas pour Olympe de Gouges (voir encadré, p. 171) ou Etta Palm d'Aelders. Des voix masculines de grande autorité se sont associées à cette campagne, notamment celle de Condorcet. Force est de dire qu'elles ne sont pas majoritaires. Dans tous les camps un discours antiféministe s'est fait entendre, avec une agressivité particulière chez les contre-révolutionnaires qui ont façonné l'image repoussante des tricoteuses, avides du spectacle de l'échafaud, comme des amazones hystériques, dont le personnage de Théroigne de Méricourt, militante des journées révolutionnaires, leur fournissait le support. L'aile avancée du mouvement révolutionnaire n'échappe pas à cette attitude ; en dénonçant l'intervention des femmes dans la politique, des cordeliers comme Chabot et Bazire, mais aussi Chaumette, développent un argumentaire d'une grande misogynie.

Déclaration des droits de la femme et de la citoyenne Olympe de Gouges, septembre 1791

Préambule

« Les mères, les filles, les sœurs, représentantes de la nation, demandent d'être constituées en assemblée nationale. Considérant que l'ignorance, l'oubli ou le mépris des droits de la femme sont les seules causes des malheurs publics et de la corruption des gouvernements, ont résolu d'exposer dans une déclaration solennelle, les droits naturels, inaliénables et sacrés de la femme, afin que cette déclaration, constamment présente à tous les membres du corps social, leur rappelle sans cesse leurs droits et leurs devoirs, afin que les actes du pouvoir des femmes et ceux du pouvoir des hommes pouvant être à chaque instant comparés avec le but de toute institution politique, en soient plus respectés, afin que les réclamations des citoyennes, fondées désormais sur des principes simples et incontestables, tournent toujours au maintien de la constitution, des bonnes mœurs, et au bonheur de tous.

« En conséquence, le sexe supérieur en beauté comme en courage, dans les souffrances maternelles, reconnaît et déclare, en présence et sous les auspices de l'Être suprême, les Droits suivants de la Femme et de la Citoyenne. [...]

« Art II. — Le but de toute association politique est la conservation des droits naturels et imprescriptibles de la Femme et de l'Homme : ces droits sont la liberté, la propriété, la sûreté, et surtout la résistance à l'oppression. [...]

Art IV. — La liberté et la justice consistent à rendre tout ce qui appartient à autrui ; ainsi l'exercice des droits naturels de la femme n'a de bornes que la tyrannie perpétuelle que l'homme lui oppose ; ces bornes doivent être réformées par les lois de la nature et de la raison. »

(*Source :* cité par M. Rebérioux, A. de Baecque, D. Godineau, *Ils ont pensé les Droits de l'homme*, Paris, LDH, 1989, p. 125-126.)

Les femmes n'auraient-elles rien gagné à la Révolution ? Elles ont gagné du moins les droits civils, un statut réévalué dans la famille ; mais malgré leur engagement, les droits civiques leur ont été refusés.

▲ *Au même titre que l'image de la femme, le statut de l'enfant* illustre, dans la place qui lui est faite, le regard que porte la Révolution. Fidèles à l'esprit de Rousseau, les révolutionnaires le protègent dans ses jeunes années. Ils se penchent sur le sort des enfants abandonnés, des orphelins ; ils réhabilitent l'enfant naturel, et l'éducation est une de leurs préoccupations majeures. L'engagement des enfants dans la Révolution se traduit dès les premières années ; en 1791 et 1792 se forment de petits bataillons juvéniles aux côtés des gardes nationales. L'entrée en guerre les sollicite ; un couplet de *La Marseillaise* leur fait dire : « Nous entrerons dans la carrière quand nos aînés n'y seront plus. » L'an II distingue les héros enfants : le petit Bara servant dans l'armée de la République en Vendée, massacré par les insurgés, et Agricol Viala, victime en Provence des fédéralistes. Comme dans le cas des femmes, cette promotion se termine par un retour à l'ordre quand, dans la fête directoriale, l'enfant héroïque fait place aux enfants des écoles, qui défilent avec leur maître.

5.3. *La Révolution et la mort*

Transformant tous les aspects de la vie, la Révolution ne pouvait manquer de rencontrer la mort. Elle s'y confronte dès les premiers épisodes de la violence populaire à l'été 1789 ; elle la retrouve sous une autre forme au cœur de la Terreur, avec la devise républicaine « La liberté ou la mort » qui se prolonge parfois en « […] ou nous la donnerons ». De là à souscrire à l'image de la Révolution-massacre, il y a un pas. Car la mort n'est pas au cœur du projet révolutionnaire, dans la pensée d'acteurs fidèles à l'idéal des Lumières, quand il s'agit d'exorciser le dernier passage en le libérant des terreurs qui l'entourent, en dénonçant toute cruauté inutile, dont les supplices de l'Ancien Régime, malgré l'abolition de la torture, donnaient encore l'image. On ne doit pas se méprendre sur l'intention du député Guillotin, médecin philanthrope, lorsqu'il propose l'emploi de la machine à laquelle il a laissé son nom : il s'agit bien d'éviter, lorsqu'on doit recourir à la peine capitale, la souffrance gratuite. La question de la peine de mort a été débattue et ce n'est pas un paradoxe que de rappeler que le constituant Robespierre a demandé son abolition.

Dépouiller la mort des craintes de l'au-delà et du châtiment éternel, telle est bien, avant même l'épisode déchristianisateur, la philosophie des hommes de la Révolution.

L'au-delà des révolutionnaires ? Pour certains, héritiers des matérialistes des Lumières, il n'y en a pas : « Jamais il ne restera de nous que les molécules divisées qui nous formaient et le souvenir de notre existence passée. » (Lequinio.) À cela, on l'a vu, Robespierre oppose la croyance en l'immortalité de l'âme, illusion peut-être, convient-il, mais qui lui est chère, car elle seule peut cautionner sur terre le règne de la vertu. Malgré cette différence, qui n'est pas mince, presque tous se retrouvent sur une position commune : l'exaltation des vertus familiales et surtout civiques qui perpétue le souvenir du juste dans la mémoire de ses concitoyens. C'est cette idée qui inspire dès le début les grandes liturgies funèbres, en l'honneur des morts de la Bastille, comme pour les funérailles de Mirabeau ou le transfert des cendres de Voltaire au Panthéon, ce lieu destiné à devenir le temple du souvenir et de l'hommage de la patrie à ces grands hommes. L'héroïsation est au cœur de la nouvelle sensibilité collective ; le culte des martyrs de la liberté en est l'expression la plus caractéristique. Mais elle n'est pas réservée à quelques élus : on célèbre le sacrifice collectif des marins du *Vengeur du peuple* et celui des soldats tombés pour la patrie. Le bon citoyen a droit à son tribut d'hommages : Chaumette, procureur-syndic de la Commune de Paris et ardent déchristianisateur, organise un cérémonial civique pour conduire les morts à leur dernière demeure.

Quand retombe l'exaltation de l'an II, on devient sensible, sous le Directoire, à la destruction de tout rituel, à une mort anonyme et sans phrases, à l'abandon des cimetières urbains que certains dénoncent. En 1800, le ministre de l'Intérieur, Lucien Bonaparte, fera lancer par l'Institut un concours sur le thème : « Quelles sont les cérémonies à faire pour les funérailles et le règlement à adopter pour les sépultures ? » La quarantaine de réponses rassemblées, souvent convergentes, s'accordent, dans l'esprit des Lumières, à exclure de la ville le lieu des morts pour des raisons hygiénistes, mais aussi pour faire du cimetière, conçu comme un jardin paysager parsemé de monuments, le lieu du souvenir collectif et familial. Cette vision civique ne satisfait ni ceux qui, alors, opèrent le retour à la religion chrétienne, ni les auteurs (Senancour, Chênedollé) et les poètes (Fontanes) qui expriment un sentiment nouveau de l'angoisse au sortir du moment révolutionnaire. Argument central dans le *Génie du christianisme*, qui exprime ce climat au début du Consulat, Chateaubriand invite à venir « voir le chrétien mourant ». Il ne reflète certes qu'un courant, mais significatif, du cycle de la mort sous la Révolution française.

Dans tous ses aspects, des plus superficiels — les manières de paraître — aux plus secrets — les attitudes devant la vie, l'amour ou la mort — la décennie révolutionnaire assume son importance, tournant essentiel dans la formation du Français et peut-être de l'homme moderne.

Chronologie

Abréviations des mois révolutionnaires :
Fru. : fructidor, vend. : vendémiaire, bru. : brumaire, fri. : frimaire, niv. : nivôse, vent. : ventôse, plu. : pluviôse, ger. : germinal, flo. : floréal, prai. : prairial, mes. : messidor, ther. : thermidor.

1787	22 février	:	Réunion de l'Assemblée des notables
	8 avril	:	Renvoi du ministre Calonne, remplacé par Loménie de Brienne
	16 juillet	:	Le Parlement de Paris en appelle aux États généraux
1788	8 mai	:	Réforme judiciaire de Lamoignon Troubles en province (Grenoble)
	8 août	:	Convocation des États généraux pour le 1er mai 1789
	24/26 août	:	Le ministre réformateur Necker renvoyé, puis rappelé
1789	Mars	:	Élections aux États généraux. Révoltes en province (Provence, Picardie)
	5 mai	:	Séance royale d'ouverture des États généraux
	20 juin	:	Serment du Jeu de Paume
	14 juillet	:	Prise de la Bastille
	15 juillet	:	Retour du ministre Necker
	20 juillet	:	Début de la Grande Peur
	4 août	:	Nuit du 4 août : abandon des privilèges du clergé et de la noblesse
	26 août	:	Vote de la Déclaration des droits de l'homme
	5/6 octobre	:	Marche sur Versailles : le roi ramené à Paris
	2 novembre	:	Les biens du clergé mis à la disposition de la nation
1790	17 avril	:	L'assignat reçoit cours de monnaie
	12 juillet	:	Vote de la Constitution civile du clergé
	14 juillet	:	Fête de la Fédération à Paris
	18 août	:	Rassemblement contre-révolutionnaire au camp de Jalès
1791	10 mars	:	Le pape Pie VI condamne la Constitution civile (Bref *Quod Aliquantum*)
	22 mai	:	Loi Le Chapelier proscrivant les coalitions, notamment ouvrières
	20/21 juin	:	Fuite de la famille royale et son arrestation à Varennes
	16 juillet	:	Les modérés du Club des feuillants se séparent des jacobins
	17 juillet	:	Massacre du Champ-de-Mars

	27 août	: Déclaration de Pillnitz : menaces des puissances à la Révolution
	3 septembre	: Achèvement de la Constitution (sanctionnée le 13 septembre)
	1er octobre	: Ouverture de l'Assemblée législative
	7 décembre	: Formation d'un ministère feuillant
1792	janvier/mars	: Troubles à Paris et dans les campagnes sur les subsistances
	15 mars	: Ministère jacobin avec Roland
	20 avril	: La guerre déclarée au roi de Bohême et de Hongrie
	27 mai	: Décret déportant les prêtres insermentés
	4/11 juin	: Veto royal au décret précédent et à celui qui organise la levée de 20 000 fédérés
	12 juin	: Le ministère Roland congédié
	11/21 juillet	: La patrie déclarée en danger
	25 juillet	: « Manifeste de Brunswick » menaçant Paris de destruction
	10 août	: Prise des Tuileries et chute de la royauté
	10/11 août	: Convocation d'une Convention. Établissement du suffrage universel
	2/6 septembre	: Massacres dans les prisons de Paris et de province
	20 septembre	: Fin de la Législative. Laïcisation de l'état civil. Valmy
	21 septembre	: Abolition de la royauté. An I de la République
	Octobre	: Retraite des Prussiens. Les Français occupent Francfort et Mayence
	6 novembre	: Victoire de Dumouriez à Jemmapes. Occupation de la Belgique
1793	21 janvier	: Exécution de Louis XVI
	1er février	: La France déclare la guerre à l'Angleterre et la Hollande, 1re coalition
	11 mars	: Début de la rébellion vendéenne
	18 mars	: À Neerwinden défaite de Dumouriez suivie de sa trahison
	6 avril	: Formation du Comité de salut public avec Danton
	29 avril/29 mai	: Débuts de l'insurrection fédéraliste à Marseille et à Lyon
	2 juin	: Journées révolutionnaires : arrestation des girondins
	24 juin	: Vote de la Constitution de l'an I
	27 juillet	: Robespierre au Comité de salut public
	4/5 septembre	: Mouvement populaire à Paris : la Terreur mise à l'ordre du jour ; formation d'une armée révolutionnaire parisienne
	6/8 septembre	: Victoire française à Hondschoote

	17 septembre	: Loi sur les suspects
	29 septembre	: Institution du Maximum général des denrées et des salaires
	An II vend. 19 (10 oct.)	: Le gouvernement déclaré révolutionnaire jusqu'à la paix
	brum. 20 (10 nov.)	: Fête de la Liberté et de la Raison à Notre-Dame de Paris
	fri. 22 (12 déc.)	: Les Vendéens anéantis à la bataille du Mans
1794	niv. 16 (4 fév.)	: Suppression de l'esclavage dans les colonies françaises
	vent. 23 (13 mars)	: Arrestation puis procès et exécution (4 germ.) des hébertistes
	ger. 10-16 (5 avr.)	: Arrestation, procès et exécution des dantonistes
	prai. 20 (8 juin)	: Fête de l'Être suprême
	prai. 22 (10 juin)	: Refonte du Tribunal révolutionnaire : début de la Grande Terreur
	mes. 8 (26 juin)	: Victoire de Fleurus sur les Autrichiens
	ther. 9 (27 juil.)	: Coup d'État du 9 thermidor : chute des robespierristes
1795	plu. (janv.)	: Occupation de la Hollande
	plu. 29 (17 fév.)	: Accords de La Jaunaye entre Hoche et les Vendéens
	vent. 3 (21 fév.)	: Liberté des cultes. Première séparation de l'Église et de l'État
	ger. 12/13 (1er avr.)	: Insurrection populaire à Paris et en province
	ger. 16 (5 avr.)	: Paix de Bâle entre la France et la Prusse
	flo.-prai. (mai/juin)	: La Terreur blanche ; massacres de jacobins à Lyon, Marseille…
	prai. 1-4 (20-25 mai)	: Journées insurrectionnelles à Paris
	mes. 5-9 (23-27 juin)	: Débarquement d'émigrés à Quiberon
	fru. 5 (22 août)	: La Convention adopte le texte de la Constitution de l'an III
	vend. 13 (5 oct.)	: Insurrection royaliste contre la Convention
	brum. 9 (31 oct.)	: Élection du Directoire exécutif
1796	plu. 30 (19 fév.)	: Fin des assignats remplacés par les mandats territoriaux
	ger. (mars/avril)	: Victoires de Bonaparte en Italie : Montenotte, Millesimo, Mondovi…
1797	niv. 25 (14 janv.)	: Victoire de Rivoli
	ger. 29 (18 avr.)	: Préliminaires de paix de Leoben
	prai. 8 (27 mai)	: À l'issue du procès de Vendôme, exécution de Babeuf et ses amis
	fru. 18 (4 sept.)	: Coup d'État antiroyaliste
	an VI vend. 19 (30 sept.)	: Banqueroute des deux tiers de la dette publique

	vend. 26 (17 oct.)	:	Paix de Campoformio
1798	ger./flo. (avril/mai)	:	Élections, suivies de l'invalidation massive des élus de gauche
	mes./ther. (juillet)	:	Débarquement de Bonaparte en Égypte. Victoire des Pyramides
1799	ger. (mars/avril)	:	Défaites françaises en Allemagne (Stockach) et en Italie
	ger. (mars/avril)	:	Élections au Corps législatif
	prai. 28-30 (16-18 juin)	:	Les Conseils reprennent le contrôle du Directoire : virage à gauche
	ther. (juil./août)	:	En Égypte victoire d'Aboukir. Revers en Italie (La Trébie)
	an VIII vend. 3-5 (25-27 sept.)	:	Victoire française de Zurich sur les Austro-Russes
	bru. 18 (9 nov.)	:	Coup d'État du 18 brumaire contre le Directoire et les Conseils

Orientations bibliographiques

▲ *Ouvrages généraux, manuels*

— BOULOISEAU Marc, *La République jacobine (1792-1794)*, Paris, Le Seuil, 1971.
— RICHET Denis et FURET François, *La Révolution française*, Paris, rééd. Fayard, 1987.
— SOBOUL Albert, *La Civilisation et la Révolution française*, 3 t., Paris, Arthaud, 1970-1982.
— SOBOUL Albert, *La Révolution française*, Paris, rééd. Messidor, 1984.
— VOVELLE Michel, *La Chute de la monarchie (1787-1792)*, Paris, Le Seuil, 1971.
— VOVELLE Michel (sous la dir. de), *L'État de la France pendant la Révolution 1788-1799*, Paris, La Découverte, 1988.
— WORONOFF Denis, *La République bourgeoise de Thermidor à Brumaire (1794-1799)*, Paris, Le Seuil, 1971.

▲ *Dictionnaires, atlas*

— *Atlas historique de la Révolution française* (sous la dir. de Serge BONIN et Claude LANGLOIS), Paris, Publ. de l'EHESS, en cours de publication. Déjà parus : Fascicules « Routes et communications », « L'enseignement », « L'armée et la guerre », « Le territoire », « Les sociétés politiques », « Médecine et Santé », « Religion », « Économie ».
— FURET François, *Penser la Révolution française*, Paris, Gallimard, 1978.
— FURET François et OZOUF Mona, *Dictionnaire critique de la Révolution française*, Paris, Flammarion, 1988.
— GODECHOT Jacques, *Chronologie de la Révolution française*, Paris, Perrin, 1988.
— PERONNET Michel, *50 mots-clés de la Révolution française*, Toulouse, Privat, 1988.
— SURATTEAU Jean-René (sous la dir. de), *Dictionnaire historique de la Révolution française*, Paris, PUF, 1989.
— TULARD Jean et collaborateurs, *Histoire et dictionnaire de la Révolution française*, Paris, Laffont « Bouquins », 1987.

▲ *La décennie révolutionnaire : les événements*

— BACZKO Bronislaw, *Comment sortir de la Terreur*, Paris, Gallimard, 1989.
— BRUNEL Françoise, *1794, Thermidor*, Bruxelles, Complexe, 1989.
— (Collectif), *La République directoriale*, Clermont-Ferrand, Presses Universitaires, 1997.
— (Collectif), *Le Tournant de l'an III*, Paris, Éditions du CTHS, 1997.
— DENIS Michel et GOUBERT Pierre, *1789, Les Français ont la parole*, Paris, Gallimard « Archives », 1964.
— GODECHOT Jacques, *La Prise de la Bastille*, Paris, Gallimard, rééd. 1989.
— GUÉNIFFEY Patrice, *La politique de la Terreur, essai sur la violence révolutionnaire*, Paris, Fayard, 2000.
— LEFEBVRE Georges, *La France sous le Directoire*, Paris, Messidor, 1984.
— LEFEBVRE Georges, *La Grande Peur*, Paris, rééd. A. Colin, 1988.
— LEFEBVRE Georges, *Quatre-Vingt-Neuf*, Paris, rééd. Éditions Sociales, 1970.
— REINHARD Marcel, *La Chute de la royauté, 10 août 1792*, Paris, Gallimard, 1970.

— SOBOUL Albert, *Les Sans-Culottes parisiens en l'an II*, Paris, 1962.
— TULARD Jean, *Le dix-huit Brumaire, comment terminer une révolution*, Paris, Perrin, 1999.

▲ L'État révolutionnaire. Institutions, valeurs

— BIARD Michel, *Missionnaires de la République, les représentants du peuple en mission*, Paris, Éd. du CTHS, 2002.
— DE BAECQUE Antoine, SCHMALE Wolfgang, VOVELLE Michel, *1789, l'an I des Droits de l'homme*, Paris, Éd. du CNRS, 1988.
— GODECHOT Jacques, *Les Institutions de la Révolution française*, Paris, rééd. Ditto, 1986.
— GODECHOT Jacques, *La Pensée révolutionnaire 1780-1799*, Paris, A. Colin, 1989.
— GUÉNIFFEY Patrice, *Le Nombre et la raison, les éléctions sous la RF*, Paris, Éditions de l'EHESS, 1993.

▲ Pratiques politiques : éducation, presse, sociabilité politique

— DUPRAT Catherine, *Le Temps des philantropes*, Paris, Éditions du CTHS, 1993.
— JULIA Dominique, *Les Trois Couleurs du tableau noir : la Révolution française*, Paris, Belin, 1981.
— GODECHOT Jacques, *Histoire générale de la presse française*, t. III, Paris, PUF, 1968.
— VOVELLE Michel, *La Découverte de la politique — Géopolitique de la Révolution française*, Paris, La Découverte, 1992.
— VOVELLE Michel, *Les Jacobins de Robespierre à Chevènement*, Paris, La Découverte, 1999.

▲ Contre-Révolution

— DUPUY Roger, *Les Chouans*, Paris, Hachette, 1997.
— GODECHOT Jacques, *La Contre-Révolution, pensée et action*, Paris, PUF, 1984.
— LEBRUN François et DUPUY Roger (sous la dir. de), *Les Résistances à la Révolution*, Paris, Imago, 1987.
— MARTIN Jean Clément, *La Contre-Révolution*, Paris, Le Seuil, 1997.
— MARTIN Jean Clément, *Contre-Révolution, Révolution et Nation en France, 1789-99*, Paris, Le Seuil, 1998.

▲ La Révolution et le monde. La guerre et l'armée

— BENOT Yves, *La Révolution française et la Fin des colonies*, Paris, La Découverte, 1987.
— BERTAUD Jean-Paul, *La Révolution armée*, Paris, Laffont, 1979.
— GODECHOT Jacques, *La Grande Nation*, Paris, Aubier, rééd. 1983.
— SERMAN William, BERTAUD Jean-Paul, *Nouvelle histoire militaire de la France, 1789-1919*, Paris, Fayard, 1998.
— VOVELLE Michel, *Les Républiques sœurs sous le regard de la Grande Nation*, Paris, L'Harmattan, 2001.

▲ Histoire économique et sociale

— ADO Anatoli, *Paysans en Révolution*, Paris, Société des Robespierristes, 1996.
— BRUGUIÈRE Michel, *Gestionnaires et profiteurs de la Révolution française*, Paris, Olivier Orban, 1986.

— HINCKER François, *La Révolution française et l'Économie*, Paris, Nathan, 1989.
— JESSENNE Jean-Pierre, *Pouvoir au village et Révolution 1760-1848*, Presses Universitaires de Lille, 1987.
— NICOLAS Jean (sous la dir. de), *Mouvements populaires et conscience sociale*, Paris, Maloine, 1985.
— PEYRARD Christine, *Les Jacobins de l'Ouest*, Paris, Publications de la Sorbonne, 1996.
— REINHARD Marcel et collaborateurs, *Contributions à l'histoire démographique de la Révolution française*, Paris, Commission d'histoire économique de la Révolution française, CTHS, 3 vol. 1962 et années suivantes.

▲ *Histoire des mentalités*

— DE BAECQUE Antoine, *Le Corps de l'histoire*, Paris, Calmann-Levy, 1993.
— DUHET P.M., *Les Femmes et la Révolution 1789-1794*, Paris, Julliard, 1971.
— HUNT Lyun, *Le Roman familial de la Révolution française*, Paris, Albin Michel, 1995.
— OZOUF Mona, *La Fête révolutionnaire*, Paris, Gallimard, rééd. 1988.
— VOVELLE Michel, *La Mentalité révolutionnaire*, Paris, Messidor, 1984.

▲ *Histoire religieuse*

— COUSIN Bernard, CUBELLS Monique, RÉGIS Bertrand, *La Pique et la Croix, Histoire religieuse de la Révolution française*, Paris, Centurion, 1989.
— TACKETT Timothy, *La Révolution, l'Église, la France*, Paris, Cerf, 1986.
— VOVELLE Michel, *La Révolution contre l'Église, la déchristianisation de l'an II*, Bruxelles, Complexe, 1988.

▲ *Histoire culturelle : littérature, beaux-arts*

— BONNET Jean-Claude, *La Carmagnole des Muses*, Paris, A. Colin, 1988.
— BORDES Philippe et MICHEL Régis, *Aux armes et aux arts !*, Paris, Adam Biro, 1988.
— CHARTIER Roger, *Les Origines culturelles de la Révolution française*, Paris, Le Seuil, 1990.
— JOURDAN Annie, *Les Monuments de la Révolution française, une histoire de représentation*, Paris, Honoré Champion, 1997.
— VOVELLE Michel, *La Révolution française, images et récit*, 5 vol., Paris, Messidor, 1986.

▲ *Les hommes de la Révolution : quelques biographies*

— BAKER Keith, *Condorcet*, Paris, 1988.
— BERTAUD Jean-Paul, *Camille et Lucile Desmoulins*, Paris, Presse de la Renaissance, 1985.
— BONNET Jean-Claude (sous la dir. de), *La Mort de Marat*, Paris, Flammarion, 1986.
— MAZAURIC Claude, *Babeuf*, Messidor, 1988.
— MAZAURIC Claude, *Robespierre*, Paris, Messidor, 1988.
— SERNA Pierre, *Antonelle aristocrate révolutionnaire (1747-1817)*, Paris, Le Félin, 1997.
— SOBOUL Albert, *Le Procès du Roi*, Gallimard.
— VINOT Bernard, *Saint-Just*, Fayard, 1985.

Index

Les noms apparaissant en italiques sont ceux, non pas d'acteurs, mais d'historiens d'aujourd'hui ou d'hier.

Table des encadrés

Table des cartes et graphiques

Photocomposition : Nord Compo
59650 Villeneuve d'Ascq

Armand Colin Éditeur
21, rue du Montparnasse, 75006 Paris
N° d'éditeur :
11000269 - (II) - OSB 100° - NOC - ODS
Dépôt légal : octobre 2004

Achevé d'imprimer sur les presses de
SNEL Grafics sa
rue Saint-Vincent 12 – B-4020 Liège
Tél +32(0)4 344 65 60 - Fax +32(0)4 341 48 41
octobre 2004 — 33100

Imprimé en Belgique